歴史文化ライブラリー
257

江戸の武家名鑑

武鑑と出版競争

藤實久美子

吉川弘文館

目　次

はじまりはあの夏の日――プロローグ

武鑑と江戸の香り

私が野球好きだからかもしれないが、武鑑《ぶかん》は「プロ野球選手名鑑」に似ていると思う。「プロ野球選手名鑑」は、野球選手の名前だけを羅列したものではない。背番号・顔写真・守備位置・生年月日・出身地・出身校・趣味……、「プロ野球選手名鑑」には、とてもたくさんの情報が詰め込まれている。一方、武鑑は武家の名鑑である。やはり文字ばかりでなく、陣幕や着物や駕籠《かご》などにつけられた紋所《もんどころ》や、江戸市中を行き交うときの行列道具などが、わかりやすく絵入りで描かれている。とにかく、武鑑は眺めていて楽しい。江戸の雰囲気、香りがする。

こうした名鑑、もしかしたら図鑑といっていい武鑑のよいところは、その当時、生きていた大名家や旗本《はたもと》家の当主・その家族（隠居した父親・妻・嫡子《ちゃくし》）・その家臣、幕府の役人をほぼ一覧できることにある。あぁ、この人たちは同時代の人だったのね。町奉行を一緒に務めていたのか。たしか前職でも一緒だった時期があったのではなかったかしら。少し前の武鑑をみてみよう。いたいた！　そうしたことがわかるだけでも楽しい。しかし、これは少しマニアックすぎるといえるだろう。

もっと身近な感じでいえば、武鑑には、「水戸黄門」の主人公である前水戸藩主の徳川《とくがわ》光圀《みつくに》、「赤穂《あこう》事件」で知られる赤穂藩主浅野内匠頭長矩《あさのたくみのかみながのり》、浅野家家老大石内蔵助良雄《おおいしくらのすけよしお》そして幕府高家肝煎《こうけきもいり》の吉良上野介義央《きらこうずけのすけよしなか》、名奉行《めいぶぎょう》の誉れ高い大岡越前守忠相《おおおかえちぜんのかみただすけ》、遠山金四郎景《とおやまきんしろうかげ》元《もと》、火付盗賊改《ひつけとうぞくあらため》の長谷川平蔵宣以《はせがわへいぞうのぶため》など、歌舞伎やテレビドラマ、また歴史小説・時代小説の主人公たちの名前が記載されている。

池波正太郎《いけなみしょうたろう》の『鬼平犯科帳《おにへいはんかちょう》』の主人公・長谷川平蔵は、小説の上では都合よく、江戸城清水門《しみずもん》外に役宅を与えられている。しかし、当時の武鑑によって調べてみると、平蔵の屋敷は江戸の郊外・目白台《めじろだい》にあった。もちろん、これは池波正太郎の承知するところである（『江戸古地図散歩』平凡社）。

史実はそれとして、池波正太郎は、江戸の切地図や浮世絵とともに、武鑑を手元に置いて、江戸のおもかげをしのび、江戸の香りを感じた。武鑑からイメージを膨らませるといった手法は、司馬遼太郎《しばりょうたろう》、松本清張《まつもとせいちょう》、野村胡堂《のむらこどう》、岡本綺堂《おかもときどう》、そして明治の文豪森鷗外に共通する。武鑑は、明治・大正・昭和の小説家にとって、江戸の香りを感じる重要なアイテムであった。

武鑑との出会い

このように江戸の香りを豊かに含んだ武鑑に、初めて私が出会ったのは、今から二十四年前のこと、大学二年生の夏である。当時、吉川弘文館から『国史大辞典』が刊行中であったが、まだその完結にはかなりの時間がかかっていた。大学の先輩の小沢文子氏は「寺社奉行考」(児玉幸多先生古稀記念会編『幕府制度史の研究』吉川弘文館、一九八三年)の発表後、『国史大辞典』の項目「寺社奉行」をまさに執筆中であった(『国史大辞典』の当該巻の発刊は一九八五年のこと)。小沢氏は茨城県古河《こが》市にお住まいだったので、東京都内の諸機関をまわって武鑑をみて歩く助手を探しておられた。私は文京区西片町《にしかたまち》に住んでいた。西片町は東京大学や東洋文庫に近く、また国立公文書館内閣文庫や国立国会図書館などにも三十分内外で行くことができる。私は二つ返事でお手伝いをかってでた。

私の仕事は、とにかく欠年なく、武鑑を閲覧して、寺社奉行所が該当大名の上《かみ》・中《なか》・下《しも》屋敷のいずれに置かれていたのか、また大名家臣の中で「寺社役《じしやく》」や「取次《とりつぎ》」を誰が務めたのかを調べることだった。町奉行所などと違って、寺社奉行所は固定しておらず、寺社奉行就任者の屋敷地を転々と変わったからである。また幕府役職に就いた大名はその家臣を動員して、その役務を遂行したが、大名の江戸詰家臣のうち誰が「取次」などの役職に就いたのかは不明であったからである。

この仕事のなかで、くずし字を必死に読解することや江戸の武家地の名称を覚えることになったが、何よりも多くの情報を掲載している武鑑の魅力に、ぐいぐいと惹き寄せられた。かつて高校生のときに読んだ森鷗外の『渋江《しぶえ》抽斎《ちゅうさい》』（後述）に書かれていた「武鑑」とはこうした書籍だったのか。のみならず、鷗外が手にしたと同じ武鑑に、今、触れているのだと思うと、感慨はひとしおであった。あの夏の日の記憶は、今も鮮明である。

武鑑めぐり二十余年

大学に進むとき、史学科にするか、社会学科にするか、新聞学科にするか迷ったほど、メディアの問題に関心があった。そのため自然と、江戸時代を画期にして大きく発展した出版メディアに課題を定めることになった。素材はもちろん武鑑である。大学三年の夏、指導教員の高埜利彦先生の指導のもと、卒業論文「武鑑の書誌学的研究」の作成準備に取りかかった。

調査用のグッズを抱えて、その日の段取りを考えながら、家からゆっくりと歩いても、十五分とかからない東京大学総合図書館に、夏休み中、毎日通った。東京大学総合図書館の「鷗外文庫」は、準貴重書として収蔵されており、一日に閲覧できる件数は五件までと決まっていたから、まずこの五件を閲覧し、翌日の分を予約し、その後で紀伊徳川家のコレクションである南葵《なんき》文庫などを閲覧した。東京大学総合図書館での調査を終えると、今度は、法制史学の開拓者である中田薫氏の蔵書などを持つ東京大学法学部法制史資料室、『銭形平次捕物控』で有名な野村胡堂の蔵書などを持つ東京大学史料編纂《へんさん》所へとまわった。

先に記した国立国会図書館・国立公文書館内閣文庫・東洋文庫のほか、東京では戸越《とごし》（現在は立川市に移転）の国文学研究資料館（史料館）、広尾の東京都立中央図書館、世田谷の静嘉堂《せいかどう》文庫などをめぐった。とくに静嘉堂文庫の紅葉がきれいだった記憶がある。夏休みも終わり、すでに晩秋を迎えても、まだ武鑑めぐりは続いていたことになる。

大学院を終えて後も、武鑑や武鑑に関わる諸史料の調査は続いた。東北大学附属図書館の狩野文庫、慶応義塾大学図書館・一橋大学附属図書館の幸田《こうだ》文庫、名古屋市の蓬左《ほうさ》文庫、名古屋大学の古川総合研究資料館（交代寄合・高木家文書）、愛知県西尾市の岩瀬文庫、九州大学中央図書館などをめぐった。岩瀬文庫を訪れた折は、せわしくセミが鳴く真夏であったが、文庫から出納された武鑑はひんやりとしていて、外界の空気と対照的であったことが印象に残る。

この二十余年間の調査の成果は、『江戸幕府大名武鑑編年集成』全十八巻、『江戸幕府役職武鑑編年集成』全三十六巻（深井雅海氏と共編、東洋書林）という史料集、『武鑑出版と近世社会』（東洋書林）という研究書にまとめて、公刊に付す機会を得てきた。そして本書では、改めて武鑑の発刊から終焉までを、とくに武鑑を編集・発行した本屋たちの激しいぶつかり合いに注意しながら、述べていくことにする。

書籍に関する用語

本論に入る前に、本書で用いる書籍に関する専門的な用語について、書誌学（書籍を観察して、詳細な情報や所見を記して、その書籍の意義と位置づけを行う学問）の蓄積にならいながら、いくつか解説しておこう。

○書籍各部分の名称

袋綴装（ふくろとじそう）――二つ折りにした紙を重ね合わせ、折目の反対側を綴じたもの。下綴じしたあと表紙を付けて、糸で綴じる。江戸時代の板本《はんぽん》の代表的な装訂。

題簽（だいせん）――書籍の題名を記した紙片。紙片が短冊型の場合は短冊《たんざく》簽、正方形・長方形の場合は方《ほう》簽という。また題名が印刷による場合は「刷《すり》題簽」、手書きによる場合は「書《かき》題簽」という。

外題（げだい）――表紙に記された題名をいう。

内題（ないだい）――外題に対して、書籍中（扉・目録・序文・本文の冒頭・跋文《ばつぶん》など）に記された題名を広く内題というが、とくに巻頭に記された題名を内題と呼ぶことが多い。

刊記（かんき）――巻末にある。出版年月・出版した板元の名前と居所などを記す。

丁（ちよう）――紙数を数える単位。袋綴装の表裏二頁で一丁と数える。乱丁・落丁といった慣用が現在も残る。

柱刻（ちゆうこく）――袋綴装の折目の中央部分を「柱」、そこに書かれた題名などを柱刻という。

墨付（すみつき）――書写または印刷されている丁をいう。これに対して前後に添えられた白紙を「遊紙《あそびがみ》」という。

○印刷・出版用語

整版（せいはん）――一枚の板（板木《はんぎ》という）に原稿を裏返しに貼り付けて彫って、バレンで摺り、印刷する方法。

相合板（あいあいばん）――複数名の板元《はんもと》（板木を持つ本屋）で出版の権利を持ち合う出版形態（「相合株《あいあいかぶ》」）のもとで出版された書籍をいう。これに対して一人の板元が一つの書籍の出版権を独占している出版形態を「丸株《まるかぶ》」という。

○書籍の大きさ

美濃紙判と半紙判の、二系統がある。

①大本（おおほん）――美濃判本（みのばんぼん）とも呼ばれる。これは美濃半紙の二つ折（半裁）の大きさで、現在のB４判二つ折でB５判に相当する。竪約二六～二八チセン、

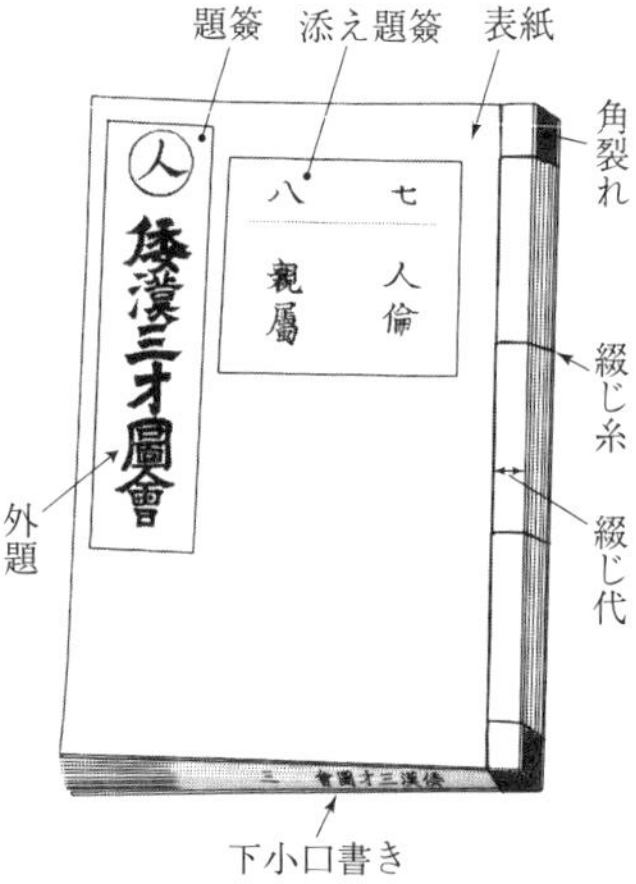

図２　袋綴装の各部分の名称
（同前）

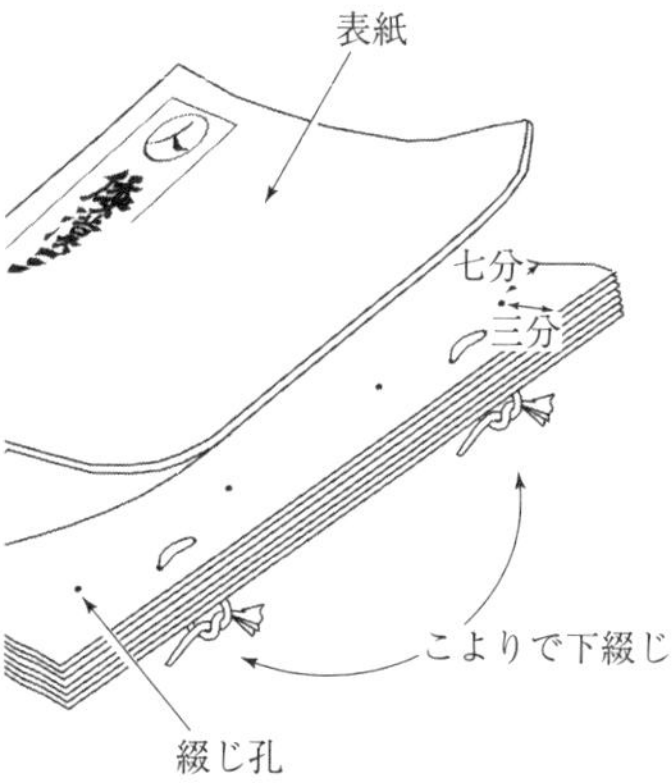

図１　袋綴装の製本方法
（橋口侯之介『和本入門』平凡社，2005年）

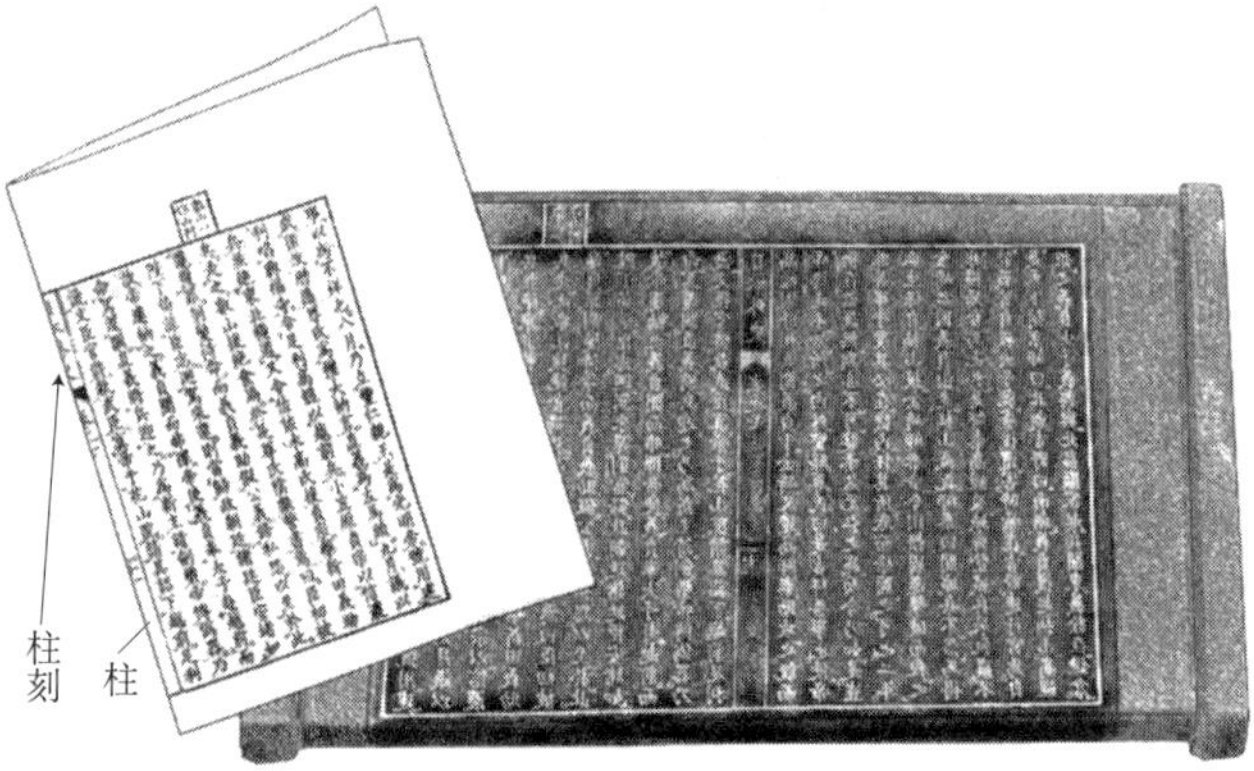

図３　板木（同前）
多くは桜の木に彫る

図４　袋綴装の大きさ（同前）

左から特大本，大本（B５判に相当），半紙本（A５判に近い）と現在の新書判，中本（B６判に相当），小本（文庫本に相当），特小本

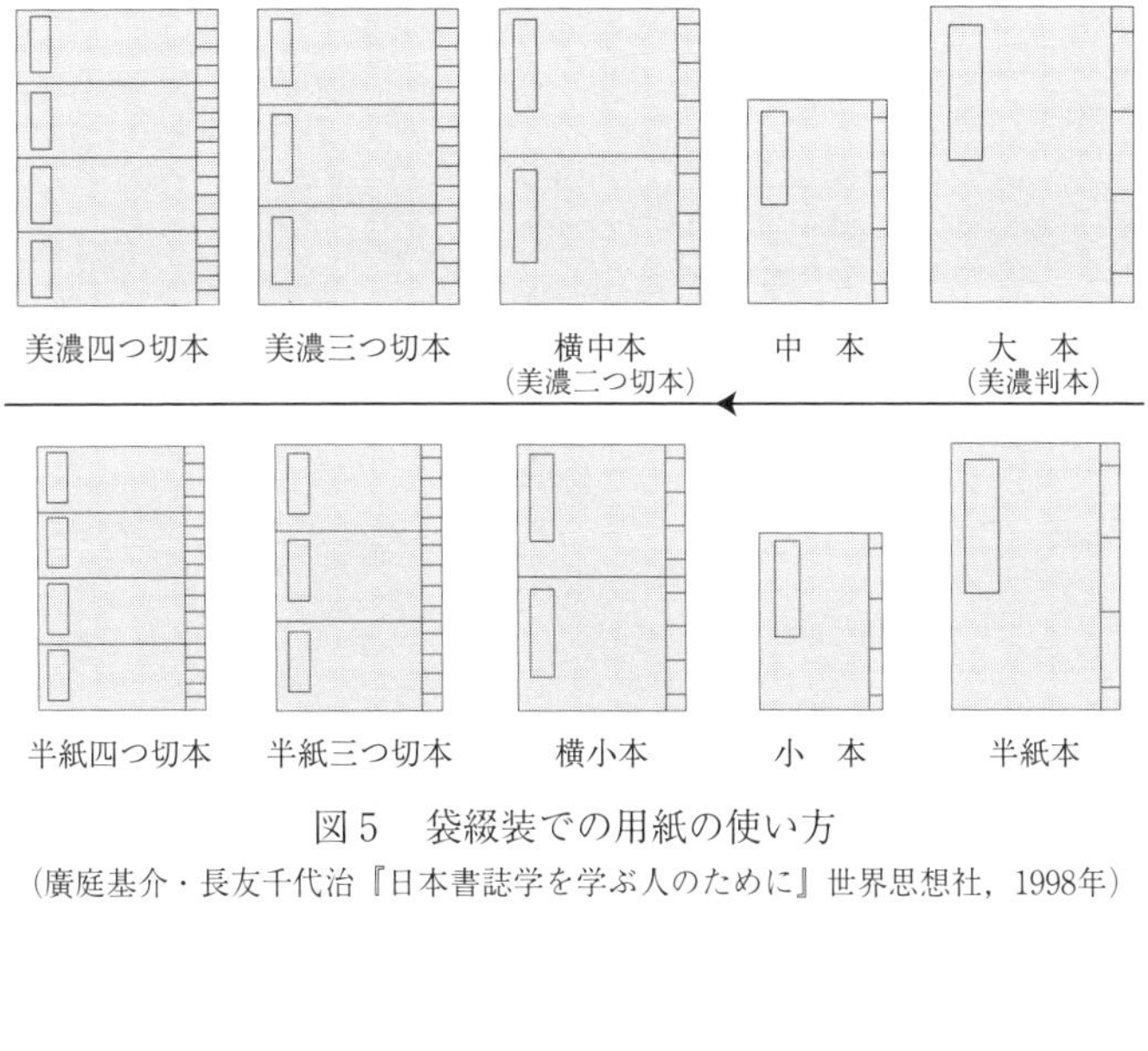

図５　袋綴装での用紙の使い方

（廣庭基介・長友千代治『日本書誌学を学ぶ人のために』世界思想社，1998年）

横約一八～一九㌢。

・中本（ちゅうほん）――美濃判本の半分の大きさで、現在のB６判に相当する。竪約一八～二〇㌢、横約一二～一四㌢。

・横中本（よこちゅうほん）――横本は竪より横が長い本で、美濃半紙を横長に二等分したもの。竪約一三～一四㌢、横約一八～一九㌢。

・美濃三つ切本（みのみつぎりぼん）――美濃半紙を横長に三等分したもの。竪約八～九㌢、横一八～一九㌢。

②半紙本（はんしぼん）――半紙二つ折の大きさで、大本よりひとまわり小さい。現在の菊判やA５判に近い。竪約二二～二三㌢、横約一五～一六㌢。

・小本（こほん）――半紙本の半分の大きさで、竪約一五～一六㌢、横約一一～一二㌢。現在の文庫本とほぼ同じ大きさである。

・横小本（よここほん）――半紙を横長に二等分したもの。竪約一一～一二㌢、横約一五～一六㌢である。

武鑑の魅力

武鑑の基礎

武鑑とは、江戸時代に出版された大名家および幕府役人の名鑑である。武鑑は一七世紀中ごろに出版されはじめ、慶応《けいおう》三年（一八六七）十月十四日の大政奉還《たいせいほうかん》まで、二百年以上の間、出版され続けた。武鑑は実用書であり、ロングセラーブックであった。武鑑は、社会の需要に応えて、年を追うごとに厚くなり、その改訂の頻度は年に数度から月に数度までに増えた。

いろいろな武鑑

武鑑にはいろいろな種類があったが、まず基本の形を挙げるとすれば、「大名付《だいみょうづけ》」二冊、「役人付《やくにんづけ》」二冊を一セットにした、通称「大武鑑《だいぶかん》」になる。「大名付」は、御三家をはじめとする大名家に関する情報を集約したもの、「役人付」は大老《たいろう》・老中《ろうじゅう》以下の幕府役人に関する情報を記したものをいう。「大武鑑」はその通称に示されているように、大部《たいぶ》なもので、一九世紀に総丁数は五百丁・六百丁を超え、厚さは一〇センチを超えた（図6）。

これに対して、「大名付」「役人付」を、それぞれ一冊にまとめたものや、「大名付」「役人付」のダイジェストを一冊にまとめたものなどを「略武鑑《りゃくぶかん》」と呼ぶ。「略武鑑」はいずれも、懐や袂に入れて携行するのに具合がよい厚さ――一センチから一・五センチ――であった。

そもそも「略武鑑」は、携帯の便利さを求められて発刊された。現在でも、地図や時刻表が「ポケット版×××」という名前で、出版されているのと似ている。板元《はんもと》は「大武鑑」の購入者に合わせて買ってもらえるように、「略武鑑」にしか記載しない情報を加えた。とくに幕末の役職の統廃合がさかんな時期、「大武鑑」には未掲載で、「略武鑑」にのみ掲載される情報は増すことになる。

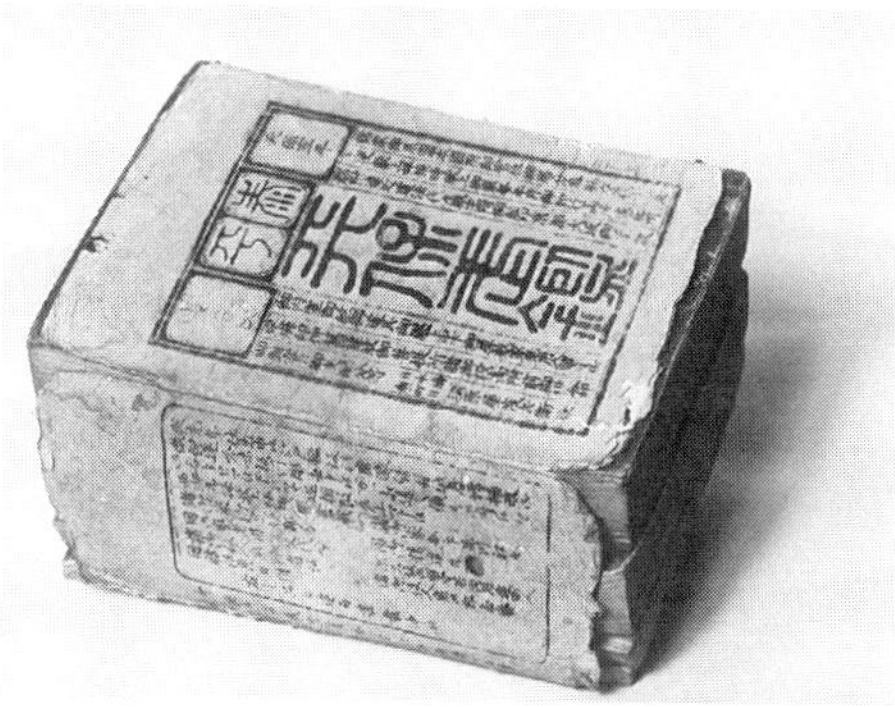

図6　天保13年(1842)刊須原屋茂兵衛版『天保武鑑』と上袋

書名の上部右に「天保十三年」，左に「壬寅八月改」と印刷され，改訂時期を示す（東京大学法学部法制史資料室所蔵）

また武鑑から抜書きした一枚摺りに「摺り物武鑑」がある。これには「禁売買三千部限絶板」、「熨斗《のし》」「お年玉」と欄外に摺り込んだものが多く、非売品で正月の配り物や景品などに用いられたものと考えられる。

このほか、京都町奉行与力《まちぶぎょうよりき》・同心《どうしん》名を掲載する『京都武鑑』、大坂町奉行与力・同心を掲載する『大坂武鑑』、横浜開港後の神奈川奉行所の武鑑などがある。「仙台武鑑」「薩陽武鑑」など、市販されなかったものを含めれば、武鑑という書名を冠した書籍は、とてもたくさんあったということができる。それらは「大武鑑」のレイアウトを模倣する場合が多かった。

さらに、『鎌倉武鑑』『足利武鑑』『応仁武鑑』などが読み物として出版されて貸本屋などに置かれた。「大武鑑」のレイアウトを真似た「大小暦《だいしょうごよみ》」（和暦の月の大小を絵入りで示した暦）が俳諧連の交歓会に出品されたり、同じように「大武鑑」のレイアウトを真似ながら、江戸城内での刃傷《にんじょう》事件や大地震・大火災などの災害や幕府政治に対する世間の評判に題材をとって、社会を風刺した摺り物が作成された。図7は、嘉永《かえい》五年（一八五二）正月・二月の江戸町触《まちぶれ》「火元掟」の厳しさ、町入用がかさむことでの町役人・地主・家持の難儀、昼夜にわたる見廻り・水番の人びとの苦労を茶化し、風刺している。

このように、多様な形で作成され、人びとに親しまれた武鑑であったが、本書では武鑑の基本を知っていただくために、おもに、最初に挙げた「大武鑑」「略武鑑」について述べていくことにしたい。

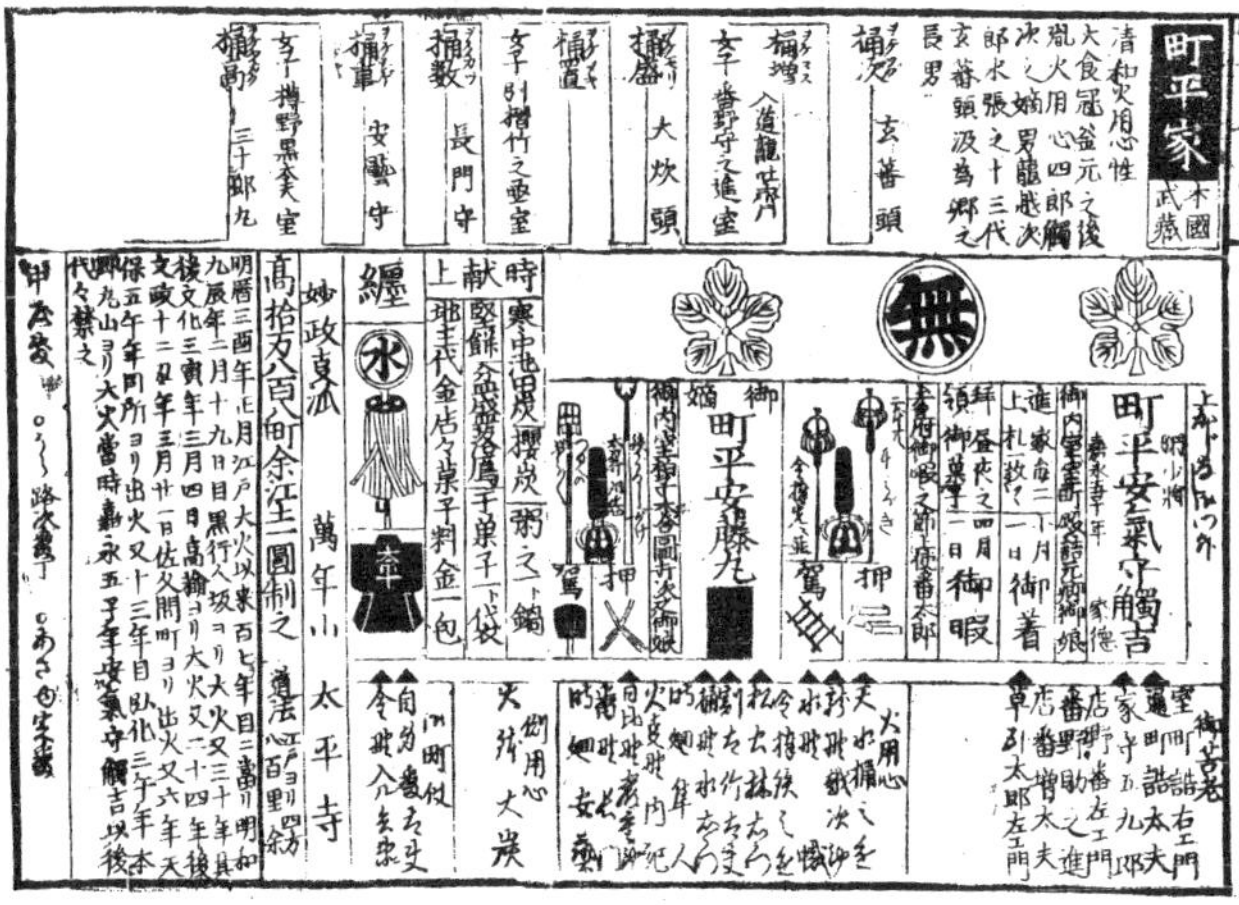

図7　嘉永5年(1852)版　『新板改正　太平武官』
「大武鑑」のレイアウトを模倣した摺り物武鑑の一例（名古屋市蓬左文庫所蔵「鶏肋集」）

武鑑の実例（須原屋版）

まず、武鑑出版の老舗《しにせ》である須原屋茂兵衛《すはらやもへえ》版の武鑑と、とかく学者・好事《こうず》家《か》に好まれてきた出雲寺万次郎《いずもじまんじろう》版の武鑑のレイアウトをみてみよう。

図8は、天保《てんぽう》十一年（一八四〇）刊の須原屋茂兵衛版『天保武鑑』第一巻「大名付」の土佐《とさ》高知藩主の山内《やまうち》家の箇所（八十八丁表から九十一丁表まで）である。

書型は小本《こほん》で、表紙の色は藍色。題簽《だいせん》の色は黄色で、「新板改正　天保武鑑」と書名が印刷してある。紙数は第一巻十万石格以上の「大名付」で百八十二丁、第二巻十万石未満の「大名付」で百六十九丁、第三巻「本丸役人付」で百十七丁、第四巻「西丸役人付」で四十四丁。合計して

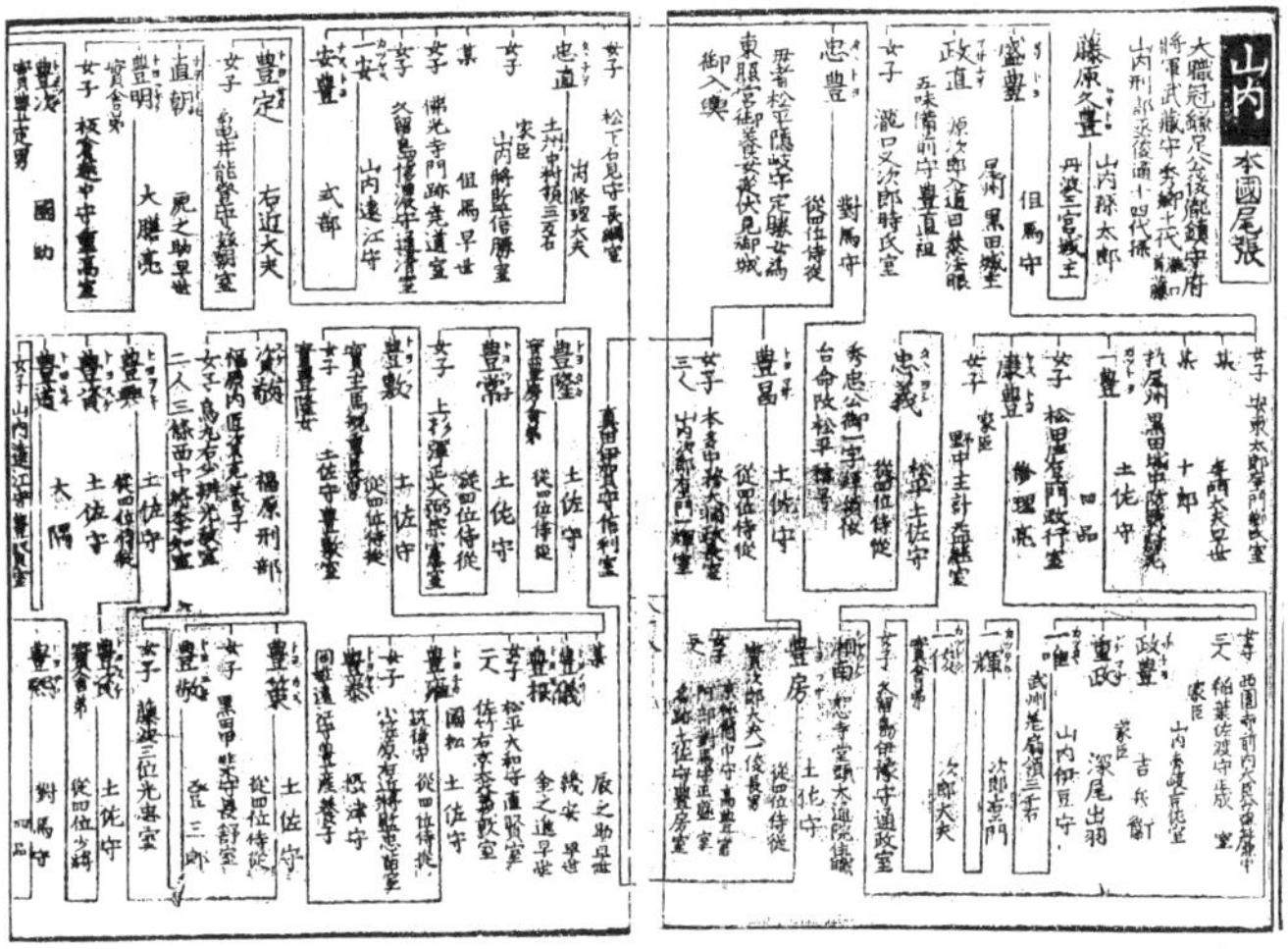

（1）

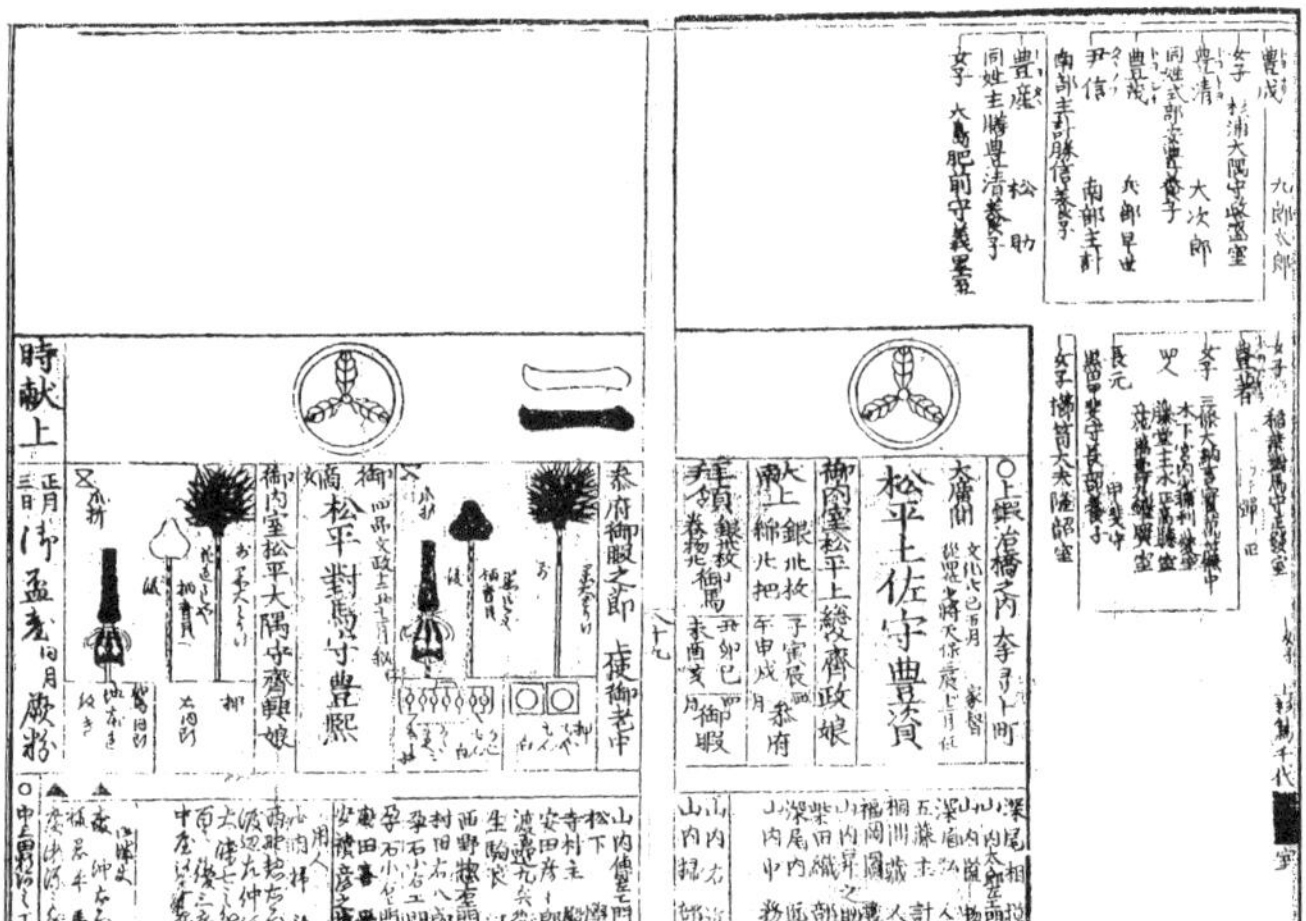

（2）

図8　天保11年(1840)刊須原屋茂兵衛版『天保武鑑』巻之一
土佐高知藩主の山内家を記載する箇所（東京大学総合図書館鷗外文庫所蔵）

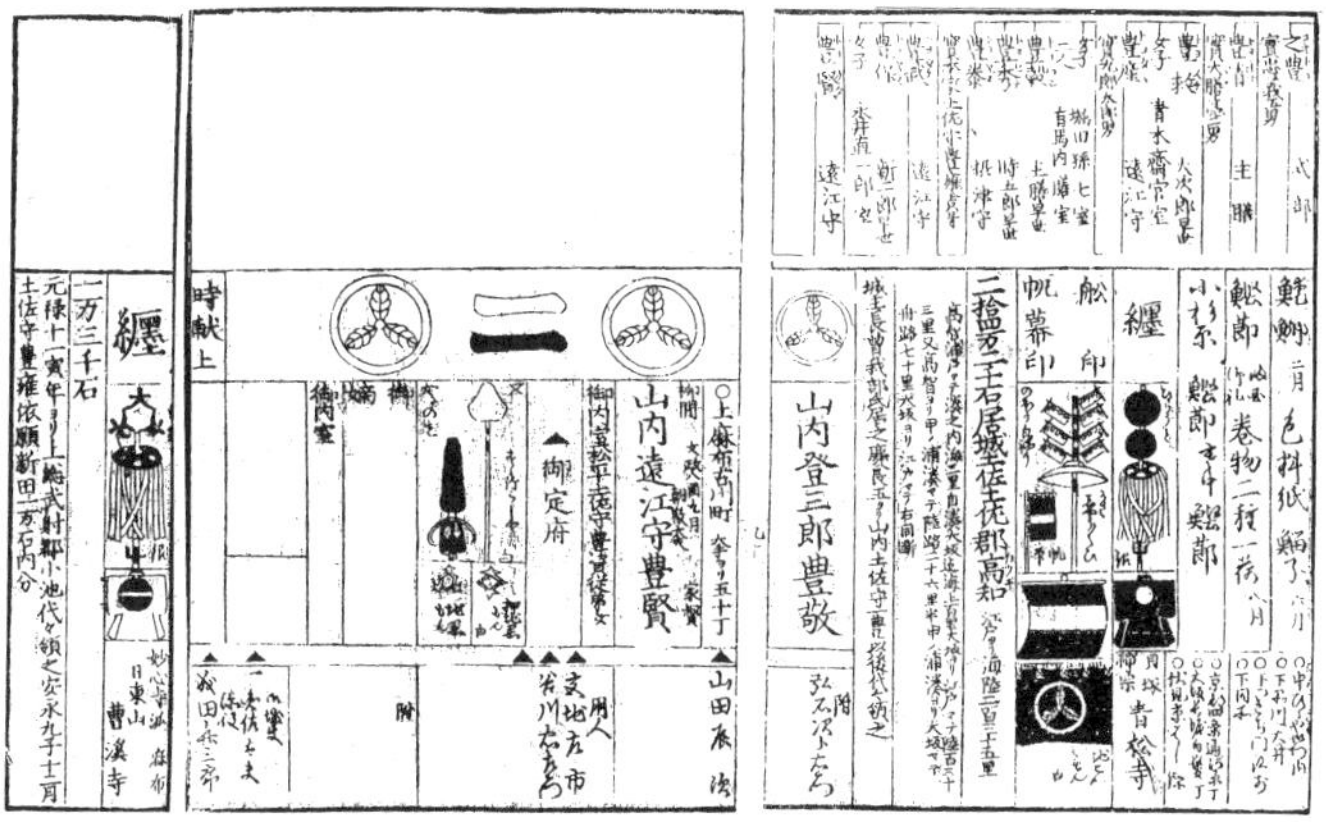

（3）

五百十二丁である。

では「大名付」のレイアウトについて、図8の山内家を例にしてみてみたい。

冒頭に①本国と②系図があり、系図は最上段を占める。二段目には③紋所（定紋《じょうもん》と副紋《ふくもん》）、三段目の比較的大きな紙面には④江戸上屋敷《かみやしき》の場所、⑤江戸上屋敷の江戸城大手門からの距離、⑥大名家当主の名前、⑦江戸城内での殿席《でんせき》、⑧家督《かとく》・⑨叙位任官《じょいにんかん》の時期、⑩妻の出自《しゅつじ》、⑪参勤時の将軍への献上品名・⑫将軍からの拝領品名、⑬参勤交《さんきんこう》代《たい》の期日、⑭参勤交代のときの幕府からの使者の別、⑮江戸市中での行列道具（槍）や長柄傘《ながえがさ》の図、⑯大名行列での駕籠《かご》・道具・挟箱《はさみばこ》（着替の衣類を納めておく箱）の位置、⑰大名行列の中間小者《ちゅうげんこもの》を監督する小人押《こびとおさえ》（押）の着用する羽織《はおり》の模様図、⑱駕籠陸尺《ろくしゃく》（駕籠を担ぐ人）の着用する羽織の模様図、⑲時献上《ときけんじょう》（季節ごとに将軍へ国産品などを献上する）の時期と品目、⑳大名火消の纏《まとい》図《ず》、㉑火消同心《ひけしどうしん》の羽織の模様図、㉒船印《ふなじるし》の図、㉓帆印《ほじるし》の図、㉔帆幕の図、㉕船幕の模様図、㉖江戸の菩提寺《ぼだいじ》の場所と㉗その宗派、そして㉘領知高（石高《こくだか》）、㉙領知の場所（居城地）、㉚領知の江戸からの距離、㉛参勤交代のときの通行経路、㉜領知の歴代領主などの名前。またおおむね㉝嫡子《ちゃくし》の名前、㉞嫡子の叙位任官の時期、㉟嫡子の妻の出自、㊱嫡子の江戸市中での行列道具や長柄傘の図、㊲嫡子行列での駕籠・道具・挟箱の位置、㊳嫡子行列の小人押の着用する羽織の模様図、㊴駕籠陸尺の着用する羽織の模様図が刻まれる。最下段には㊵江戸詰家臣の名前、㊶江戸中屋敷の場所、㊷江戸下屋敷の場所、㊸京都および㊹大坂と㊺伏見の蔵屋敷の場所が記されている。その数え方によるが、およそ四十五の項目が記されている。

これらの項目については、大名家によって項目の加除がある。雨天時に、行列道具に変更がある大名家ではその点が書かれ（後述）、一方で京都・大坂・伏見の蔵屋敷の場所が書かれない大名家がある。

図9は、天保十一年刊『天保武鑑』第三巻「本丸役人付」の巻頭部分である。「役人付」には、役職ごとに役高・役料、老中・若年寄といった支配関係、名前・紋所・官位・屋敷の場所・対客日《たいかくび》・親子関係などが、適宜、記されている。

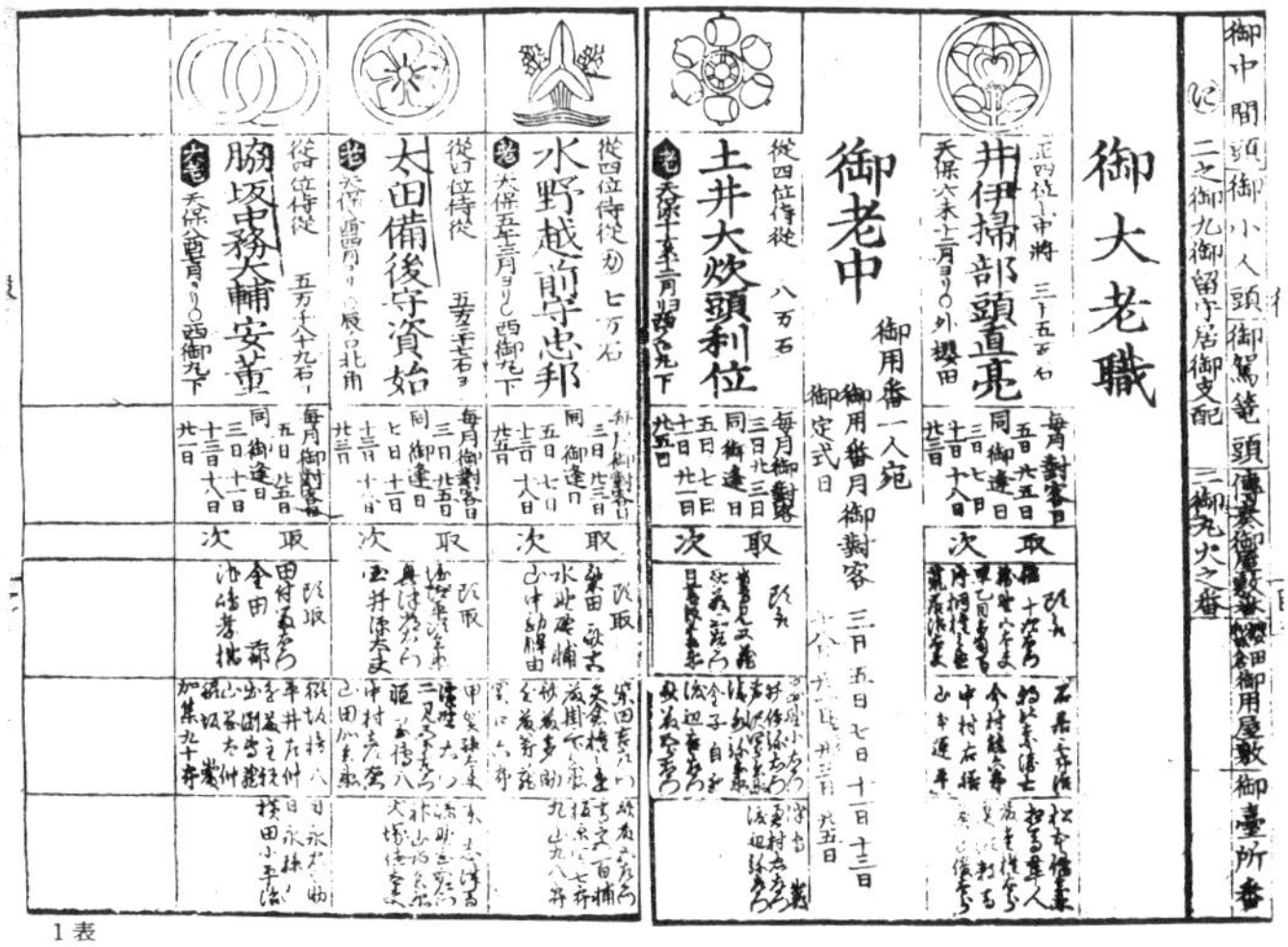

1表

図９　天保11年（1840）刊須原屋茂兵衛版『天保武鑑』巻之三

巻頭にイロハ順の役職名索引があり，そのあとから本文が始まる．図は本文の冒頭部分（東京大学総合図書館鷗外文庫所蔵）

武鑑の実例（出雲寺版）

図10は、嘉永三年（一八五〇）刊の出雲寺万次郎版『大成《たいせい》武鑑』第一巻「大名付」の土佐高知藩主の山内家の箇所（百十丁表から百十三丁裏まで）である。

書型は小本で、表紙の色は藍色。題簽の色は白色で、「泰平万代　大成武鑑」と書名が印刷してある。紙数は第一巻十万石格以上の「大名付」で二百二十八丁、第二巻十万石未満の「大名付」で二百八丁、第三巻「本丸役人付」で百二十八丁、第四巻「西丸役人付」で三十九丁。五冊目として御三家（尾張《おわり》徳川家・紀伊《きい》徳川家・水戸《みと》徳川家）の付家老《つけがろう》五家に

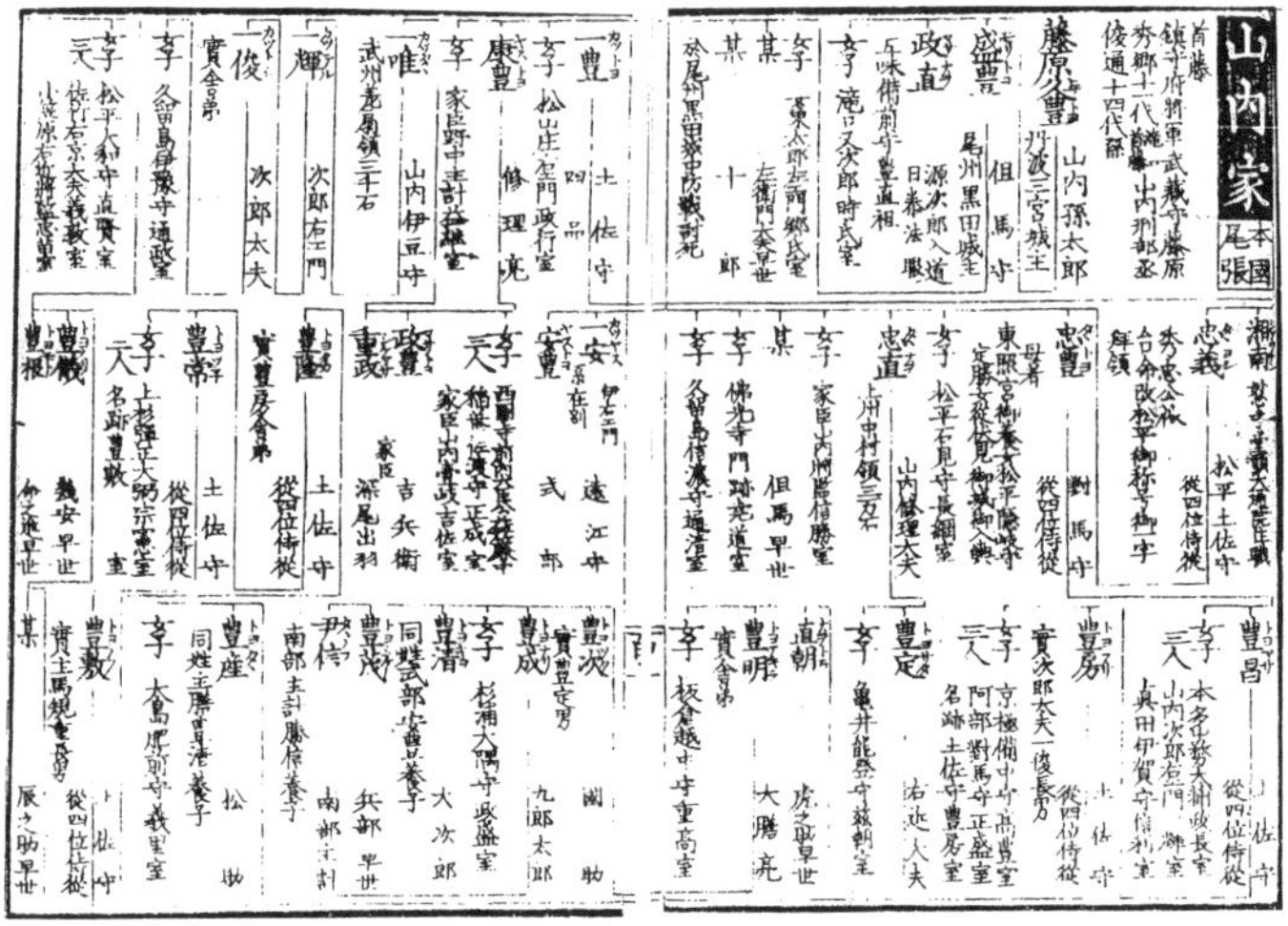
山内家　本國尾張

（1）

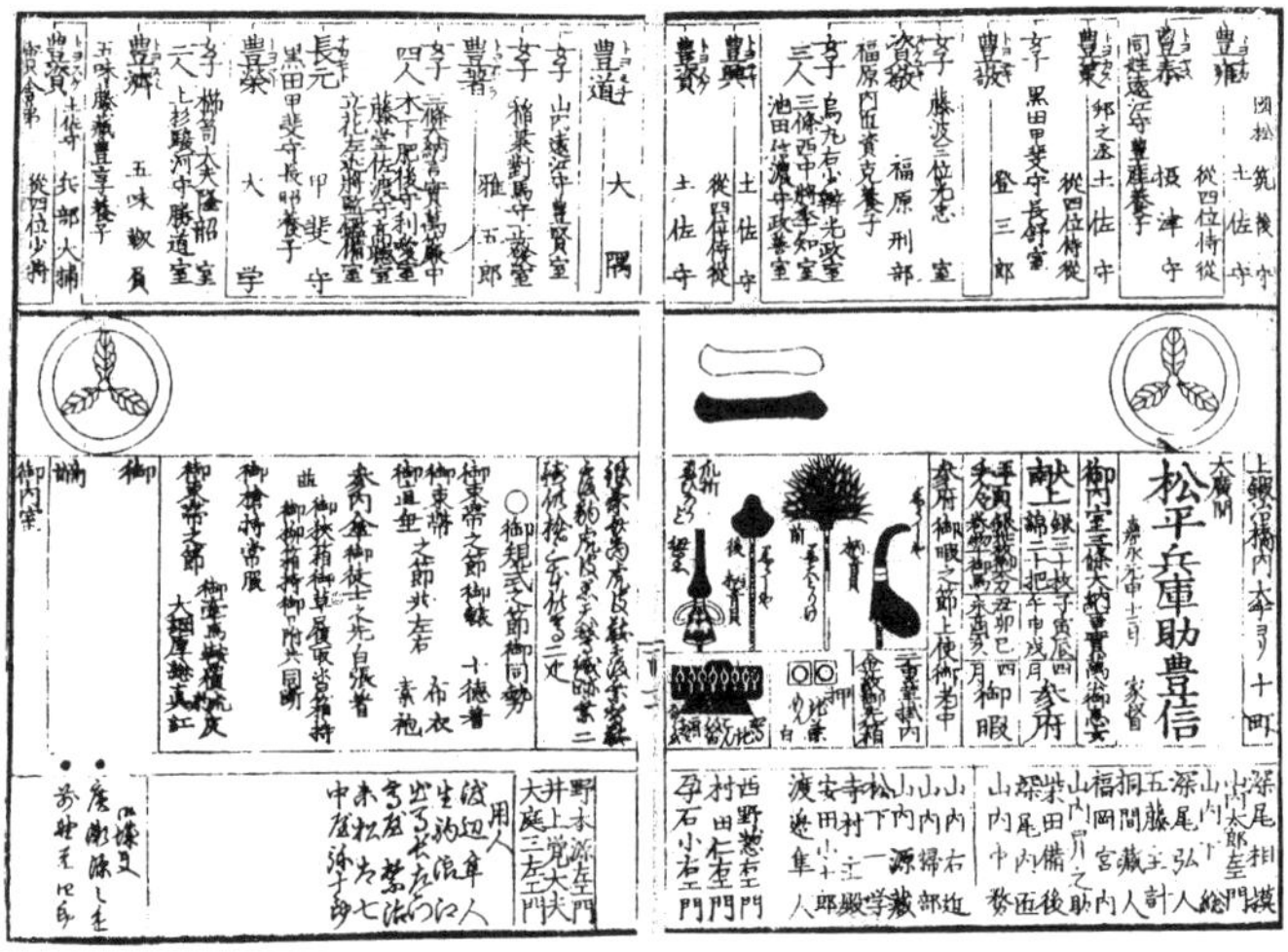
松平兵庫助豊信

（2）

図10　嘉永3年(1850)刊出雲寺万次郎版『大成武鑑』巻之一

土佐高知藩主の山内家を記載する箇所．須原屋版『天保武鑑』〔図8〕よりも記載項目が多い（東京大学総合図書館鷗外文庫所蔵）．

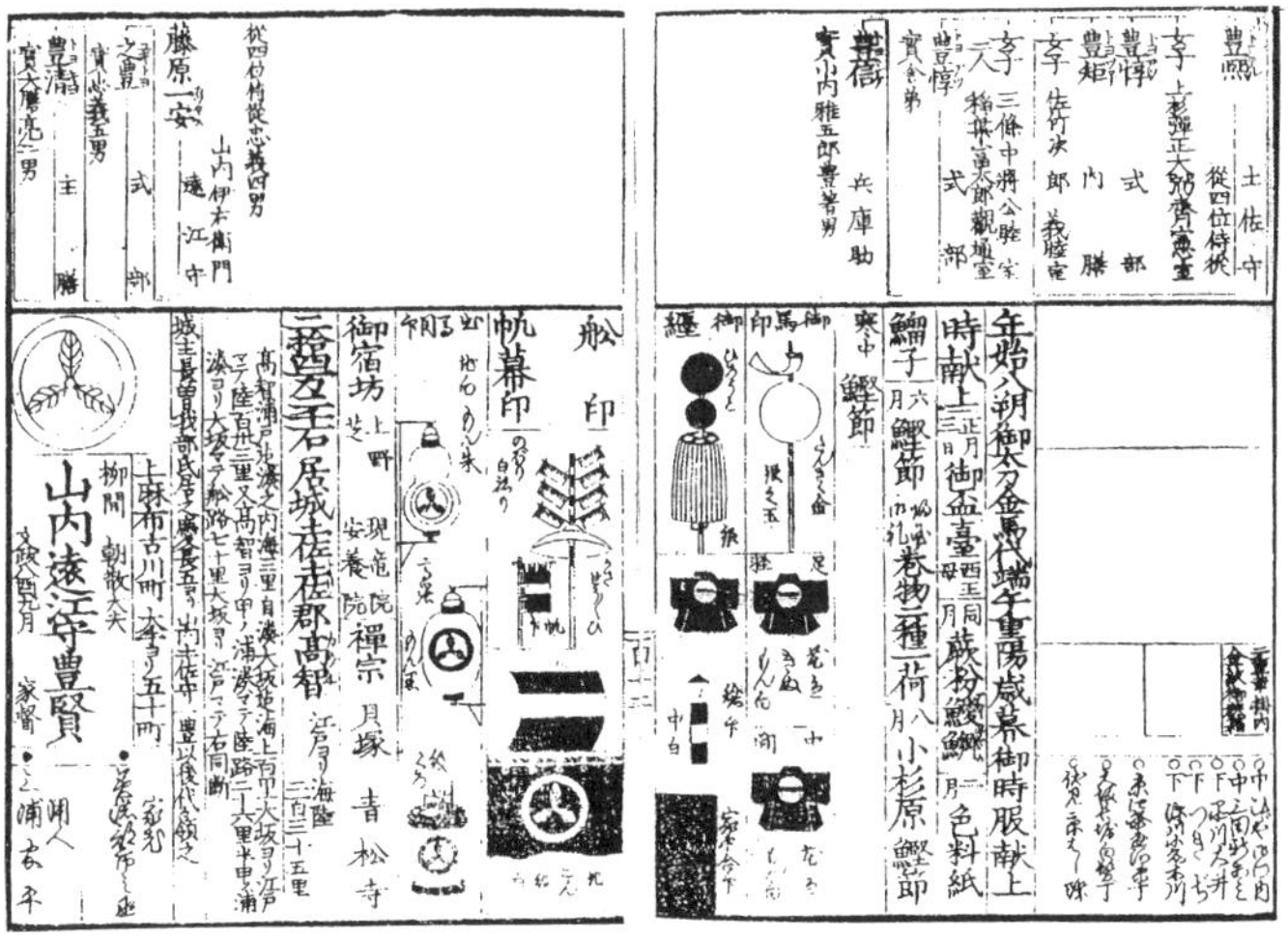
豊熈　土佐守　従四位侍従
豊惇　式部
豊矩　内膳
豊誉　兵庫助
年始八朔御太刀金馬代端午重陽歳暮御時服献上
時献上
寒中　鰹節
船印
帆幕印
御宿坊　上野　現竜院　芝　安養院　禅宗　月塚　青松寺
二万四千石　居城　土佐郡高智
山内遠江守豊賢
上屋敷　麻布古川町

（3）

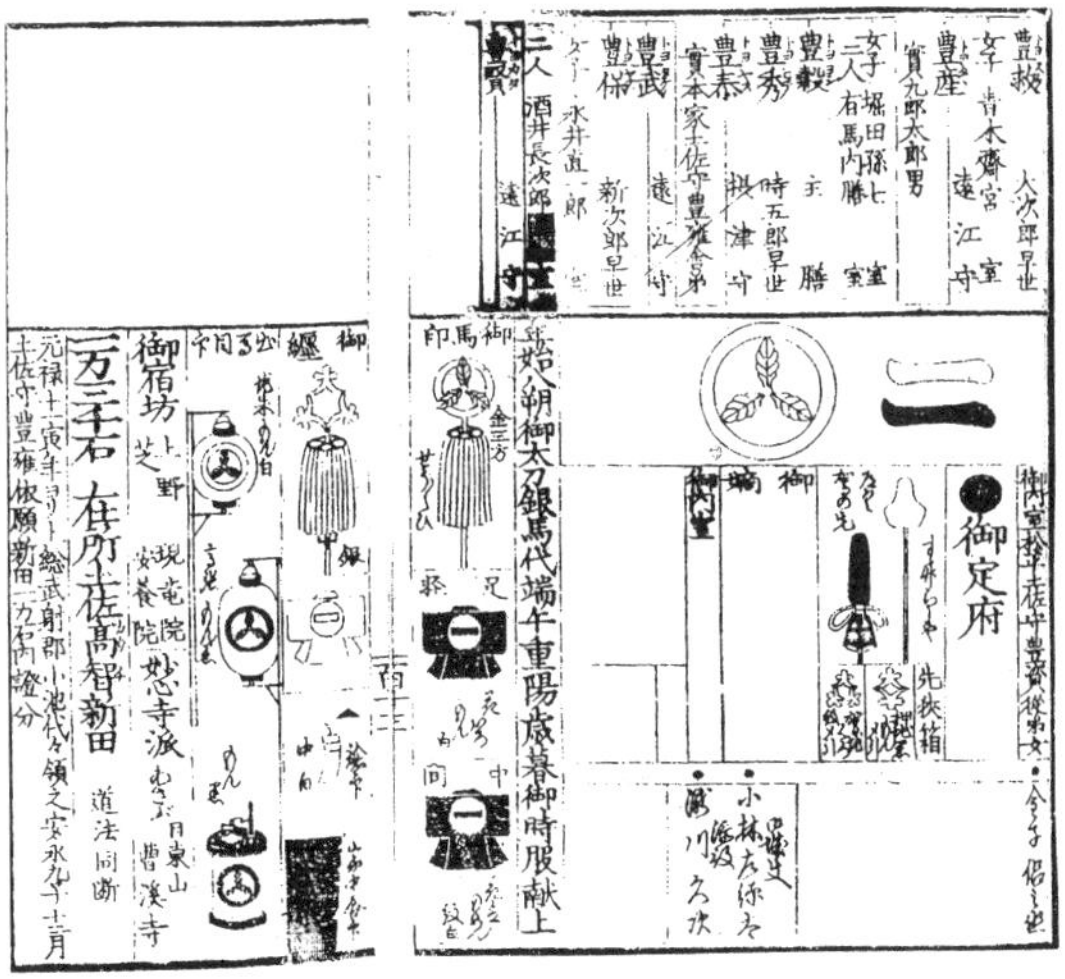
豊産　遠江守
御定府
年始八朔御太刀銀馬代端午重陽歳暮御時服献上
御宿坊　上野　芝　現竜院　安養院　妙心寺派　月泉山　曹渓寺
一万三千石　在所　土佐高智新田

（4）

関する『御三家方御付』十五丁。合計して六百十八丁。須原屋茂兵衛版に比べて百丁余り多い。なお、本来であれば、同じ年の両版を並べて比較したいのだが、写真掲載にあたって、より鮮明な摺り上がりのものを選択したため、十年の差が生じている。

図8と図10とに掲載した須原屋茂兵衛版と出雲寺万次郎版は、ともに紙面を有効に利用したレイアウトであり、酷似していることが一見してわかると思う。この限られた紙面のなかで、両板元は独自性を競った。

「大名付」で、須原屋茂兵衛版にはなく、出雲寺万次郎版にのみ掲載されている項目について、やはり土佐高知藩主の山内家を例にみてみよう。

その項目とは、①江戸市中の大名行列の挟箱の蓋の左右に金紋があるかどうかの別、②大名行列を構成する牽馬《ひきうま》（乗替の馬）の鞍覆《くらおおい》の別、大名行列を構成する③供馬、④騎馬供、⑤茶弁当（飯膳を納めた塗箱）の別、そして最も目立つのは、⑥幕府大礼《たいれい》の時の大名家当主の最高礼服の別、⑦供廻《ともまわ》りの構成と着服の別、⑧大名家当主の基本礼服の別、⑨供廻りの構成と着服の別、⑩幕府大礼の時の献上品名である。また⑪馬印《うまじるし》の図、⑫足軽《あしがる》（小人目付）の着用する羽織の模様図、⑬中間が着用する羽織の模様図、⑭大名火消の小者槍持の槍印と⑮家中の合印《あいじるし》、⑯出馬目印の提燈《ちょうちん》図、⑰高張提燈《たかはりちょうちん》の図、⑱箱《はこ》提燈の図、そして⑲上野寛永寺《かんえいじ》・芝増上寺《ぞうじょうじ》の宿坊《しゅくぼう》名である。なお宿坊は、将軍家の法会《ほうえ》の際、勅使饗応《ちょくしきょうおう》役を命じられた場合に利用され、また大名家によっては祈禱寺としたものである。

出雲寺の方が記載項目数が多い。とくに注目されるのは、幕府の大礼での大名家当主の着服が束帯《そくたい》であれば、江戸市中を通行する乗物は駕籠ではなく輿《こし》になる。当然ながら、供廻りの構成と着服が変わるといった記事である。

一方、「役人付」は役職によって記載内容の精粗の差が大きく、一概には判断できないが、例えば、出雲寺版の「勘定《かんじょう》」「支配勘定」の項には、天保期から全員の名前・屋敷の場所が記載されている。ここにも出雲寺・須原屋茂兵衛の競い合いがみられた。

内容から須原屋茂兵衛版と出雲寺版の「大武鑑」を比較すると、出雲寺版の方が優れているといえる。ゆえに前述のような、学者・好事家からの評価も生まれた。だが江戸時代の人びとにとって、使い勝手がよかった武鑑はどちらであったろうか。一般に商品力はさまざまな角度から検討されて、総合評価によって優劣がつけられる。とすれば、安定的な継続改訂・継続出版では、明らかに須原屋茂兵衛に軍配が上がる。利用目的によって評価は変わるものである。

家格を映す鑑

右では一九世紀中ごろの須原屋茂兵衛版と出雲寺万次郎版の「大武鑑」の「大名付」の実例を示したが、そのなかで、現在でも眺めていて楽しいのは、紋所であり、行列道具であるように思う。この紋所・行列道具は「略武鑑」にも欠かせない項目であった。とくに「略武鑑」が江戸土産物の代表となった理由は、眺めて楽しいところにあったであろう。大名や幕府役人の行装《ぎょうそう》は、それほどに個性的であり、複雑であった。

明治二十二年（一八八九）刊のものではあるが、『風俗画報』第一号に江戸城の「大手下馬先之図」が掲載されている。これを一つ、大名行列をイメージするための手助けとしたい〔図11〕。本図には、商品を入れた箱を首から提げた「武鑑売」も描かれている。本図の解説に次のようにある。

正月元日大手先諸侯登城の様《さま》にして、酒井雅楽頭《うたのかみ》辻番所のある処は、今の内務省の構内なり。甘酒売は通常のものと少しく異なるは総て城内には火を入るゝ事を禁ずるをもて、冷たきまゝ売故なり。左《さ》れど矢張暖きを呼びて売る。此譬《このたとえ》によりて当時は、上手《じょうず》にもあらで頻《しき》りにものに凝《こ》る者をさして、下馬の甘酒といひけり。茶売は神田三河町の茶屋勘兵衛といふもの出で、これを売る。菜《さい》売といふは飯の菜を売るものなり。其頃の習として諸侯の供人等は弁当の菜は、生味噌少許《すこしばかり》と沢庵《たくあん》漬四切に定まれるをもて、各《おのおの》此処《ここ》にて種々の旨《うま》き菜を求むるなるべし。

解説は、下馬先《げばさき》で売られていた食べ物に終始している感があるが、正月元日の下馬先の情景を切り取った一コマであることに間違いはない。正月元日の年頭礼は幕府の年中行事

図11　大手下馬先之図（『風俗画報』第一号，東陽堂，1889年，復刻版）
「武鑑売」の姿が画面の右，上から三分の二ほどのところに描かれる

のなかでも重要な日である。どれだけ華やかであっただろう。

　では本図の画面中央を横切っている行列の主は誰であろうか。図から読み解いてみよう。行列の先頭は挟箱である。二つあるので「対箱《ついばこ》」である。次に参内傘《さんだいがさ》で、飾り革がみえる。ついで槍が二本ある。「対之槍《ついのやり》」である。槍をもつ中間の羽織には白抜きの丸紋がある。後ろに徒供《かち》がいる。この徒の先に槍をたてている。これを「引道具《ひきどうぐ》」という。駕籠の前に打物《うちもの》。打物は長刀《なぎなた》である。そして駕籠である。周囲を供の者に固められていて、紋所は見えない。駕籠を担《かつ》ぐ陸尺《ろくしゃく》の羽織の模様は、やはり白抜きの丸紋である。駕籠の後ろに立傘《たてがさ》があり、持ち手は肩にかけて持っている。その後ろに行列は続く。

「対箱」、「先道具」、「対之槍」、「引道具」、打物があること、羽織の模様がヒントになる。これらに注意しながら、参勤交代が通常通りに行われていた安政《あんせい》二年（一八五五）正月刊の出雲寺万次郎版『大成武鑑』の「大名付」をみていくと、可能性として残ったのは、ただ一家、伊予《いよ》松山の松平《まつだいら》隠岐守勝善《おきのかみかつよし》であった。もちろん『風俗画報』は、明治中期に書かれたものであり、必ずしも写実性に富むといいきれない挿絵であるから、どれほどの信《しん》憑性《ぴょうせい》があるものか、慎重に検討しなければならない。

　しかし、図に描かれた槍の本数、打物、挟箱、傘、中間や陸尺の羽織の模様、駕籠の位置によって、行列の主を特定しうることが確認されたであろう。これらすべてにはそれぞれにいわれがあり、家の格式を示した。

話を戻せば、したがって、武鑑に詳しく記載された情報とは、当時の社会において必要とされた情報であったことになり、行装に詳しい出雲寺版の武鑑は、より社会の要請に応えたものであったのではないかと推察される。

出世を映す鑑

江戸時代、大名家に関する情報や幕府役人の異動は、江戸城内に貼り出された「沙汰書《さたしょ》」などにより告示され、関係部署に伝達された。しかしながら「沙汰書」に全ての人事異動が網羅されていたわけではない。断片的な情報の提供であり、近代以降の『官報』による告示とは程遠い。

そのため多くの人びとは、武鑑から情報を得ることになった。そこにはまたいくつもの意味が隠されていた。武鑑では、配列はもとより、記載内容の精粗、字体（楷書が上級で草書が下級）、字高《じこう》などの指標によって、地位・格式の高下が表されていた。字高は字の大きさのことである。格が上になるほど字の大きさは大きくなる。これについては、相撲《すもう》の「番付」をイメージしていただければよいだろう。

武鑑で、その人物に割かれる紙面の大きさや字体・字高の変化から、その人物の昇進や左遷《させん》を、人びとは推し量った。

桜木へ埋木《うめき》をさせる御立身（『誹風柳多留《はいふうやなぎだる》』第五十九篇）

定紋を鑑《かがみ》へうつす御昇進（同三十九篇）

御やしきも武鑑も間口広く成（同四十五篇）

御立身楷書に直る武の鑑（同百五十六篇）

などの川柳は、そのことを示している。最初の川柳にある「桜木」は板木《はんぎ》のことで、山桜材である。山桜は木質が素直で、硬く、多く摺っても磨り減らず丈夫であり、整版の板木に適していた（図3を参照のこと）。

図12は、やはり同じ川柳のなかにある「埋木」という文言、また最後の川柳の「楷書に直る」の実例である。写真では紙面の摺りの微妙な凹凸がわかりづらいが、図12では、天保十一年六月八日に佐渡奉行に任じられた川路三左衛門《かわじさんざえもん》の部分が、新しく彫り入れられて、ほかの部分よりも摺り上がりが鮮明になっている。いまだ前任者の鳥居八右衛門《とりいはちえもん》正房の紋所が上部に残っている。情報が入ってすぐの改訂であったのだろう。

字体は前職の「御勘定吟味《ぎんみ》役」にあったときは草書だったものが〔図13〕、楷書に改まっている。家禄の増加（九十俵三人扶持から二百俵）も変更されている。実名「聖謨《としあきら》」はベタで黒く「摺り消し」になっている。実名と配下の家臣の名前は、後の版になって、加筆されている〔図14〕。このように、字体・情報量の増加は、その人の出世を知らせるものとなっていた。

図12

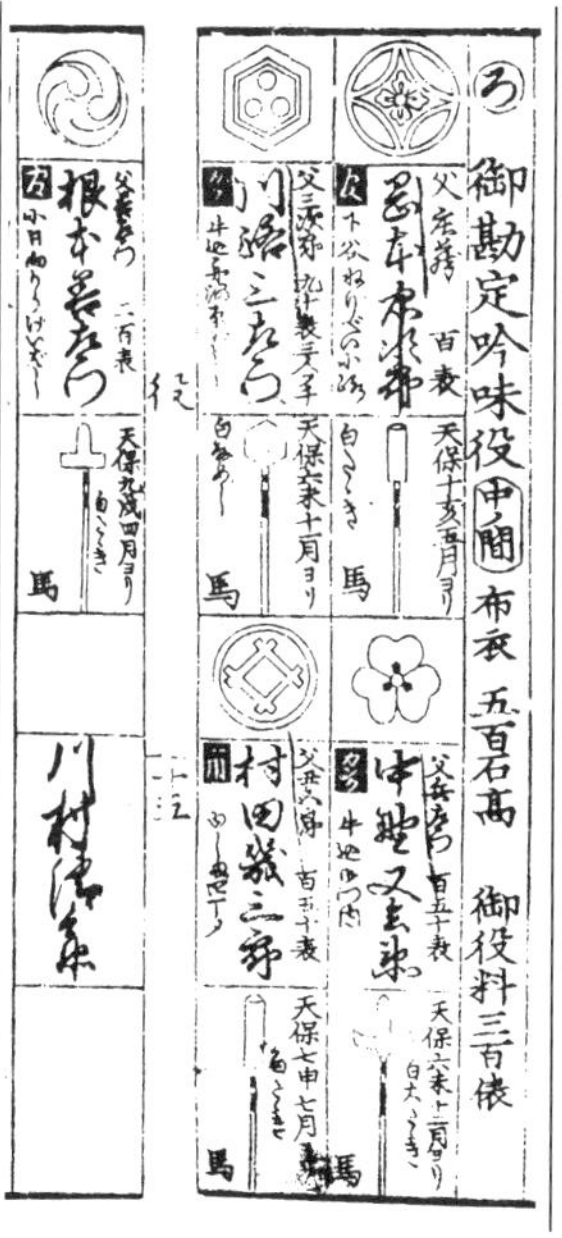

図13

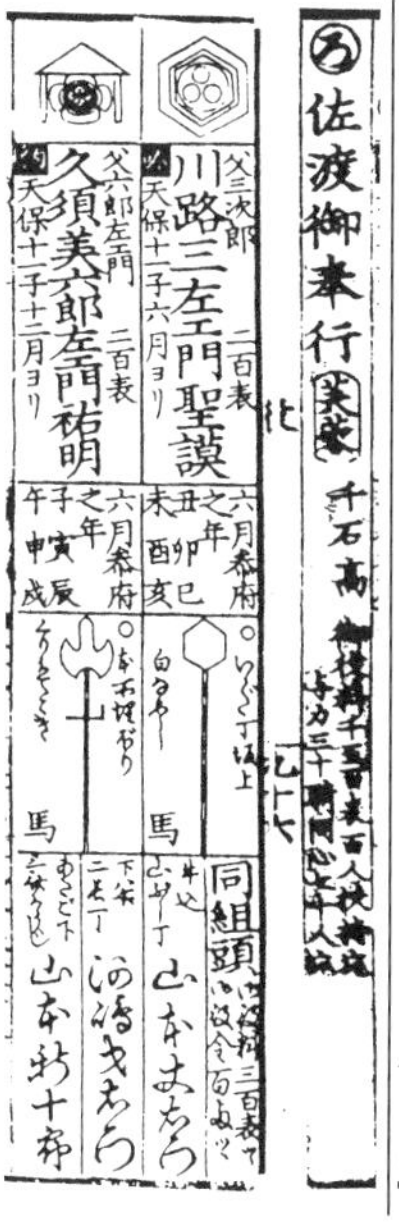

図14

図12　天保11年(1840)刊須原屋茂兵衛版『天保武鑑』巻之三

「佐渡御奉行」川路三左衛門は「埋木」をして新たに彫り込まれており鮮明（西尾市岩瀬文庫所蔵）

図13　天保11年(1840)刊須原屋茂兵衛版『天保武鑑』巻之三

「御勘定吟味役」川路三左衛門は草書．格式が上がると楷書になる（図12・14を参照のこと）（東京大学総合図書館鷗外文庫所蔵）

図14　天保12年(1841)刊須原屋茂兵衛版『天保武鑑』巻之三

図12と比べて「佐渡御奉行」に関する記事が詳しくなっている（東京都立中央図書館東京誌料文庫所蔵）

ただし武鑑が映し出したのは武家社会だけではない。武鑑は国立印刷局（旧、大蔵省印刷局）のような公的な機関がまとめたものではなく、民間の板元によって編集・発行・発売された。つまり、武鑑を「官員録」「職員録」にたとえきれない部分があり、そこにこそ江戸社会の特徴は反映されていた。

現代風にいえば、「大名付」は「紳士録」、「役人付」は「職員録」ということも可能ではある。だが、江戸時代に特有の出版システムのなかで、民間の本屋が情報を収集して編集して、武鑑を出版したこと、それらがさまざまな場面で目的に合わせて利用されたこと、これらが江戸社会の全体像を描くうえで、重要な部分を占めると、筆者は考えているのである。

武鑑コレクションの数々

鷗外のコレクション

近代以降、武鑑の史料的な価値を広く世間に知らしめたのは森鷗外《もりおうがい》である。鷗外は、作品を執筆するさいに、武鑑を主要な参考資料として用いた。このことは、福山藩の儒医の伝記である『伊沢蘭軒《いざわらんけん》』（『鷗外歴史文学集』第六巻〜第九巻、岩波書店、二〇〇〇〜二〇〇二年）などを読むことによって知られうるが、蘭軒の門人であった弘前《ひろさき》藩の儒医で、のち幕府の躋寿館《せいじゅかん》に出仕した渋江《しぶえ》抽斎《ちゅうさい》の伝記『渋江抽斎』にある、以下の記述がよく知られている。

> わたくしの抽斎を知つたのは奇縁である。わたくしは医者になつて大学を出た。そして官吏になつた。然るに少《わか》い時から文を作ることを好んでゐたので、いつの間にやら文士の列に加へられることになつた。其文章の題材を、種々の周囲の状況のために、

過去に求めるやうになつてから、わたくしは徳川時代の事蹟を捜《さぐ》つた。そこに武鑑を検する必要が生じた。

武鑑は、わたくしの見る所によれば、徳川史を窮むるに闕《か》くべからざる史料である。然るに公開せられてゐる図書館では、年を逐《お》つて発行せられた武鑑を集めてゐない。これは武鑑、殊《こと》に寛文頃より古い類書は、諸侯の事を記《き》するに誤謬《ごびゅう》が多くて、信じ難《がた》いので、措《お》いて顧みないのかも知れない。しかし武鑑の成立《なりたち》を考へて見れば、此誤謬の多いのは当然で、それは又他書によつて正すことが容易である。さて誤謬は誤謬として、記載の全体を観察すれば、徳川時代の某年某月の現在人物等を断面的に知るには、これに優《まさ》る史料は無い。そこでわたくしは自《みづか》ら武鑑を蒐集《しゅうしゅう》することに着手した（『鷗外歴史文学集』第五巻、岩波書店）。

鷗外は、寛文期以前の武鑑の誤謬を承知しつつも、武鑑の史料的価値を認識しており、武鑑コレクションを形成しつつあると、作品のなかで紹介した。その後、この初期の武鑑には誤謬が多いという評価から、江戸時代前期の武鑑の内容を検討することに、研究が集中することになった。

私は、これら研究蓄積を視野に入れつつ、鷗外の『渋江抽斎』の記事、また不思議なめぐり合わせ（前述）に導かれて、昭和五十九年（一九八四）夏、所属大学の図書館の紹介状を手に、武鑑なるものを実見するため、東京大学総合図書館に行った。これが、その後二十余年間、いや今後も続く、私の武鑑コレクションめぐりの始まりであった。

橋本博編『大武鑑』

武鑑コレクションをめぐって、武鑑の発刊から終焉まで、現存する武鑑を見尽くしたいという思いが生まれるについては、各所にある武鑑を集めて翻刻《ほんこく》出版した橋本博編『大武鑑』（大洽社、一九三五年）による影響も大きかった。

『大武鑑』には徳富蘇峰《とくとみそほう》が次の序文を寄せている。

武鑑ハ徳川時代ノ索引た。それか系統的ニ年代的ニ綜合整理シテ刊行セラルルハ取リモ直サス江戸幕府時代の一貫シタル目録ト云フモ過言テナイ。予ハ最近十七年間「近世日本国民史」ノ著作ニ於テ之ヲ実験シタ。今橋本君ノ此書ハ、我等ニ向テ徳川幕府三百年間ノ鳥瞰《ちょうかん》図ヲ提供スルモノト云テモ過当テハアルマイト信スル。

昭和十年二月十四日

蘇峰徳富正敬《しょうけい》印

蘇峰も鷗外と同じように、「武鑑」は江戸時代を鳥瞰できる総合索引であるという。私は、先に武鑑は社会を映す鑑《かがみ》であると記し、人事異動情報を武鑑から得られることを示した。これは同時代人の利用方法を推察した場合、「武鑑」の主たる機能であったと断言することができる。一方、私たちにとって武鑑はどうであるか。これについては、「縦には歴史を築き、横にはその時代々を展開せしむる」（『大武鑑』緒言）文献となるという言葉に尽くされていよう。

この『大武鑑』緒言の意味するところはこうである。すなわち武鑑を人名調べの道具という人がある。だが、人名調べとは何であろうか。ある人物の生没年・実名を知ることで人名調べは終わるのか。現在はインターネットが普及してさまざまなデータベースにアクセスできる。当面、必要な情報を入手することはとても簡単になった。

だが、武鑑の実物またはその影印本《えいいんぼん》にあたると、紋所《もんどころ》はどんなふうだったのか。江戸屋敷の場所はどこであったのか。割かれている紙面の大きさはどれくらいであるか。字体は草書であるか楷書であるか。相役《あいやく》（同僚）は誰だったのかなど、たくさんの寄り道ができる。江戸時代像を縦横に展開せしむるものと武鑑が位置づけられるゆえんは、こうした武鑑の情報量の豊富さにあるのである。

話を先に進めよう。『大武鑑』全十三冊は、一九三五年から翌一九三六年にかけて初版三百部が非売品として発行された。一九四〇年に改訂再版と版を重ねた。その後、一九六五年に名著刊行会から三冊物の改訂増補版が出された。『大武鑑』は「死物同様用をなさぬ」「化石せる武鑑」（緒言）を、現代によみがえらせる基礎をたしかに築いた。

その他のコレクション

古い武鑑を集め、それらを眺めるといった行為自体は、一九世紀に好事家《こうずか》の間ですでに行われていた。また徳富蘇峰が記したように、近代以降、森鷗外のみならず歴史小説・時代小説の作成の場や、歴史書編纂や歴史研究の場で、重要な参考書としてあった。自然、それは武鑑コレクションの形成を促した。現在、作家や学者などによる武鑑コレクションは、公共の機関に収蔵されているものに限っても、十指を下らない。

野村胡堂《のむらこどう》は、『銭形平次捕物控《ぜにがたへいじとりものひかえ》』の作者として著名であるが、胡堂コレクションは昭和三十八年（一九六三）、東京大学史料編纂所に寄贈されている。胡堂コレクションの受け入れに立ち会った所員の進士慶幹氏は「武鑑に寄せる」という文章のなかで、収集の過程についての聞き取り調査の一部を紹介している。それによれば、「胡堂氏は、武鑑の年代などを細書した紙片を懐中にして、古本屋を歩きまわり、未収のものを得られた日など、その武鑑を手に、あつたあつたと大喜びで帰宅されたという」（『日本古書通信』第二百三十号）。

岡本綺堂《おかもときどう》・三田村鳶魚《みたむらえんぎょ》・司馬遼太郎《しばりょうたろう》・池波正太郎《いけなみしょうたろう》・松本清張《まつもとせいちょう》なども、武鑑を使用また収集したことで知られている。司馬遼太郎・松本清張にはそれぞれに記念館がある。

このほか、旧財閥・経済人による収集コレクションでは、財閥岩崎家が形成したものに東洋文庫・静嘉堂《せいかどう》文庫がある。財閥三井家では三井事業史編纂を行うとともに文庫を形成し、旧三井文庫の史料は、現在、国文学研究資料館（史料館）と財団法人三井文庫に収蔵、継承されている。また肥料商として財をなした岩瀬弥助《いわせやすけ》氏が収集した史料は、現在、愛知県西尾市の岩瀬文庫となり、公開されている。

旧幕府のコレクションは、国立公文書館内閣文庫・国立国会図書館に収蔵される。旧大名家のコレクションには、名古屋市博物館分館の尾張徳川家の蓬左《ほうさ》文庫、東京大学総合図書館収蔵の紀伊徳川家の旧蔵書を中核とする南葵《なんき》文庫などがある。

公共の歴史書編纂の過程で収集されたコレクションでは、東京都立中央図書館にある東京誌料文庫がある。このほか学者の収集にかかるものでは、法制史の中田薫氏（東京大学法学部法制史資料室）、『大阪市史』の編纂で知られる経済史の幸田成友氏（一橋大学附属図書館・慶応義塾大学図書館）、経済史の野村兼太郎氏（慶応義塾大学図書館）、歴史学者の栗田元次氏（個人蔵）、のちに述べる狩野亨吉《かのうこうきち》氏による狩野《かのう》文庫（東北大学附属図書館）、自身が収集した武鑑を影印版で公開された渡辺一郎氏のものが知られている。以上は、筆者がこれまでめぐったコレクションのいくつかであり、これに漏れるものも多いが、話を先に進めたいと思う。

コレクションの恩恵

柳 営学《りゅうえい》の小川恭一氏の表現を借りれば、武鑑は現在のビジネスマンにとっての名簿、住居表示付地図といったものになる（『江戸の旗本事典』講談社文庫、二〇〇三年）。実用書は情報が古くなれば捨てられる。そうした運命が武鑑にもついてまわる。その運命（廃棄）から免れて、古書店の手に落ちた武鑑があった。転売を繰り返され、所有者が変わり、そのつどに古書店を通過した。明治から第二次世界大戦前までは、露天商で、普通に、武鑑を扱っていた。

後掲の明暦《めいれき》四年（一六五八）刊の松会版『（御紋づくし）』の後ろ表紙見返しには、東京の浅草寺円通閣《せんそうじえんつう》に参拝した折に、露天商で同書を入手した由が記されている。明治十年（一八七七）のことである。

右一冊、明治十年九月八日、浅草寺円通閣参拝、路傍に於いてこれを調す、よりて記載するもの也

また第二次世界大戦前の東京の古書店での武鑑の扱いについては、明治維新史の研究者である服部之総《はっとりしそう》（一九〇一〜五六）が昭和二十二年（一九四七）に『文藝春秋』に掲載された随想のなかで、次のように述べている。

戦争まえまでは、古書展でもさまで珍しがられず、古地図などにくらべて値も安かった。銀座の松坂屋まえの露店に、十数年古本をあきなっている山崎さんなどは、この

方面が好きで、いつも何冊か仕入れていたが、値は特別に安かった。

（『黒船前後・志士と経済他十六篇』岩波文庫、一九八一年）

第二次世界大戦前まで、武鑑は古書店でも見馴れた、人びとに身近な存在であった。しかしそれから六十年以上が経過した現在、武鑑は、散歩途中に露天商で、気軽に手にとってながめられるものでも、小遣いの範囲でいくつも買えるものでもなくなった。武鑑を見たことがない人の方が多いに違いない。

歴史系の古書店から送られてくるカタログに、武鑑は、大抵、掲載されているが、価格は寛文期の一冊物で五十万円、元禄《げんろく》期の二冊物で四十万円、天明《てんめい》期の「大武鑑」が八万円、文化・文政期の「大武鑑」で四万円程度の値段が付けられている。

東京の地上げが隆盛であったバブル期に比べれば、随分と値段も落ち着いた感があるが、それにしても、決して安いものではない。こうした販売価格を書くと、何か生々しく、いい気持ちはしないが、伝存する武鑑コレクションがいかに貴重なものであるのかを、感じていただきたいのである。

先述の通り、私が武鑑コレクションめぐりを始めたのは、二十年以上前になる。調査は、まず『国書総目録』（岩波書店）を調べ、そこから各図書館や文庫の目録に当たり、また調査先に置いてあるカード目録を繰りながら、請求番号と史料名を探すといった作業から始まった。そして調査先には、ノートと鉛筆とメジャーをもって行き、武鑑に向かい、実寸のスケッチを試み、丁数を数え、気がついたことをメモした。現在は、請求番号・史料名までウェブ上で検索可能であるし、写真撮影も手軽になった。デジタルカメラは、三十五ミリフィルム用のマニュアル一眼レフよりも、色々な面で簡便である。調査先での、史料との一《いち》期《ご》一《いち》会《え》的な緊張感は、随分と薄れてきている。

ただ、武鑑コレクションめぐりの根底に流れる気持ちは変わらない。史料としての武鑑の可能性を発見してコレクションを形成してくれた先人たち、コレクションの保存と管理にあたっているライブラリアンや学芸員の方々、これら全ての協同作業によって、はじめて武鑑研究のようなものは成立しうる。これからも、コレクションが長く大切に保存・管理されて、次世代、その次の世代へと、受け継がれていくことを強く願う。

武鑑へのアプローチ方法

プロデューサーとしての板元

武鑑の刊記には、出版年とともに、毎月改であることが記されている。この真偽を確かめるために、武鑑の記事と、江戸幕府の正史《せいし》である「徳川実紀《とくがわじつき》」の記事とを比べてみると、たとえば文久《ぶんきゅう》四年（一八六四）の須原屋茂兵衛《すはらやもへえ》版の『文久武鑑』で年五回、「役人付《やくにんづけ》」の「略武鑑」である須原屋茂兵衛版の『袖玉武鑑《しゅうぎょくぶかん》』で年十五回、合わせて年二十回の改訂がなされていたことが明らかになった。これは幕末期のデータではあるが、月一回以上の頻度で改訂されていたことは確かである。

頻繁に改訂される武鑑を、毎回、購入していては高額になりすぎる。武鑑の跋文《ばつぶん》によれば、板元《はんもと》は綴り替えのサービスを行っていた。もちろん、これは幕府の諸役所、大名の江

図15　三代歌川豊国画「今様見立士農工商職人」
錦絵の製作工房を描く．武鑑は“図鑑”といってよいほど絵が豊富である．この錦絵のように多くの職人がかかわって作成されたと考えられる（静嘉堂文庫所蔵）

戸屋敷など、板元の店（日本橋界隈）の近域で行われたサービスであっただろう。とはいえ重要であるのは、武鑑を販売する板元は、綴り替えのサービスを通して客との恒常的な関係を結び、情報の結節点となっていたことである。

また重要なことは、板元は入手した最新の情報を紙面に即座に反映できる、製作工房を抱えていたことである。製作工房、それは板木を彫る彫師、用紙に摺りだす摺り師ら、職人たちの作業場である（図15）。三代歌川豊国《うたがわとよくに》画による「士農工商シリーズ」は、錦絵《にしきえ》の製作工房の有様を活写している。錦絵は、高度な木版技術によって作り出される多色摺りの摺り物である。したがって、錦絵の方が、多色摺りの点では、より多くの職人を要した。だが次に述べるように、「板下《はんした》」の作成、彫刻、紙への加湿、摺りの作業は、単色摺りの武鑑にも共通している。

また、武鑑のような冊子型の板本《はんぽん》では、表紙の作成・綴じの作業などが余計にかかった。

もちろん、これらの職人が、この錦絵が描くように、全員女性で流行のファッションを身にまとっていたり、皆同じ場所で作業していたとはいえない。錦絵にはフィクションが含まれているが、一枚の錦絵、一冊または一揃いの板本ができ上がるには、さまざまな人びとの協同があったということをよく表している。

武鑑の紙面から彫師の技術、摺り師の力強さを、武鑑の全体の形から表紙屋・製本師の細やかな仕上げ、一針一針を刺す綴りの地道な作業、これらの諸職人の賑やかな工房の様子を考えることが必要であろう。

造本の工程

改めて武鑑を初めとする板本の造本工程をみてみよう。適宜、図16を参照していただきたい。まず稿本《こうほん》または草稿は能書《のうがき》の者（筆耕《ひつこう》者）によって紙に清書される。これが「板下」である。できあがった「板下」は彫師（板木師《はんぎし》）の手に渡る。彫師は紙の裏面から透かしてみえる「板下」の線を残すように彫り進める。完成した「板木」は板元に戻される。板元で校正を行ったのち、「板木」を摺り師に廻す。この際、摺りに必要な紙は板元が調達し、必要枚数に一割の摺り損じ分を加えて摺り師に渡した。摺り上がった紙は、製本師の手で丁《ちょう》合いなどが整えられて、綴《つづ》り師に廻る。このとき、板元は表紙屋が納めた表紙を添えて綴り師に渡した。

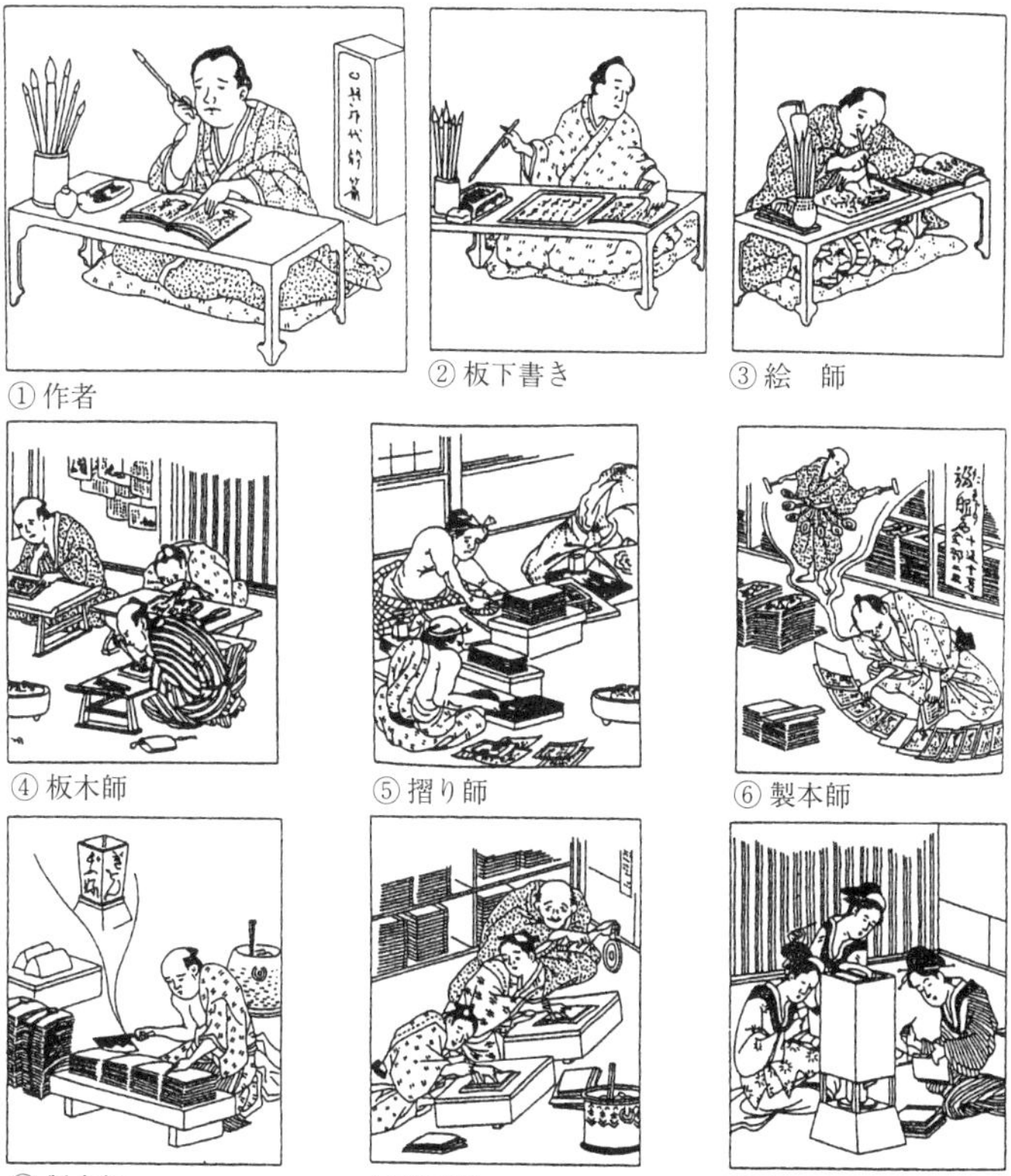

図16　板本の造本工程
（『街道の日本史20 江戸』吉川弘文館，2003年）

綴りができると、表紙に書名を摺った題簽《だいせん》を貼り、上袋（書袋《しょたい》ともいう）をかぶせる。題簽と上袋は専門業者が納入した。上袋の上面には改訂月が印刷され、大名諸家の系図など、いわば定番の主要項目が列記され、側面と底面には新たに加えた項目や今後加筆する予定の項目が印刷された（図6を参照のこと）。上袋の記事は武鑑本体の内容の変更によって、随時、書き換えられた。

武鑑は完成すると、板元から直接に、また書物問屋、書物問屋を介して小売業者に卸されて、利用者の手に渡った。

つまり、製作から売り捌きまでを担当したのが板元である。板元は、製作工程にかかる費用を負担した。板元は製作工房の全体を統轄するプロデューサーであった。

そこで本書では、武鑑そのもののほか、この板元にも光を当てていく。なぜならば、情報に足が生えて、人びとのところまで歩いて行くのではない。板元を介して、情報が武鑑という商品となり、人びとの元に届けられたからである。どのようにして、情報は整理され、秩序だてられて、商品化されたのか。これについて考えるためには、各板元の経歴、各板元の活動、板元たちが置かれていた社会状況を、みていかなければならない。

板元間の攻防

武鑑の板元を代表するのは、江戸の須原屋茂兵衛と出雲寺である。この両板元の武鑑の出版をめぐる攻防は、百年にわたって繰り広げられた。

両板元の争いに関わる史料として、次のものが伝えられている。

一つめは、宝暦期《ほうれき》（一七五一〜六四）に四代目須原屋茂兵衛恪斎が記した「格翁《(ママ)》様武鑑出入一件留」（東京都立中央図書館所蔵）で、これは紋章学で著名な沼田頼輔氏が大正十年（一九二一）に東京の古書店文行堂横尾勇之助から借りて筆写したものである。

二つめは、安永期《あんえい》（一七七二〜八一）に五代目須原屋茂兵衛顕清の手代が記した「（武鑑出版之件）雑記」（国立国会図書館所蔵）である。

三つめは、東北大学附属図書館所蔵狩野文庫および九州大学中央図書館に収められている「武鑑一件留」で、文政期（一八一八〜三〇）に七代目須原屋茂兵衛茂広と、出雲寺源七郎・富五郎の間で起こった争論と内済（訴訟が和解によって解決すること）の記録である。

四つめは、江戸町奉行所の記録「市中取締類集」「撰要類集」「市中取締書留」（いずれも国立国会図書館所蔵旧幕引継書類）である。

五つめは、幕府の書物奉行《しょもつ》の執務記録である「書物方日記」（国立公文書館所蔵）である。

本書の「武鑑の板元と享保取締令」の章・「須原屋と出雲寺の争い」の章・「書物師出雲寺の戦略」の章では、右の五つの史料に拠りながら、それぞれの争いの要点、合意がされるまでの経緯などについて、みていくことになる。これらからは成熟期を迎えた江戸出版界のルール、株仲間の自治的な調整機能、仲間協定と幕府の書物方に出入する御用達町人である書物師の出雲寺の活動、書物師出雲寺とアウトロー的な商人たちとの結びつきなどがわかってこよう。

では次章では、武鑑という実用書が発刊されることになった事情、株仲間が公認（享保期）される以前の、自由な紙面の工夫について、みていくことにしよう。

板元たちの自由な発想

武鑑出版の始まり

新たな秩序形成

「治代普顕記《ちたいふけんき》」は、「寛永《かんえい》十一年（一六三四）極月《ごくげつ》（十二月）日」の奥《おく》書《がき》をもつ全二十七巻三十四冊の随筆である。編者の鎌田家時《かまたいえとき》は、土佐藩の二代藩主山内忠義《やまうちただよし》の父康豊《やすとよ》の家臣で右筆《ゆうひつ》（主人の発給する文書等を執筆する書記役）であった。「治代普顕記」は現在、高知県立図書館に所蔵され、その一部を転写したものが東京大学総合図書館（一冊）、一橋大学附属図書館（一冊）に収められている。

東大本・一橋大本は、ともに沼田頼輔氏の所蔵本を底本とする。東大本は大正四年（一九一五）十二月に森鷗外《もりおうがい》が、一橋大本は昭和八年（一九三三）六月に幸田成友《しげとも》氏が沼田氏から借りて写したものであるという。

以下、東大本に拠りながら内容を紹介する。内題には「治代普顕記　六十余州知行《ちぎょう》高一万石以上」とあり、二百二十五名の大名を記す。記事は、紋所《もんどころ》の名称、領知高《りようちだか》、当主の名前（名字または「松平《まつだいら》」の称号と任官名）、当主の官位、領知名、家老《かろう》の名前（名字と通称）の六項目である。

「治代普顕記」は本屋から出版されたものではないが、武鑑と内容的に似ており、武鑑発刊の事情の推察に役立つ。跋文《ばつぶん》には次のようにある。

世の中は太平に向かいつつも、いまだ大名の領国関係は流動的で、またその移動を確かめる術はない（「天下国家の侍地、末代定めかたし、年年主人ノ勘当《かんどう》を蒙り、或は暇《いとま》を請い、或は代続きなく、あるいは加増、あるいは国替え、所更え、年々時々有来なれは、聢《しかと》極《きわむ》へき様なし」）。だが将軍への奉公を果たすには、大名の領国関係を正確に認識しておかなければならない（「されども其時に当たり、家々の軍役・奉行・仕役、旁《かたがた》侍書き付けなくては叶わず」）。そこで寛永期に一万石以上の侍に限定して「書付」を編纂した。

武鑑のような書籍が必要とされた最大の理由は大名の流動性にあった。社会状況はいまだ定まらなかった。たとえば、キリシタンの潜伏は島原《しまばら》の乱《らん》に類似した乱がいつ勃発するかしれないという危機感を幕府に与えた。また寛永末年の飢饉は幕政はもとより、藩政に転換を迫るほど深刻なもので、幕府や大名の農民経営の維持を重視した方策は、これと相容れない大名家中に不満を引き起こした。幕藩領主制に基づく新たな秩序はいまだ成立期にあり、社会には安定を望む幕府や大名の指針とは違う戦時の気風が色濃く残っていた。

とはいえ、これらは徳川の「平和」の下での相対的な不安定であった。寛永十二年（一六三五）の武家諸法度《ぶけしょはっと》で、大名は領国の経営にあたるとともに、原則として、江戸に参勤《さんきん》交代《こうたい》すること、江戸の拝領《はいりょう》屋敷に妻子と家臣団の一部を住まわせることを義務づけられた。在府中、大名は、定例・臨時の「御礼」のために登城し、幕府諸儀礼に出席し、伝奏《てんそう》役としての務めを交代で果たし、江戸城門番および江戸城下の防火や警衛にあたることを軍役として課せられた。

役務の遂行では、幕府諸役人やほかの大名家との交渉を必要とした。日々の人事異動が繰り返されるなか、人事情報はより重要なものとなった。江戸が政治中枢としての機能を高めていく一七世紀中ごろ、武鑑は発刊されることになる。

以下、初期の武鑑七点について、書型、レイアウト、構成、記載項目などを紹介し、適宜、そうした記載項目が必要とされた理由などに触れていきたい。

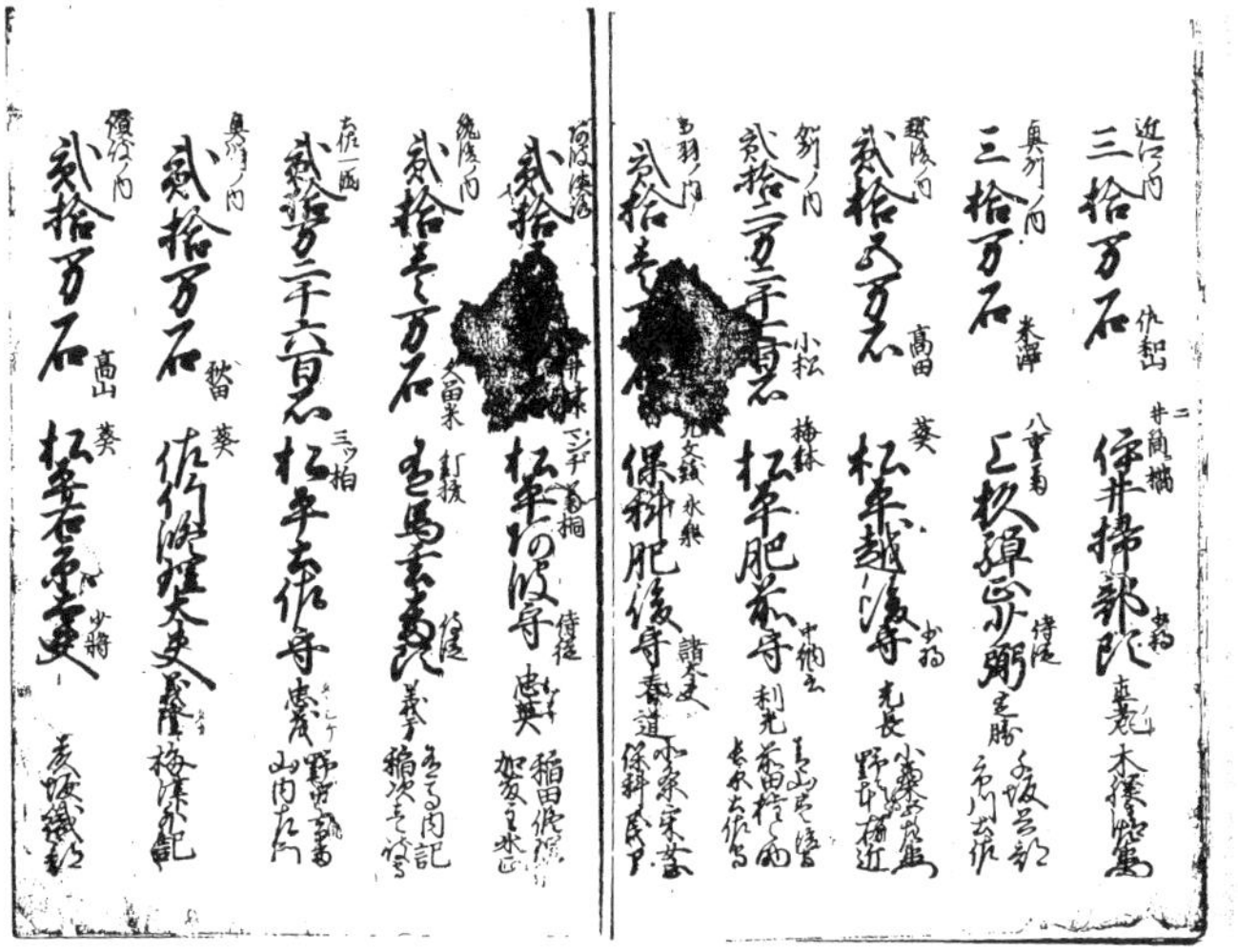

図17　寛永20年(1643)刊本屋甚左衛門版『(御大名衆御知行十万石迄)』(栗田文庫所蔵)

本屋甚左衛門版『(御大名衆御知行十万石迄)』

武鑑で最も古いものは、寛永二十年（一六四三）に京都の本屋（水田）甚左衛門から出版された『(御大名衆御知行十万石迄)』（栗田文庫所蔵）である〔図17〕。書誌は以下の通りである。袋綴装《ふくろとじそう》一冊、書型は半紙本《はんしぼん》。表紙は藍色で、改装されている。表紙の左端上部に書題簽が貼られ、題簽には「寛永年中板　御大名十万石已上附完」と墨書されている。内題は「御大名衆御知行十万石迄」。刊記には「四条坊門通　本屋甚左衛門板」とある。墨付《すみつき》五丁。巻頭に栗田元次《もとつぐ》の蔵書印が一つ押されている。

つまり、本書は伝来の過程で、売り出し当時の題簽《だいせん》が欠落しており、書名が未詳である。書名を括弧で括っているのは、私が付した仮題であるとの意味で、本書の場合、仮題は内題から推定して付けている。

レイアウトは一面五行で、一大名に一行を割いている。行内に罫線《けいせん》はないが、およそ三つのブロックに分かれ、上段に領知高・領知名、中段に大名家当主の名前（名字または「松平」の称号、官職名、実名）・紋所の名称、下段に家老の名前（名字と通称）を記す。

収載する大名数は四十七名。記載は御三家《ごさんけ》（尾張《おわり》徳川家、紀伊《きい》徳川家、水戸《みと》徳川家）から始まり、以下ほぼ領知高の多い順に配列して、伊予《いよ》国宇和島《うわじま》（板嶋）十万石の伊達《だて》遠江《とおとうみ》守《のかみ》秀宗《ひでむね》で終わる。御三家がほかの大名に優越することは、この配列順のほか、御三家当主の名前に敬称「様」を付し、ほかの大名について敬称を省いていることによっても表されている。

また二十万石以上の大名についてはほぼ全てに実名を記し、二十万石未満の大名については実名を記さないという、記載上の違いがみられる。寛永十二年の武家諸法度では領知高一万石以上の武家を大名とし、初代将軍徳川家康が征夷大将軍に任官して以降にとりたてられた「小名」と、領知高十万石以上の「大大名」とを、大名という一つの階層となすことになった。だが、『(御大名衆御知行十万石迄)』では、十万石・二十万石に区切りを

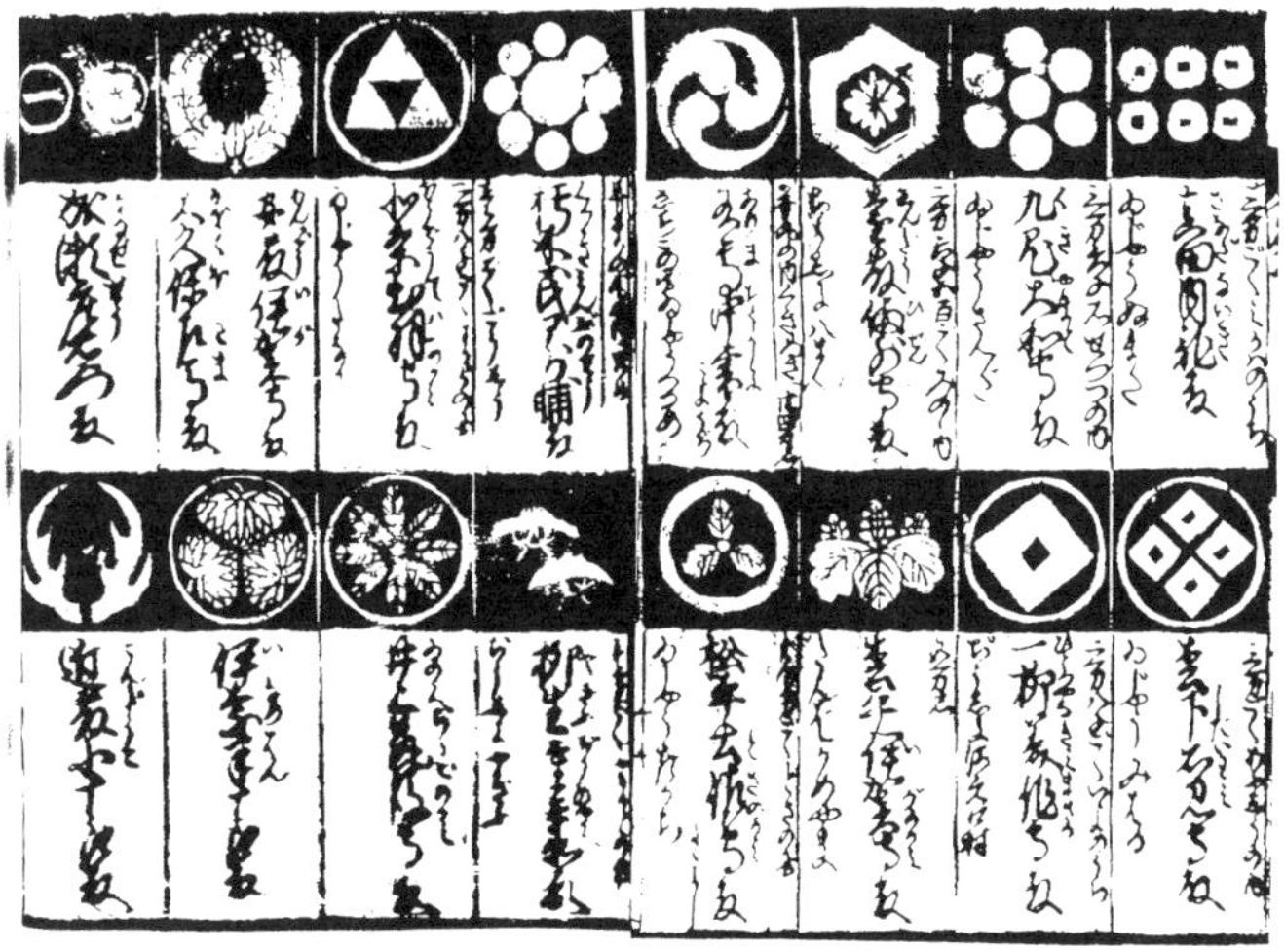

図18　寛永21年(1644)刊そうしや九兵衛版『(御もんづくし)』
三井文庫旧蔵資料（国文学研究資料館所蔵）

設けている。当時、大名は少なくとも三つの層（領知高二十万石・十万石・一万石）に分かれると社会では意識されていた可能性がある。

そうしや九兵衛版『（御もんづくし）』

『（御大名衆御知行十万石迄）』の次に古い武鑑は、寛永二十一年（一六四四）刊の京都のそうしや九兵衛版『（御もんづくし）』（国文学研究資料館所蔵）である（図18）。書誌は以下の通りである。袋綴装一冊、書型は小本《こほん》（縦一五・七×横一一・二センチ）。表紙は黒色で改装され、表紙の左端上部に書題簽が貼られている。題簽には「御もんづくし」と墨書されている。内題には「御もんづくし」とあり、その下に「二条通さうしや九兵衛板」と板元名が刻まれている。墨付十丁で、十丁裏二行目以下は欠落している。表紙見返しの中央には「日本六十余州御国図」と薄く墨書してあって、以前はここに地図が付されていたことを思わせる。蔵書印は、巻頭に「しんまち三つ井け」（長方朱印）と兎の造形印（方形朱印）との二種があり、三井高堅《たかかた》旧蔵とわかる。

レイアウトは一面四行で一行は四段に分かれる。本文の第一区画目には、葵《あおい》紋が図示され、その下の第二区画目に「御紋《ごもん》」とある。その下の第三区画目から大名を記す。原則として、一大名は二区画で、半紙四つ切の八分の一の紙面を占める。記載項目は六つで、上段に紋所の形状、下段に領知高・領知名、大名家当主の名前（名字または「松平」の称号、官職名、実名）を記している。

収載する武家は百五十六名。大名のほか、一部、旗本を含んでいる。大名は御三家《ごさんけ》から始まり、その他の大名はほぼ領知高の多い順に列記されているが、正確な領知高順ではない。敬称は御三家（尾張徳川家・紀伊徳川家・水戸徳川家）の当主は「様」付、それ以外の大名家当主は「殿」付である。また漢字には振り仮名が付されている。

この『（御もんづくし）』は、紋所の形状を図示した点に特徴がある。以後、紋所の図示は重要な武鑑記事として定着する。武家の紋所は陣地に張りめぐらす陣幕の幕紋として発達したといわれ、衣類の紋はその時々の好みによって定まっていなかったという。しかしながら、徳川の「平和」のもとで、複数使用されていた紋所のうち一つが定紋《じょうもん》となった。定紋以外は副紋、控紋と呼ばれた。定紋は礼装、正装に用いられ、紋の由緒や由来をともないながら、家の格式を示し、各家の当主や嫡子《ちゃくし》の識別に用いられた。そのため、物見《ものみ》遊山《ゆさん》や趣味的な集まりに、武家は家に関係のない隠し紋をつけた衣装を着用して行ったという。

松会版『（御紋づくし）』

そうしや九兵衛版『（御もんづくし）』に次いで古い武鑑は、明暦《めいれき》四年（一六五八）の刊記《かんき》をもつ松会版『（御紋づくし）』（東京大学法学部法制史資料室所蔵）である〔図19〕。本書の仮の書名は柱刻《ちゅうこく》「御文つくし」から推定して付けている。

なお、正保《しょうほう》や慶安《けいあん》や承応《じょうおう》といった年号（一六四四〜五五）が刊記にある「紋尽」は現存する。その多くは、これから紹介する『（御紋づくし）』のレイアウト・記載内容と酷似している。そこから、『（御紋づくし）』の板元である松会のオリジナリティーが、どこまで認められるのかといったことが、問題とされることがある（後述）。だが今回は、刊記と出版時期との間にズレがある武鑑については、割愛することにしたい。

松会版『（御紋づくし）』の書誌は、以下の通りである。袋綴装一冊、書型は中本（縦二

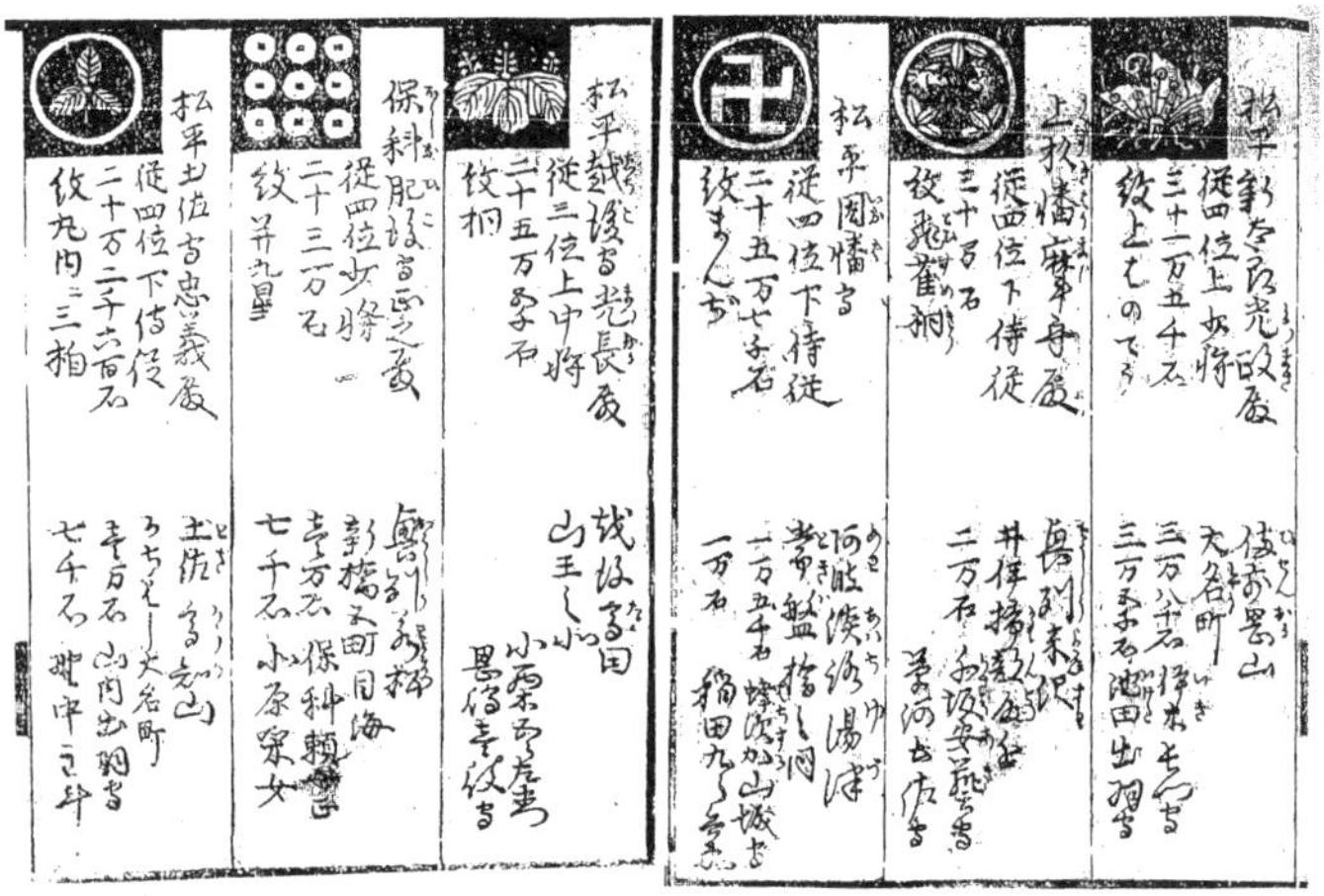

図19　明暦4年(1658)刊松会版『(御紋づくし)』
(東京大学法学部法制史資料室所蔵)

〇×横一四・五㌢)。表紙は藍色で、改装されている。表紙左端上部に書題簽が貼られている。題簽には「明暦四年梓行《しこう》　徳川武鑑　完」と墨書がしてある。刊記には「明暦四年三月吉日松会開板」とある。墨付二十八丁。蔵書印は「原宿文庫」のみである。

レイアウトは一面三行、一行は三区画に分かれる。記載項目は八つで、上段に紋所の形状、中段に大名家当主の名前(名字または「松平」の称号、官職名、実名)と位階、下段に領知高、領知名、江戸の拝領屋敷の場所、家老の名前(名字と通称)、家老の知行高が記されている。傍点を付した三つの記事は、前掲のそうしや九兵衛版にはみられない記載項目である。

収載される大名・旗本は百六十三名。敬

称は、冒頭の「松平左馬頭《さまのかみ》（松平綱重《つなしげ》）」・「松平右馬頭《うまのかみ》（松平綱義、のち五代将軍徳川綱《つな》吉《よし》）」の両家と御三家の当主は「様」付、それ以外の大名家当主は「殿」付である。また漢字には一部、振り仮名が付されている。

同書の特徴は、巻頭に徳川歴代将軍の名前（官職名、実名）を記し、その下部に大きめの葵紋を据えたことにある。大名と比較して、その二倍の紙面を将軍家のために割いている。

また大名の紋所を二〜三チセン角と大きく鮮明にした。このレイアウトは、延宝《えんぽう》二年（一六七四）刊の松会版『（御紋鑑）』（国文学研究資料館所蔵。ただし『（御紋鑑）』の所蔵機関での認定史料名は『（紋尽）』。このように本書での書名は、私が調査結果を反映して付けたものであるので、所蔵機関で閲覧を希望する場合は注意されたい）までみられる。

板元不明『江戸鑑』

松会版とは別のレイアウトの武鑑に、万治《まんじ》二年（一六五九）刊の『江戸鑑』（国立公文書館所蔵）がある〔図20・21〕。書誌は以下の通りである。袋綴装六冊。書型は横中本（縦一三・五×横一九・三チセン）。表紙は柿色で、表紙の左端上部に刷題簽《すりだいせん》が貼られていて「江戸鑑」としてある。柱刻《ちゅうこく》に「江戸鑑」とある。刊記は「万治弐己亥年極月日」のみで、板元は不明である。構成は、巻之一「大名付」は四十三丁、巻之二「役人付」は二十五丁、巻之三・四・五・六は「屋敷付」で、五十丁（巻

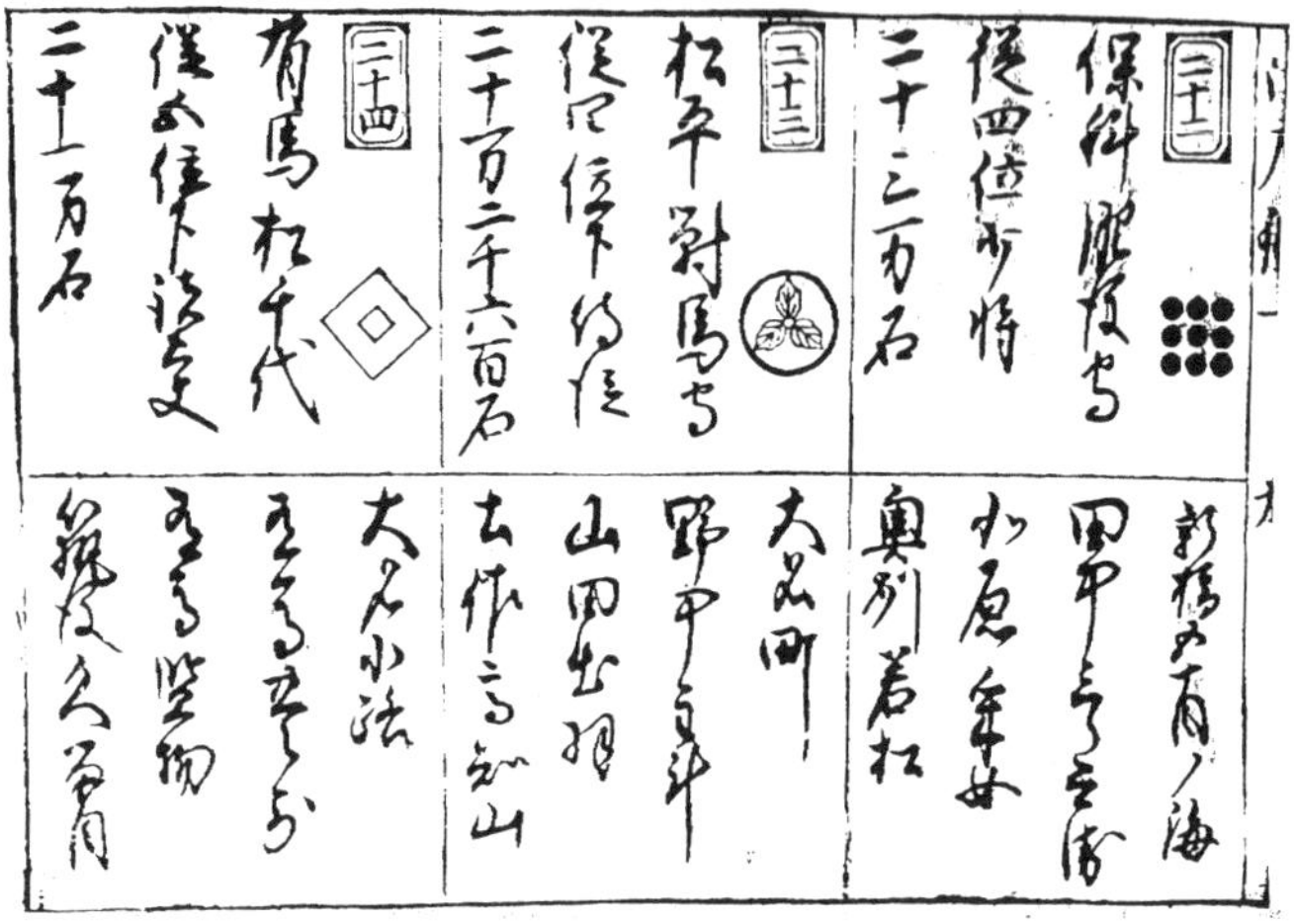

図20　万治２年(1659)刊『江戸鑑』巻之一
「大名付」の部分（国立公文書館所蔵）

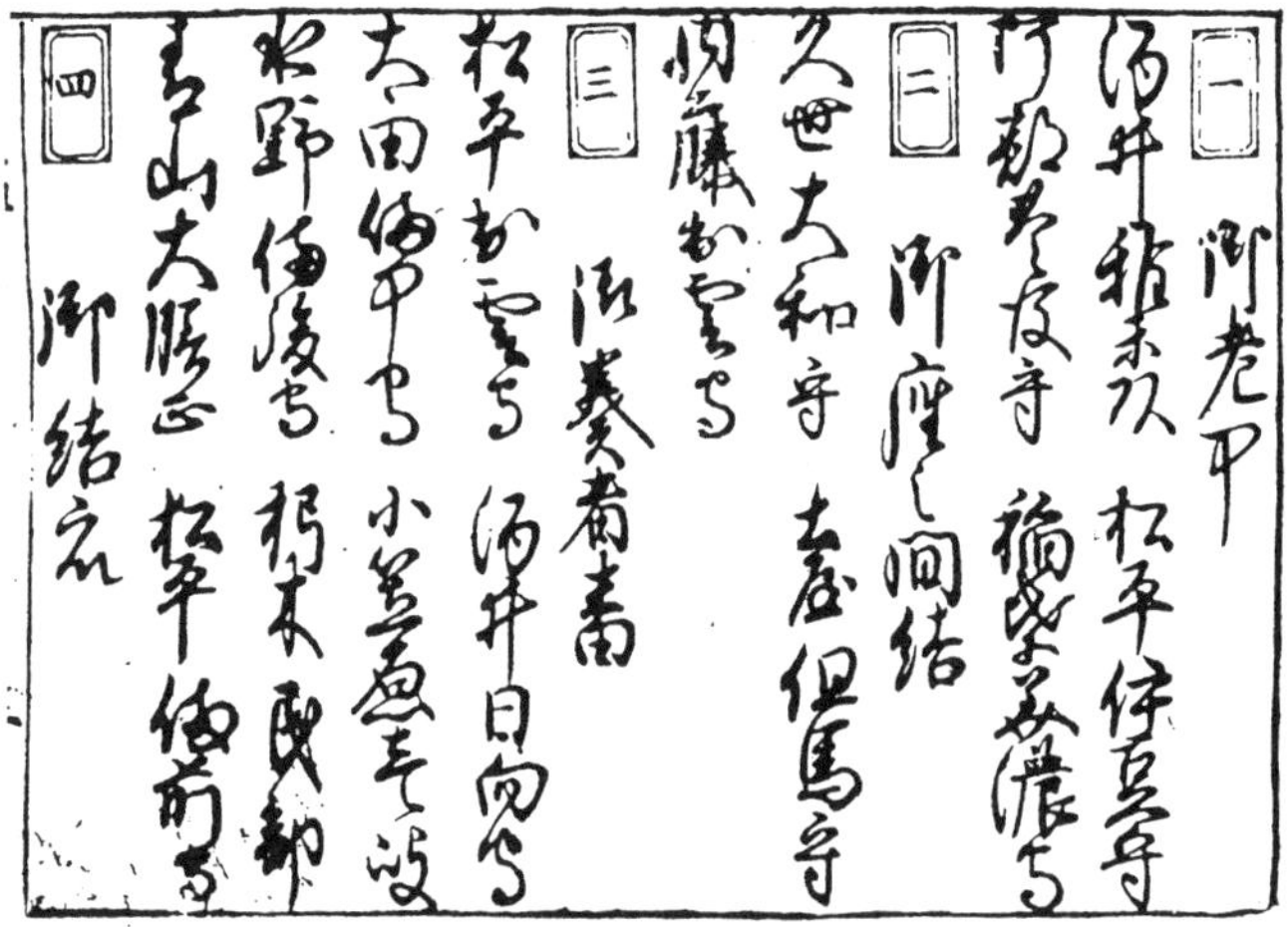

図21　万治２年(1659)刊『江戸鑑』巻之二
「役人付」の部分（同前）

三）、三十六丁（巻四）、七十三丁（巻五）、二十五丁（巻六）。総丁数は二百五十二丁である。

巻之一「大名付」の巻頭に目録があり、大名・旗本を合わせて二百二十五名を収載していることを示す。本文のレイアウトは一面三行、一行は二区画である。一大名の占める紙面は一行分、つまり美濃四つ切の三分の一である。記載項目は、巻頭の目録との照合用の番号、紋所の形状、大名家当主の名前（名字または「松平」の称号、官職名）と位階、領知高、領知名、江戸の拝領屋敷の場所、家老の名前（名字と通称）である。

大名の記載順は、「松平左馬頭」「松平右馬頭」、つぎに御三家、以下前田家・島津《しまづ》家・伊達《だて》家・細川家と続く。いずれも敬称は付されていない。実名は甲府・館林《たてばやし》・御三家の当主のみに記される。

構成上の特徴は、巻之二に「役人付」を掲載したことである。たんに役職別に氏名を羅列した極めて簡略なものであるが、幕府の役人をその記載対象に加えたことは、同書の特徴となっている。

山形屋版『（増補江戸鑑）』

「江戸鑑」と「紋尽」の違いは、「大名付」における江戸市中での行列道具に関する項目の有無、幕府「役人付」の有無にある。この二つの条件を満たした「江戸鑑」の初出は、寛文十年（一六七〇）刊の山形屋版と

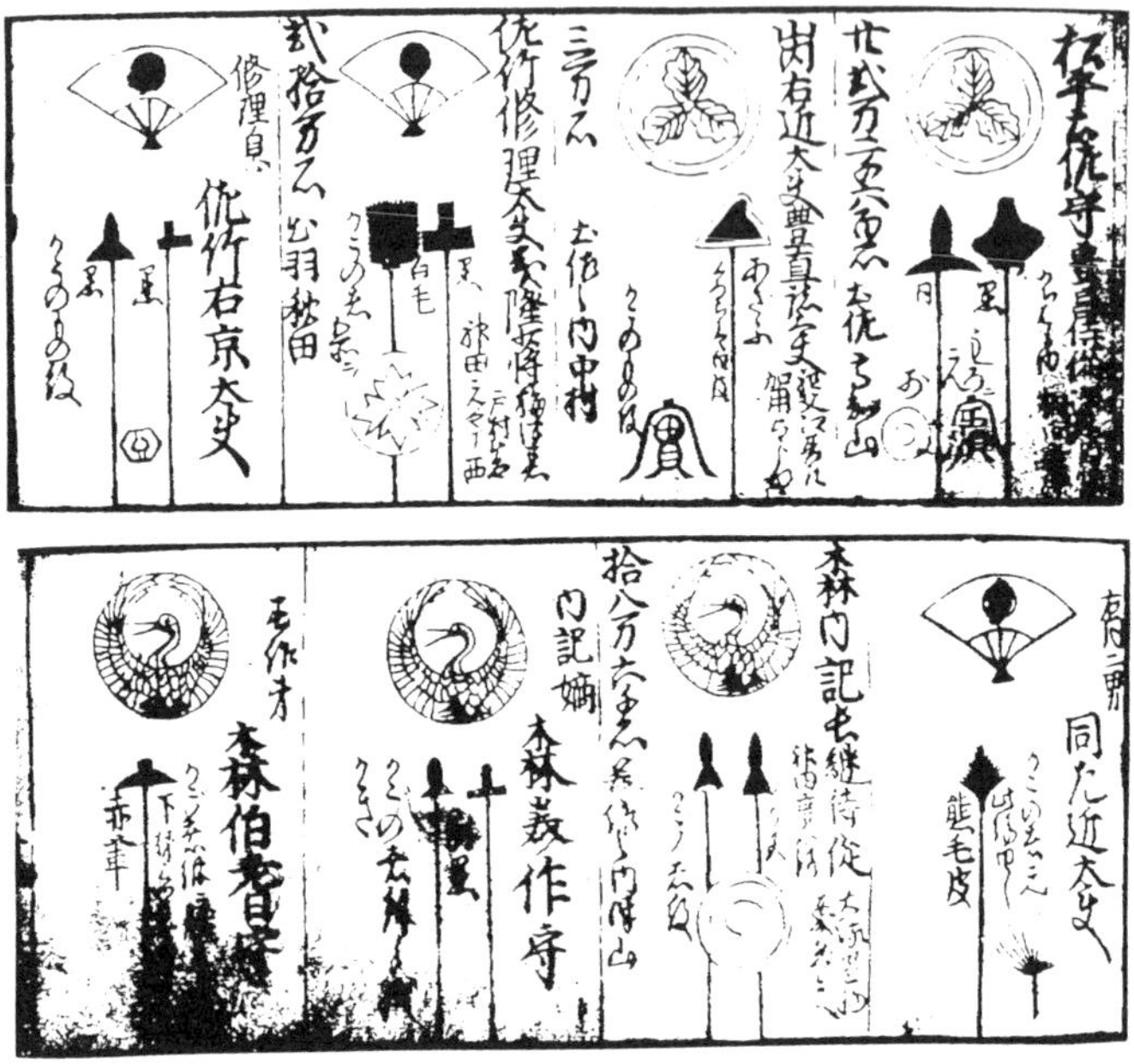

図22　寛文10年(1670)刊山形屋版『(増補江戸鑑)』上巻
三井文庫旧蔵資料（国文学研究資料館所蔵）

推定される『(増補江戸鑑)』(国文学研究資料館所蔵)である(図22)。

書誌は次の通りである。袋綴装二巻二冊、美濃《みの》三つ切本(縦七・八×横一七・八センチ)。表紙は改装されている。巻頭内題に「増補江戸鑑」とある。上巻「大名付」は四十四丁、下巻「役人付」は五十六丁である。

レイアウトは美濃三つ切の半分を四区画に分けていて、その一区画に一大名を割り当てている。記載項目には大名・旗本ともに行列道具が加わっている。同書では、槍の形状と材質を図示し、また乗《じょう》駕と乗馬の別を明記する。乗駕を許された者については駕《が》籠に付けられ紋所と駕籠を担ぐ陸尺《ろくしゃく》の羽織模様図、乗馬を許された者については「馬」と記してある。

武家の江戸市中における行装が個性的であったことは先に述べた通りである。紋所と行列道具との組み合わせによって、行列の主は特定された。江戸城の見付《みつけ》や番所《ばんしょ》に詰める下《げ》座見《ざみ》役《やく》、行列構成員である小人《こびと》押《おさえ》には、とくに幕府の上層役人の行列・大名行列の特徴についての情報が必要とされた。以後、江戸市中での武家の行列道具は、武鑑に欠くことのできない項目となった。ここに、武鑑は基本的な項目を備えた。

ではなぜ行列の主は識別されなければならなかったのか。それは登城下《げ》城《じょう》の順番、行列すれ違いに作法があったためである。一例を示せば、左のようであった。

中之御門より外大手の内にて、御三家様、大名に御逢、大名下座いたし居り候得ば、其度々に下乗成され候て、御挨拶なり。

御城外にて御老中《ろうじゅう》に御逢成され候得ば、老中行がゝり先を止め、駕籠より出迎へ、其時ゑしやくあるなり。平大名にても、万石以上には、御三家様方、皆駕籠より出る也、万石以下は、駕籠より御出成され候時、走り寄り御止め申す故、足計《ばか》り出し仕舞なり（「幕朝故事談」）

右の史料からは、江戸城大手門内での御三家の当主と大名家当主が行き逢った場合、大名家当主が下座している時は、御三家の当主も駕籠《かご》から降りて挨拶をする。江戸城外で御三家当主と幕府の老中が行き逢った場合は、御三家の当主は駕籠から降りる。老中は行列の先を止めて、待ちうけて、会釈する。御三家の当主と平大名家の当主が行き逢った場合は、やはり御三家の当主は駕籠から出る。御三家の当主と万石以下の武家が行き逢った場合は、御三家の当主が駕籠から出ようとする瞬間に、相手方の小人押などがそれを留める。そのため、御三家の当主は足だけ駕籠から出して済ませる。双方の格式に応じての作法があったわけである。

もちろん、時々により作法は変化したし、行儀のよい対応ばかりではなかった。元来、槍を投げ合ってパーフォーマンスをするような行列の供廻《ともまわ》りは、気性の激しい者たちの集まりでもあった。もしも、行列の主人を認識できず判断を誤れば、紛争（徒士《かち》や小人押につかまれて投げ飛ばされたり、斬った斬られたの刃傷《にんじよう》沙汰）が起こった。行列道具を記した武鑑が相次いで出版された背後には、厳しい作法、武家奉公人の荒い気性があった。

板元不明『（江戸鑑）』

次に延宝六年（一六七八）刊の『（江戸鑑）』（国文学研究資料館所蔵）をみてみたい。書誌は以下の通りである。袋綴装一冊。書型は美濃三つ切本（縦八・二×横一九糎《センチ》）。表紙は藍色で、改装されている。表紙の左端上部に書題簽が貼られていて「江戸鑑　乾」と記してある。刊記は欠落。

構成は、「呉服所」十四丁、徳川将軍家系図二丁、大名隠居一丁、目録五丁、「大名付」六～四十六丁である。蔵書印は「しんまち三つ井け」（長方朱印）と兎の造形印（方形朱印）との二種があり、三井高堅旧蔵とわかる。

レイアウトは美濃三つ切の半分を八区画に分け、その二または三区画を一大名に割り当てている。余白が少なく、やや窮屈な感じがあるが、紙面を有効に利用しているということもできる。

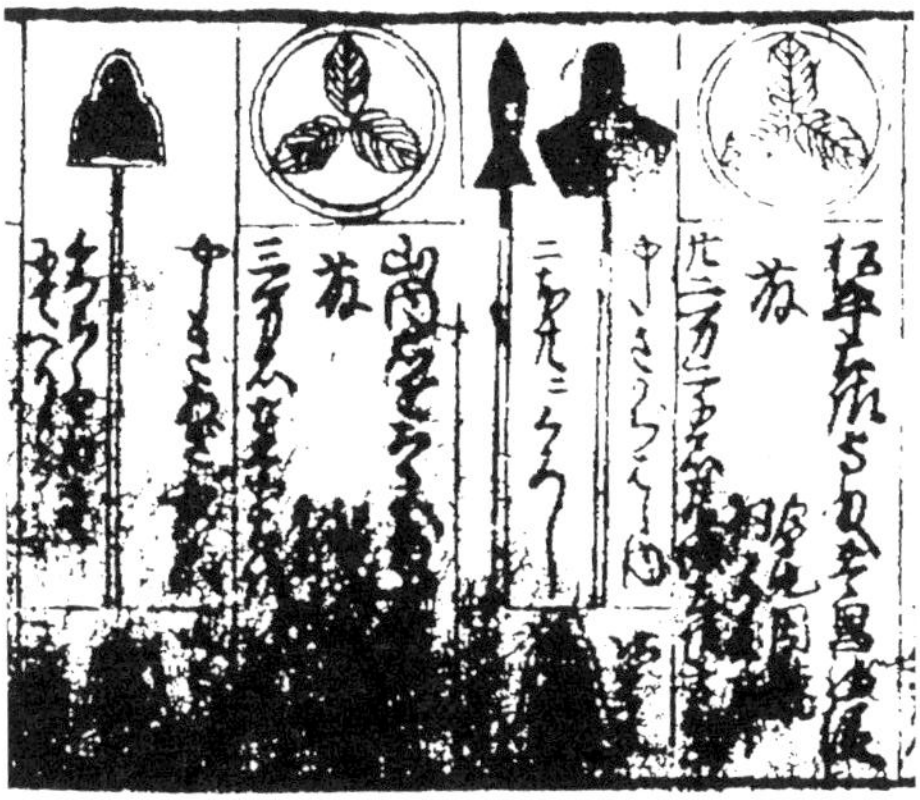
図23　延宝6年（1678）刊『（江戸鑑）』
三井文庫旧蔵資料．大名家当主と嫡子の名前の左側に藤原氏を表す「藤」の文字が記されている．図は土佐高知藩主の山内家を記載する箇所（国文学研究資料館所蔵）．

同書では、各大名家に出入りする京都の呉服所の記事があること、嫡子《ちゃくし》ばかりでなく二男・三男以下の名前が記されていること、源《げん》・平《へい》・藤《とう》・橘《きつ》の四姓《しせい》が記載されていることに特徴がみられる（図23）。

ところで、「寛永諸家系図伝」（寛永二十年、幕府によって編纂された大名・旗本などの系譜集）は、序次をたてるにあたって平安時代の「新撰姓《しんせんしょう》氏《じ》録《ろく》」の例にならった。清和源氏の徳川家を巻頭におき、大名・旗本も四姓を基本にして分類されている。

四姓は、現在も旧華族家では先祖供養における結びつきの紐帯《ちゆうたい》となっているが、一般の家では四姓は生活から離れている。そこで江戸の武家社会で四姓はどのような機能を果たしていたのか、調べておく必要があろう。これについては山本武夫「徳川幕府の修史・編纂事業二―寛永諸家系図伝と寛政重修諸家譜―」（『新訂増補国史大系』月報4、一九六四年九月）が参考になる。四姓が大名家の結びつきに意味して大きかったことが知られるのである。以下、引用する。

享保十七年閏五月、吉宗《よしむね》は寛永譜《（ママ）》を見てゐたが、（書物方《しよもつ》日記の出納では、三月に上呈され、十月に下つてゐることが、明記してある）老中安藤信友の家が、清和源氏《せいわげんじ》となつてゐるので、不審に思ひ、信友に下問《かもん》があった。信友は、もとより藤原氏であつて源氏でない旨を答へた。丁度、その折、六孫王社勧進《ろくそんのうしやかんじん》のことがあり、清和源氏の各家では、それぞれ同社に寄附をしてゐた。信友は、良い折とばかり、両姓のうち、いづれかに治定していただきたいと願ひ、「寛永の呈譜誤りなるべし、いまより後は藤原氏に定め、寄附の事にあづかるまじきよし」の裁定があつて、安藤家は寄附を免かれた。

この事例は、系図伝が机上の飾物でない証となるであらう。

なお史料中の「六孫王社」は、現、京都市南区にある六孫王神社のことである。六孫王神社は源経基《みなもとのつねもと》を祭神とする。経基は清和天皇の第六皇子貞純親王《さだずみしんのう》のことであり、天皇の孫であることから「六孫王」と呼ばれた。その嫡子で、当社を創建した源満仲《みなもとのみつなか》が清和源氏の武士団を形成したことから、「清和源氏発祥の宮」を称している。

書林善右衛門版『大譜江戸鑑』

次に掲げるのは、延宝九年（一六八一）刊の『大譜《だいふ》江戸鑑』（国文学研究資料館所蔵）である（図24）。書誌は以下の通りである。袋綴装五冊。書型は小本（縦一六・一×横一一・四チセン）。表紙は藍色で、改装されているが、表紙の左端上部に売り出し当時の刷題簽が貼られていて、「大譜江戸鑑　上之一」「大譜江戸鑑　上之二」「大譜江戸鑑　上之三」「大譜江戸鑑　上之四」「大譜江戸鑑　下」と刻まれている。凡例に「江戸新両替町四丁目　書林善右衛門」と板元名がある。蔵書印は「麻谷蔵書」のみである。

構成は、序・凡例三丁と十五万石以上の「大名付」一〜四十三丁、六万石以上の「大名付」四十四〜九十九丁、一万石以上の「大名付」百〜百五十八丁、「大名子息付」十三丁と隠居一丁と「乗物御免の衆」五丁と「屋敷付」三十丁。ここまで四冊が上巻である。五冊目は目録六丁と「役人付」八十一丁および跋文一丁である。

構成上の特徴は、一つに、序文・凡例・目録・跋文を備えていることがあげられる。序文は「昨非軒和丈」、凡例・目録は板元、跋文は「高木長矩」が書いている。

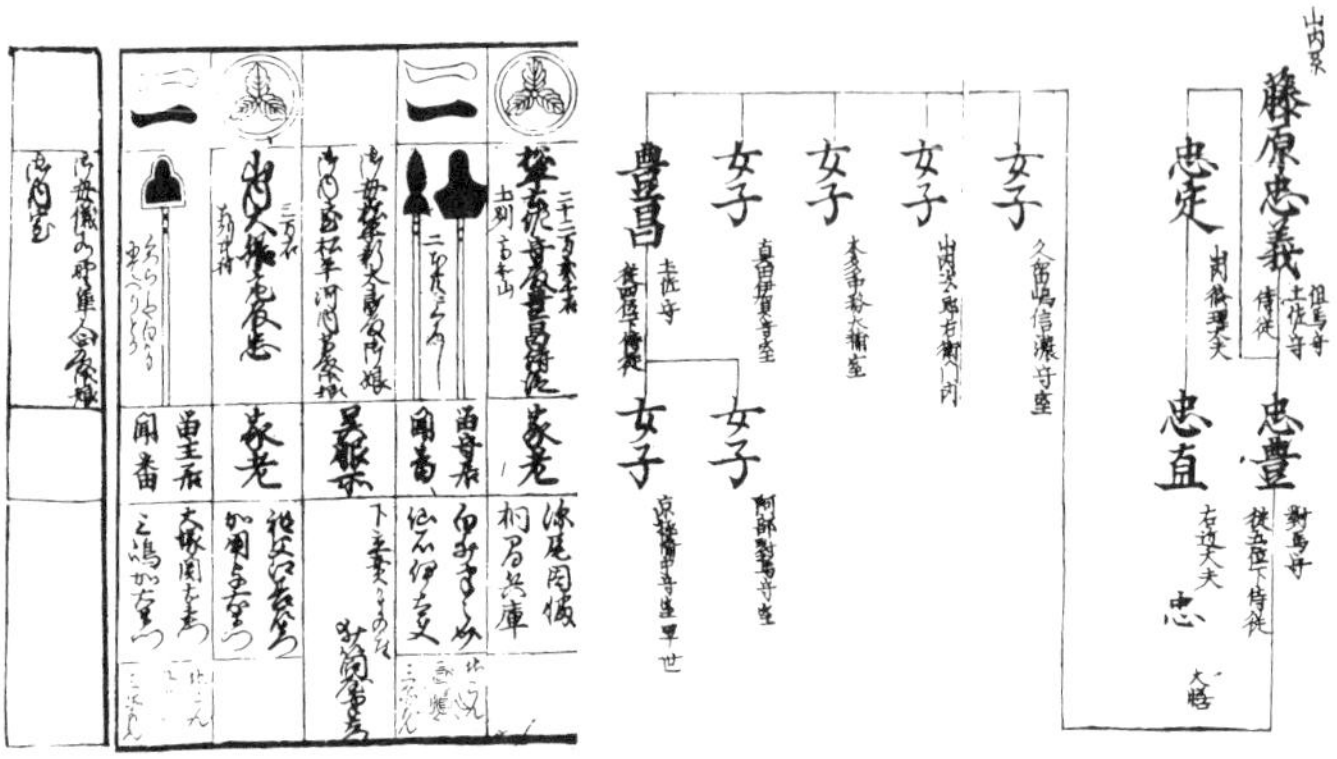

図24　延宝９年(1681)刊書林善右衛門版『大譜江戸鑑』上之一
三井文庫旧蔵資料．土佐高知藩主の山内家を記載する箇所（国文学研究資料館所蔵）

二つめは、「上之一〜三」のレイアウトと記載内容である。最初に系図を載せ、その後ろに半紙四つ切を五区画に分けて、適宜、大名家当主・その母・その内室《ないしつ》（妻）・江戸詰の家臣・京都呉服所などの記事を掲載する。系図を詳しくし、女子の婚姻先などを記している。

三つめに、図で示していないが、「上之四」に「御子息方」として嫡子・二男・三男・四男…の名前、紋所、行列道具、押の羽織の模様図、母親の名前、結婚している場合は妻の名前が記されている。

四つめに、「上之四」の「屋敷付」に大名家当主および嫡子、二男・三男・四男…の居屋敷、中屋敷、下屋敷をまとめて記している点がある。

なお、このように一つの大名家に関する情報が、たとえば「上之二」と「上之四」に分散して記されていることは、使用者からみるとやや不便であるが、寛永末年の頃の「紋尽《もんづくし》」と比べるならば、情報量は格段に多い。

その後、武鑑では、レイアウトに工夫がみられ、分散していた情報はまとめられて掲載されるようになる。また情報に優先順位が付けられて、削除される項目（二男以下の記事、京都呉服所）も出てくる。レイアウトの変更、記載項目の加除は、この後二十年間、多くの板元が武鑑出版に関係していくなかで、繰り返されることになる。

板元たちの工夫

書名「武鑑」の発案まで

前節では、寛永《かんえい》末年から延宝《えんぽう》期まで、三十五年余の間に出版された武鑑を、比較しながらみてきた。そこからは、書名・書型・構成・レイアウト・記載項目の変化が明瞭になったと思う。本節では前節で紹介したものを含めて、宝永《ほうえい》期までの武鑑について、書誌的な変化の全体傾向をみていくことにする。

寛永期から延享《えんきょう》期にかけて、およそ百年の間に出版された武鑑の書名、板元名、出版された期間を、表1にまとめた。

表1からは、はじめは「御紋尽《ごもんづくし》」「御紋鑑《ごもんかがみ》」「江戸鑑《えどかがみ》」というシンプルな書名で出版されていたこと、やがて携行に便利である（『懐中江戸鑑』）、正確である（『正極《しょうごく》江戸鑑』『顕《けん》正系《しょうけい》江戸鑑』）、系図に詳しい（『大譜《だいふ》江戸鑑』）、最新で網羅性に富む（『改新江戸鑑大全』）、

表1　武鑑の書名の変遷（寛永～延享）

刊行年	『書名』板元名		
寛永二〇	『（御大名衆御知行十万石迄）』本屋甚左衛門		
正保元	『（御もんづくし）』そうしや九兵衛		
二			
三			
四			
慶安元			
二			
三			
四	『（御大名武士鑑）』中野仁兵衛		『御紋づくし』西沢太兵衛
承応元			
二			
三			
明暦元			
二		『御紋尽』根本孫兵衛	『御紋尽』西沢多兵衛
三	『（新板諸大名御もんづくし）』		
万治元	『（御紋づくし）』松会		
二	『御紋づくし』		『江戸鑑』
三			
寛文元			
二			
三			
四	『御紋尽』鶴屋（現存本はなし）		
五	『御紋鑑』松会	『御紋尽』	
六			『御当家分限帳』河野角之丞
七		『（紋尽）』山本五兵衛	『懐中　江戸鑑』本屋久次郎
八		『御紋尽』	
九		『（役人紋尽）』	『（江戸鑑）』

寛文一〇	『御紋尽』／『新板江戸鑑分限帳』／『(増補江戸鑑)』山形屋か
二	『江戸鑑分限帳』山本太郎兵衛
三	『御紋鑑』／『(増補江戸鑑)』／『正極江戸鑑』経師屋加兵衛／『(増補江戸鑑)』山形屋
延宝元	『御紋鑑』松会／『(江戸鑑)』和泉屋善五郎／『(江戸鑑)』経師屋加兵衛
二	『(懐中正極江戸鑑)』山田屋か
三	『(江戸鑑)』板木屋又右衛門
四	『(江戸鑑)』堺庄兵衛
五	『(増補江戸鑑)』／『懐中新改江戸鑑』和泉屋善五郎・堺屋庄兵衛
六	『(増補江戸鑑)』太郎兵衛／『(江戸鑑)』大野屋総八
七	『(増補江戸鑑)』／『(増補江戸鑑)』川瀬太郎兵衛・笹屋三郎左衛門・葉屋五郎左衛門
八	『(江戸鑑)』松会／『(懐中正極江戸鑑)』山田屋／『(紋尽・道具尽)』
天和元	『太平江戸鑑』／『大譜江戸鑑』書林善右衛門／『新改新正江戸鑑』三河屋『顕正系江戸鑑』挈引子
二	
三	『(癸亥江戸鑑)』松会／『御紋鑑』山形屋
貞享元	『甲子江戸鑑』松会／『(顕正景江戸鑑)』
二	『本朝武鑑』松会／『新改　江戸鑑大全』表紙屋七右衛門『御懐中御江戸大鑑』山形屋
三	『丙寅江戸鑑』松会
四	『丁卯江戸鑑』松会
元禄元	『戊辰江戸鑑』松会『改正　太平武鑑大全』
二	『本朝武系当鑑』松会／『己巳江戸鑑』松会／『太平武鑑』(A)寸原茂兵衛
三	
四	『太平武鑑』(B)須原茂兵衛
五	
六	『日本武城旧記』寺田与平次・野間長右衛門・野村長兵衛
七	『(本朝武林長鑑)』松会『太平武鑑』(C)寸原茂兵衛
八	『(太平江戸鑑)』万屋庄兵衛
九	『本朝武林系禄図鑑』松会三四郎
一〇	『東武綱鑑』須原茂兵衛
二	『東武江戸鑑』万屋庄兵衛

一二		
一三		
一四		『正統武鑑』須原茂兵衛 『暇勤長鑑』中野市左衛門
一五		
一六	『元禄武鑑大全』井筒屋三右衛門	『武宝徴鑑』菱屋金四郎
宝永元	『宝永武鑑大成』平野屋吉兵衛	
二		『御林武鑑』須原茂兵衛
三		
四	『増続武鑑』(山口屋)須藤権兵衛	
五	『一統武鑑』山口屋権兵衛	『正風武鑑』須原屋茂兵衛
六		
七		
正徳元	『賞延武鑑』山口屋権兵衛	
二		
三		
四		『正徳武鑑』須原茂兵衛
五	『文明武鑑』山口屋権兵衛	
享保元		『享保武鑑』須原茂兵衛
二		
三		
四	『永世武鑑』山口屋権兵衛	☆『袖玉武鑑』須原屋茂兵衛
五		
六	☆『(略武鑑・役人付)』山口屋権兵衛	
七	**〔出版取締令の公布〕**	
八		
九		
一〇		
一一		
一二		

年		
享保三	『万世武鑑』万屋（現存本はなし）☆『御交替武鑑』鶴屋喜右衛門	ㇾ
四		ㇾ
五		ㇾ
一六	『永世武鑑』万屋清兵衛　☆『御交替武鑑』	ㇾ
一七	ㇾ	ㇾ
一八		『享保武鑑』須原屋茂兵衛
一九		ㇾ
二〇		ㇾ
元文元	この頃『大成武鑑』出雲寺和泉掾？（現存本はなし）	『元文武鑑』須原屋茂兵衛
二		ㇾ
三	☆『有司武鑑』出雲寺和泉掾　☆『（御参勤御暇御交替録）』	ㇾ
四	⇣	ㇾ
五	⇣	ㇾ
寛保元	⇣	『寛保武鑑』須原屋茂兵衛
二	⇣	ㇾ
三	⇣	ㇾ
延享元		『延享武鑑』須原屋茂兵衛
二	☆『大成略武鑑』燕屋弥七か　☆『（御参勤御暇御交替録）』升屋次郎左衛門	ㇾ
三	☆『正宝武鑑』燕屋弥七・万屋伊兵衛？（現存本はなし）	ㇾ
四	『泰聖　文明武鑑』若菜屋か☆『有司武鑑』燕屋弥七	ㇾ

凡例：ㇾは継続刊行、⇣は現存本を未確認、☆印は略武鑑、板元名の記載されていないものは板元不明。

毎年の改定である（『（干支）江戸鑑』）、「平和」な徳川の世（『太平江戸鑑』『太平武鑑』）、将軍の膝元である江戸（『東武江戸鑑』『東《とう》武《ぶ》綱鑑《こうかん》』）など、さまざまなイメージを抱かせる言葉を纏《まと》って、出版されるようになった様子が明らかになる。

そのなかでも書名で画期となったのは、貞享《じょうきょう》二年（一六八五）刊の『（本朝《ほんちょう》武鑑《ぶかん》）』

（栗田文庫所蔵）である。松会は『本朝《ほんちょう》武系当鑑《ぶけいとうかん》』『本朝武林系禄図鑑《ぶりんけいろくずかん》』『本朝武林長鑑《ぶりんちょうかん》』などの書名で武鑑を出版するが、結果として『本朝武鑑』の「武鑑」という言葉が生き残ることになった。後の世に与えた影響の長さという点で、松会の存在は大きい。

須原屋茂兵衛《すはらやもへえ》（寸原茂兵衛・須原茂兵衛とも）は、元禄《げんろく》二年から同十年にかけて三種類（以下、A、B、Cとする）の『太平武鑑』を出版し、書名を変えていない。『太平武鑑』の書型はいずれも横小本《よここほん》であり、一見した所では判別しにくいが、序文やレイアウトの違いから、三種類あったことがわかる。

『太平武鑑』Aの序文は「西北雲発、東南来雨、得時麒麟来臨而、無曇云々」で始まる。Bは表紙見返しに日本国中の図を載せ、序文が「河出図天道開、洛出書地理明矣、君臣云々」で始まる。Cは序文はなく、「江戸方角見量之図」が掲載されている。

『太平武鑑』を出版したのち、須原茂兵衛は『東武綱鑑』『正統《せいとう》武鑑』『御林《おはやし》武鑑』『正《しょう》風《ふう》武鑑』などの書名を付して、魅力ある書名を探す動きを見せる。だが『正徳武鑑』をもって、年号に「武鑑」の二字を足した書名に固定する。

なお表1に掲出していないが、書名の由来に関係して触れておかなければならないのは、出雲寺版の『大成《たいせい》武鑑』である。時代は下って弘化《こうか》四年（一八四七）、出雲寺万次郎が江戸町奉行に宛てて提出した書類に、「大成武鑑の名目、林治部卿《じぶきょう》法印《ほういん》春斎表題仕り候と、申し伝え御座候、其頃板行（出版）出来仕り候と存じ奉り候」とある。

史料の「林治部卿法印春斎」は幕府の儒者林　春斎《はやししゅんさい》である。彼は延宝八年（一六八〇）に没するから、それまでに『大成武鑑』は出版されていなければならない。だが第四章「須原屋と出雲寺の争い」で述べるように、出雲寺の武鑑出版は元文《げんぶん》元年（一七三六）以降に始まる。したがって、『大成武鑑』はその信憑性は低いが、由緒ある書名であったといえる。

題　簽

書籍の顔となる表紙の中でも、とくに題簽は購買者を誘う重要な役割を果たしていた。しかし、題簽は、元来、極めて薄く糊づけしたため、剝がれやすく、伝来の過程でなくなっていることがある。そのため題簽の事例は少ないものとなっているが、数例を紹介しておきたい。

「紋尽」から「江戸鑑」にかけて、武鑑の題簽は方簽から短冊簽へという傾向にあった。これが松会版『本朝武林長鑑』、須原茂兵衛版『東武綱鑑』では、短冊簽を左端上部に貼り、その右に添え題簽として方簽を貼るというように、両者を併用した〔図25〕。これは二枚題簽と呼ばれる様式である。書名を独立させて短冊簽で表示し、表紙の半分または一面を覆うほど大きな方簽には、目録から抜粋した主要な記載項目が刻まれた。

このほか、元禄十四年刊の松会版『本朝武林系禄図鑑』（東京都公文書館所蔵）、同十六

諸御役并御番頭組頭
諸御奉行行烈（ママ）道具
御知行高処付駕籠紋
火消御番的居羽織之紋
御目付衆御使番衆
灯燈之紋御倶廻り
目録内二委

（方簽部分）

図25　元禄11年（1698）刊須原茂兵衛版『東武綱鑑』巻四の表紙
三井文庫旧蔵資料．方簽で内容を紹介している．なお須原茂兵衛は須原屋茂兵衛のこと（国文学研究資料館所蔵）

表紙

巻頭

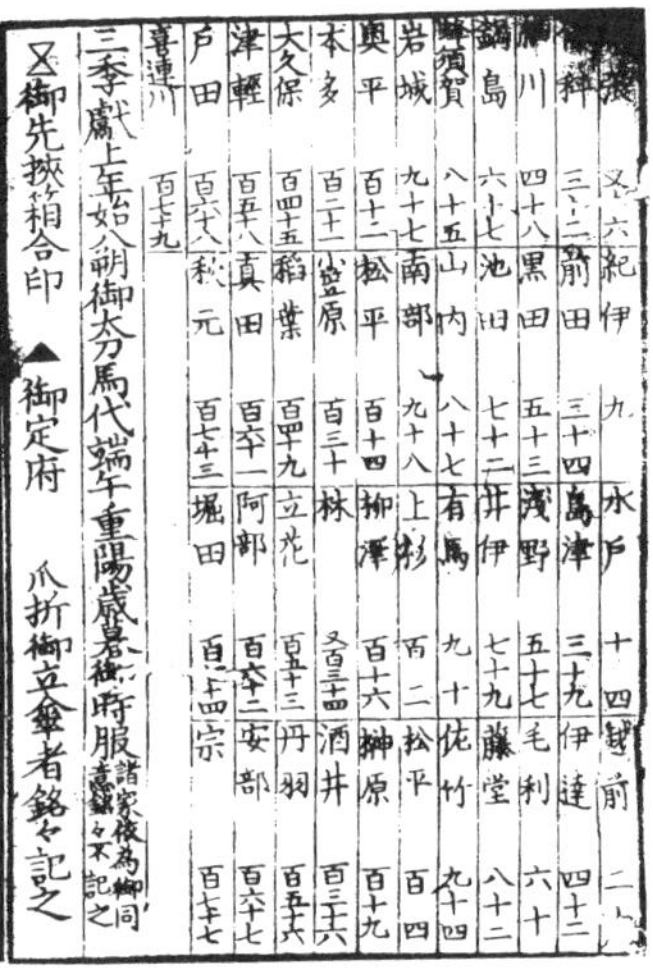

[illegible]張 又六	紀伊 九	水戸 十四	越前 二
[illegible] 三十二	前田 三十四	島津 三十九	伊達 四十二
[illegible]川 四十八	黒田 五十三	浅野 五十七	毛利 六十
鍋島 六十七	池田 七十二	井伊 七十九	藤堂 八十二
蜂須賀 八十五	山内 八十七	有馬 九十	佐竹 九十四
岩城 九十七	南部 九十八	上杉 百二	松平 百四
奥平 百十二	松平 百十四	柳澤 百十六	榊原 百十九
本多 百二十一	小笠原 百三十	林 又百三十四	酒井 百三十六
大久保 百四十五	稲葉 百四十九	立花 百五十三	丹羽 百五十六
津軽 百五十八	真田 百六十一	阿部 百六十二	安部 百六十七
戸田 百六十八	秋元 百七十三	堀田 百七十四	宗 百七十七
喜連川 百七十九			

三季献上年始八朔御太刀馬代端午重陽歳暮御時服 諸家依為御同意録々不記之

区御先挾箱合印　▲御定府　爪折御立傘者銘々記之

表紙見返し

図26　文政13年(1830)刊須原屋茂兵衛版『文政武鑑』

巻之一の表紙・巻頭部分と巻之三の刊記部分（国立国会図書館所蔵）．表紙にはシンプルな短冊簽が貼られている．巻之一の巻頭に序文はなく，松竹梅に鶴亀の絵，徳川将軍家の系図から始まる．

御系圖

人皇五十六代
清和天皇六代
伊豫守源賴義長男
源義家　八幡太郎　陸奥守
三男
義國　式部大輔　新田足利兩家祖
長男
義重　新田大炊助　號大光院殿上西
四男
義季　德河四郎

德河四郎源義季十六代贈大納言源廣忠卿長男
家康公　從一位右大臣　征夷大將軍　淳和奬學兩院別當源氏長者
號　東照大權現宮　贈正一位太政大臣
一　女子　奥平美作守信昌　室
二　信康　岡崎三郎
三　秀康　越前中納言　正三位
四　秀忠公　從一位太政大臣　征夷大將軍　淳和奬學兩院別當源氏長者
號　台德院殿　贈正一位　大相國
五　忠吉　清須城主　松平薩摩守
六　信吉　水戸城主　武田万千代丸
七　女子　北條相模守氏直　室
八　女子　蒲生飛驒守秀行　室
　　　　　後淺野但馬守長晟　嫁
九　忠輝　越後少將　上総介

山本七右衛門　池田平左衛門　須原茂兵衛　田中庄兵衛
北畠茂兵衛　堀野屋仁兵衛　岡村庄助　大和屋喜兵衛
竹川藤兵衛　村上九左衛門　寺井勘兵衛　清水宗七

新組
石井清右衛門　若林清兵衛　吉田九兵衛　三河屋平七郎　藤本八兵衛
竹内小兵衛　梅村左兵衛　長谷川勘兵衛　野村權兵衛
大坂屋徳三郎　梅田源兵衛　白井平兵衛　大坂屋茂兵衛

御觸流
山田茂右衛門　松井喜兵衛　山田吉次郎　松井小三次

文政十三庚寅年
江府書林　日本橋通一町目
千鍾房　須原屋茂兵衛藏版

書肆千鍾房畧目録

文政
武鑑　諸御役前録　全一册　近刻

校定
音訓　改點五經　林家改正本
大字看本

此五經ハ一齋佐藤先生の校定にして音義文切

旭山先生著
華陽皮相　全三册
蕙齋先生画

刊記

年刊の井筒屋三右衛門版『元禄武鑑大全』（栗田文庫所蔵）、宝永二年刊の平野屋吉兵衛版『改新宝永武鑑大成』（東京大学総合図書館所蔵）、同五年刊の須原茂兵衛版『正風武鑑』（国文学研究資料館所蔵）などの方簽にも、所狭しと宣伝文が刻まれている。

このように元禄期から宝永期にかけて、武鑑の表紙には多く方簽が貼られ、商品内容に関する情報を伝えた。だが、元文五年（一七四〇）に題簽は書名と巻数を記すだけのシンプルな短冊簽に戻り、短冊簽は「大武鑑」の定番となる（図26）。これは、地本《じほん》問屋が出版する草双紙《くさぞうし》などが題簽に大いに意匠《いしょう》を凝らし、絵題簽などが副次的に書籍の価値を高めていくのとは、逆の傾向である。

これは商品群の中で、武鑑という分野が確立し、社会に定着しはじめたこと、武鑑の内容が硬い書籍（「物《もの》の本《ほん》」）という顔を持つようになったことを示唆している。なお、題簽が担っていた宣伝機能は、その後、帯状の上袋によって代替される。武鑑を包んだ上袋には、改訂の年月、新たに加えた記載項目、今後、加筆を予定している記載項目などが記されていた（図6を参照のこと）。

書型とレイアウト

書籍の形態は、用紙の大きさ（美濃判、半紙判の二系統）、用紙の使い方（横折、竪《たて》折の二系統）によって、いくつかのバリエーションがあった。この書籍の形態を書誌学では書型というが、現在でも学術書はA５判や菊判、文芸書はB6判や四六判というように、書型が書籍のジャンルを象徴することがある。以下、武鑑に用いられた書型を示しておきたい（図4・5を参照のこと）。

①美濃三《みのみ》つ切本《ぎりぼん》（竪八～九×横一八～一九センチ）

この書型は「道中案内」など懐に入れて持ち歩く懐中本に多くみられる。武鑑では寛文中期から天和《てんな》期にかけて主流を占めた。寛文七年（一六六七）刊の本屋久次郎版『懐中江戸鑑』（栗田文庫所蔵）、前掲の寛文十年刊の『（増補江戸鑑）』、延宝九年（一六八一）刊の板元不明『（顕正系江戸鑑）』（国文学研究資料館所蔵）、天和元年（一六八一）刊の板元不明『（太平江戸鑑）』（栗田文庫所蔵）などである。

その後、しばらく用いられなくなるが、享保四年（一七一九）から慶応三年（一八六七）まで、須原屋茂兵衛が継続して出版した『袖玉《しゅうぎょく》武鑑』（「役人付」の「略武鑑」）、宝暦《ほうれき》十一年（一七六一）からやはり幕末まで、須原屋茂兵衛が継続して出版した『袖珍《しゅうちん》武鑑』（「大名付」の「略武鑑」）（図27）、出雲寺版の『袖珍有司《ゆうし》武鑑』（「役人付」の「略武鑑」）、同『大成分要万世《ばんせい》武鑑』（「大名付」の「略武鑑」）などに用いられた。

②横中本《よこちゅうほん》（竪一三～一四×横一八～一九センチ）

この書型は、寛文十二年刊の経師屋《きょうじや》加兵衛版『正極江戸鑑』が早いが、主流を占めるのは、貞享《じょうきょう》から元禄中期（一六八四～九五）にかけてである。寛文後期から、美濃三つ切

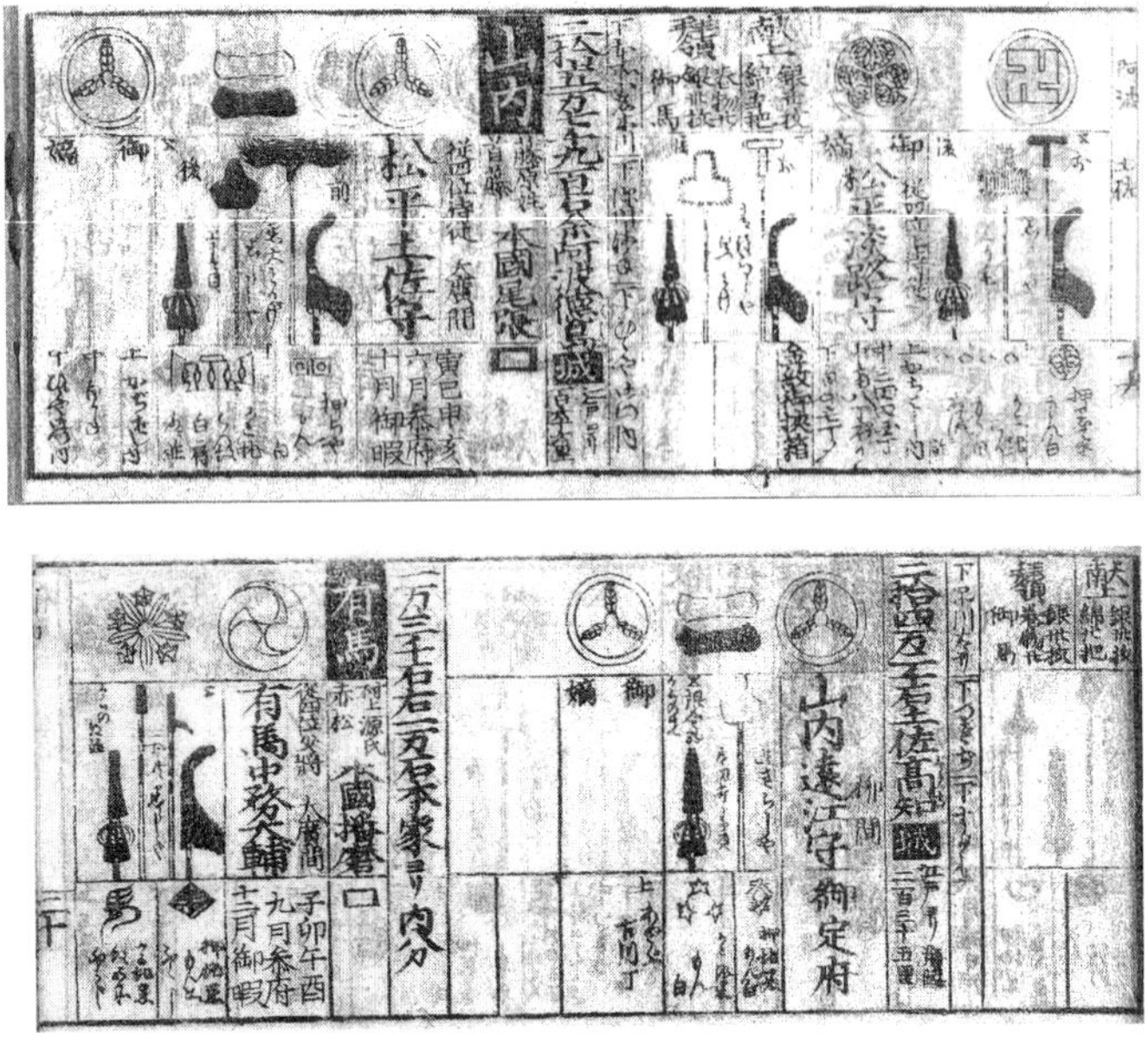

図27　文久２年(1862)刊須原屋茂兵衛版『袖珍武鑑』
書型は美濃三つ切本（個人蔵）

本の武鑑の総丁数は二百丁を超えた。例えば、大名家の系図を収載した天《てん》和《な》元年刊の板元不明『太平江戸鑑』は「大名付」のみで百二十八丁に及んでいた。

　これに改良を加えて、丁数を半減して、扱いやすく、また字を大きくして読みやすくしたものが、天和三年刊の松会版『(癸《き》亥《がい》江戸鑑)』〔図28〕などであった。美濃紙を横長に半裁し、それを二つ折にした大きさは、懐中にするにはやや大きすぎるが、この書型が選ばれた理由は、記載項目の増補による丁数の増大に伴う、利便性の欠を補うためであったと考えられる。

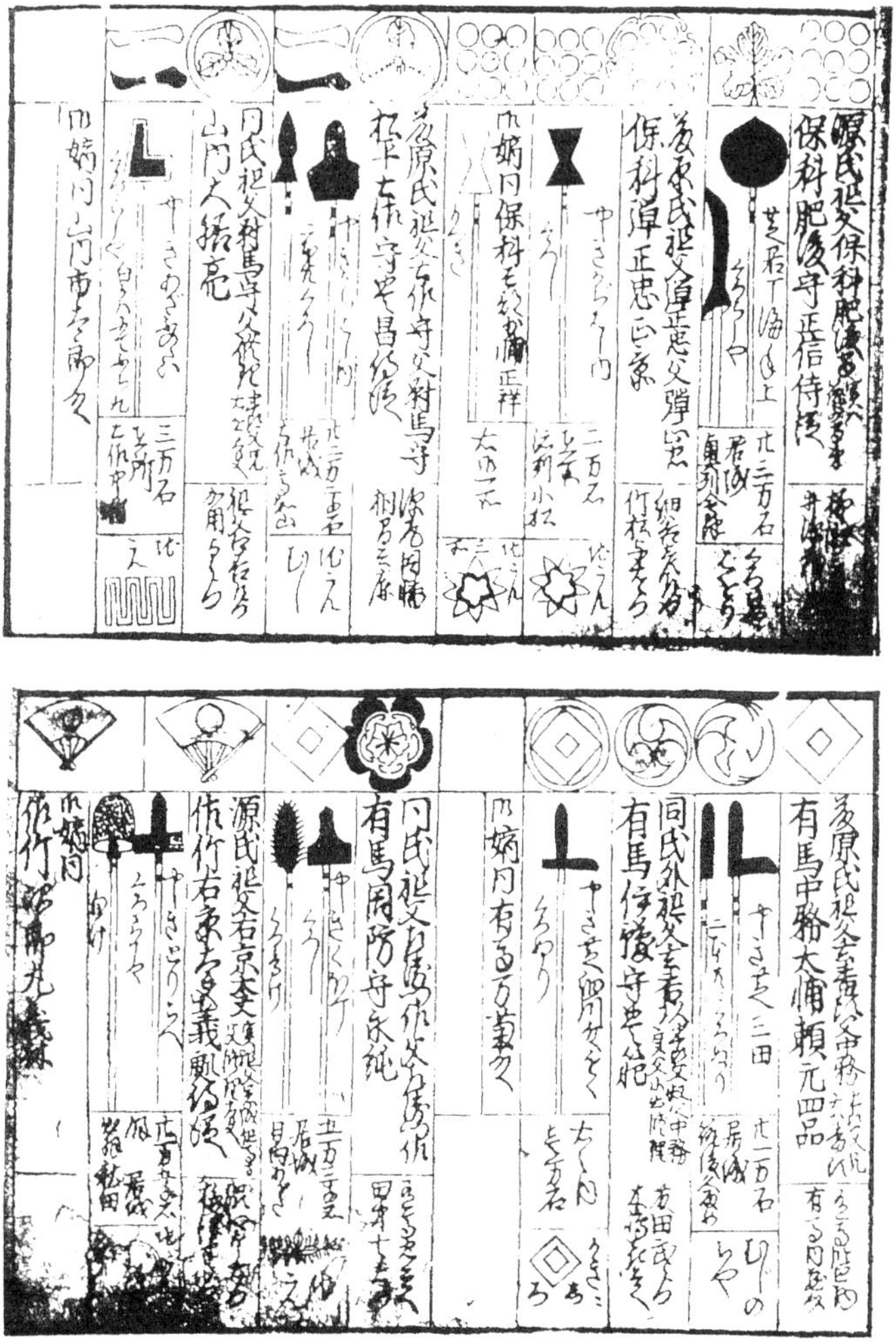

図28　天和３年(1683)刊松会版『(癸亥江戸鑑)』上巻
書型は横中本（国立国会図書館所蔵）

③中本《ちゅうほん》（竪一八〜二〇×横一二〜一四センチ）

この書型は、草双紙に多くみられ、現在のB6判とほぼ同じ大きさである。武鑑では、前掲の松会版『（御紋づくし）』系統の「紋尽」のほかに例を見ない。

④横小本《よここほん》（竪一一〜一二×横一五〜一六センチ）

この書型は、初期の須原（屋）茂兵衛版の武鑑に用いられた。須原（屋）茂兵衛の武鑑出版は、前述したように元禄二年（一六八九）刊の『太平武鑑』に始まる。三種類の『太平武鑑』と『東武綱鑑』は、この書型である。このほか、松会版『（本朝武林長鑑）』〔図29〕がこの書型をとる。

その後、この書型は「大武鑑」からは姿を消し、「大名付」と「役人付」とを縮約した地本《じほん》問屋鶴屋喜右衛門《つるやきえもん》版の『御交替武鑑』、絵双紙本屋燕屋弥七《つばめややしち》版の『大成略武鑑』に用いられた。なお、安永九年（一七八〇）以降出版されたことが確認される須原屋茂兵衛版の『泰平懐宝略武鑑』、天保八年（一八三七）に出版された出雲寺幸次郎版の『泰平略武鑑』なども、この書型である。

⑤小本（竪一五〜一六×横一一〜一二センチ）

この書型は、前掲のそうしや九兵衛版『（御もんづくし）』や書林善右衛門版『大譜江戸鑑』のほか、貞享三年刊の表紙屋七右衛門版『改新江戸鑑大全』（国文学研究資料館所蔵）

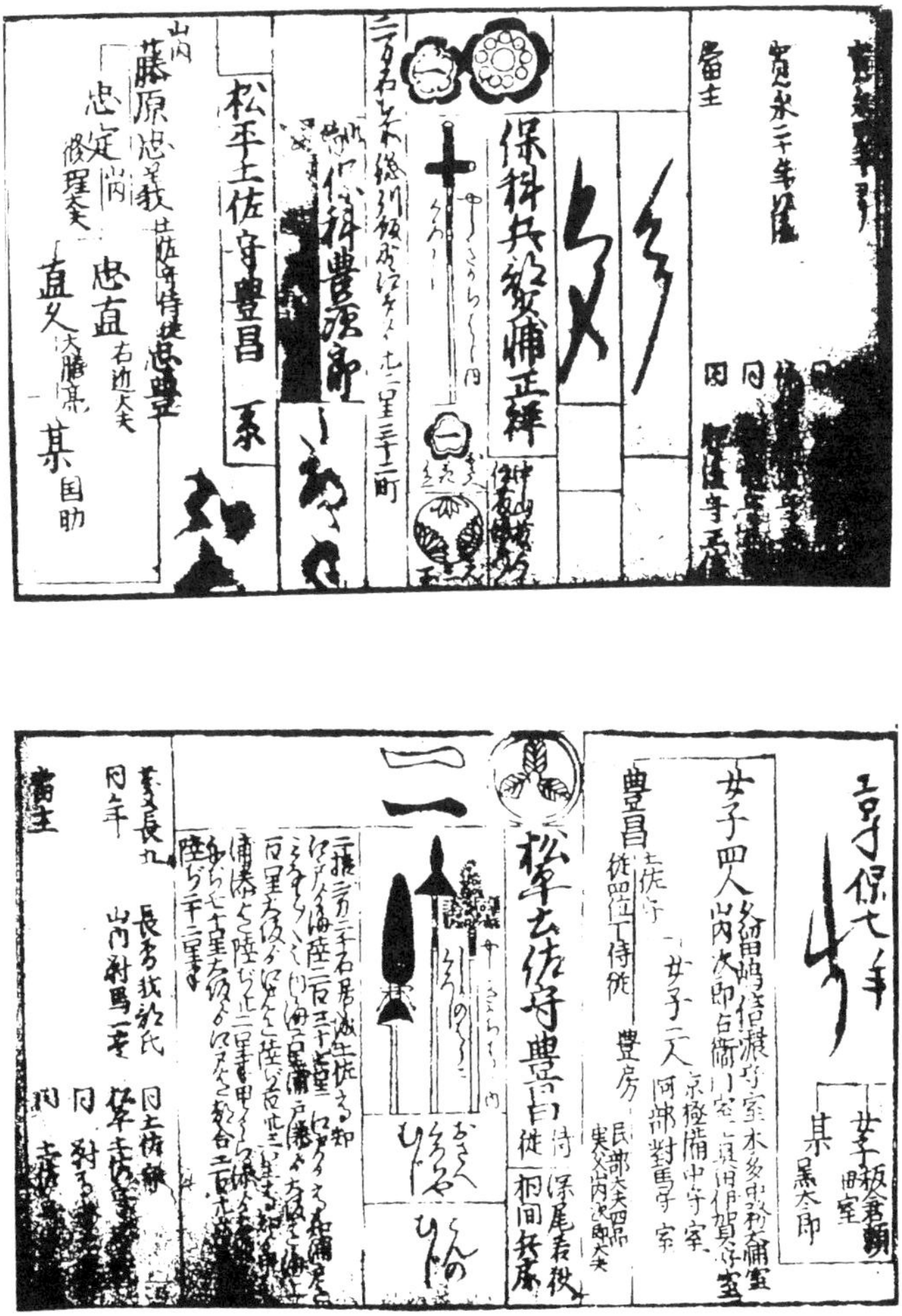

図29　元禄９年(1696)刊松会版『(本朝武林長鑑)』巻一
三井文庫旧蔵資料．書型は横小本（国文学研究資料館所蔵）．

にみられる。

その後、この書型はレイアウトの一新を伴って、元禄九年刊の松会版『本朝武林系禄図鑑』（ただし図30は元禄十一年版）に用いられた。このときに「大名付」に松会が用いたレイアウトは、上段に系図、中段に大名に関する記事、下段に江戸詰の家臣の名前、上段と中段との間に定紋《じょうもん》と副紋を据えるものであった。このレイアウトは、元禄十四年刊の須原茂兵衛版『正統武鑑』をはじめとして「大武鑑」の定番となった〔図8・10〕。

小本の利便性が高かったことは、「吉原細見《よしわらさいけん》」（江戸吉原の案内書）や「江戸町鑑」や「公家鑑」が、最終的にこの書型に落ち着いたこと、現代の文庫本とほぼ同じ大きさであることから察せられる。

⑥半紙本（竪二二〜二三×横一五〜一六センチ）

この書型は、前掲の本屋甚左衛門版『（御大名衆御知行十万石迄）』にみられたが、その後では井筒屋三右衛門版『元禄武鑑大全』と平野屋吉兵衛版『改新宝永武鑑大成』〔図31〕の二書に用いられた。

この書型は大型であるため、図や文字が鮮明な点に特徴があるが、武鑑には携行の便が求められたためか、定着しなかった。元禄十六年から宝永二年にかけての三年で姿を消したものとみられる。この書型は「物の本」でも通俗的なもの、または絵本などに多くみら

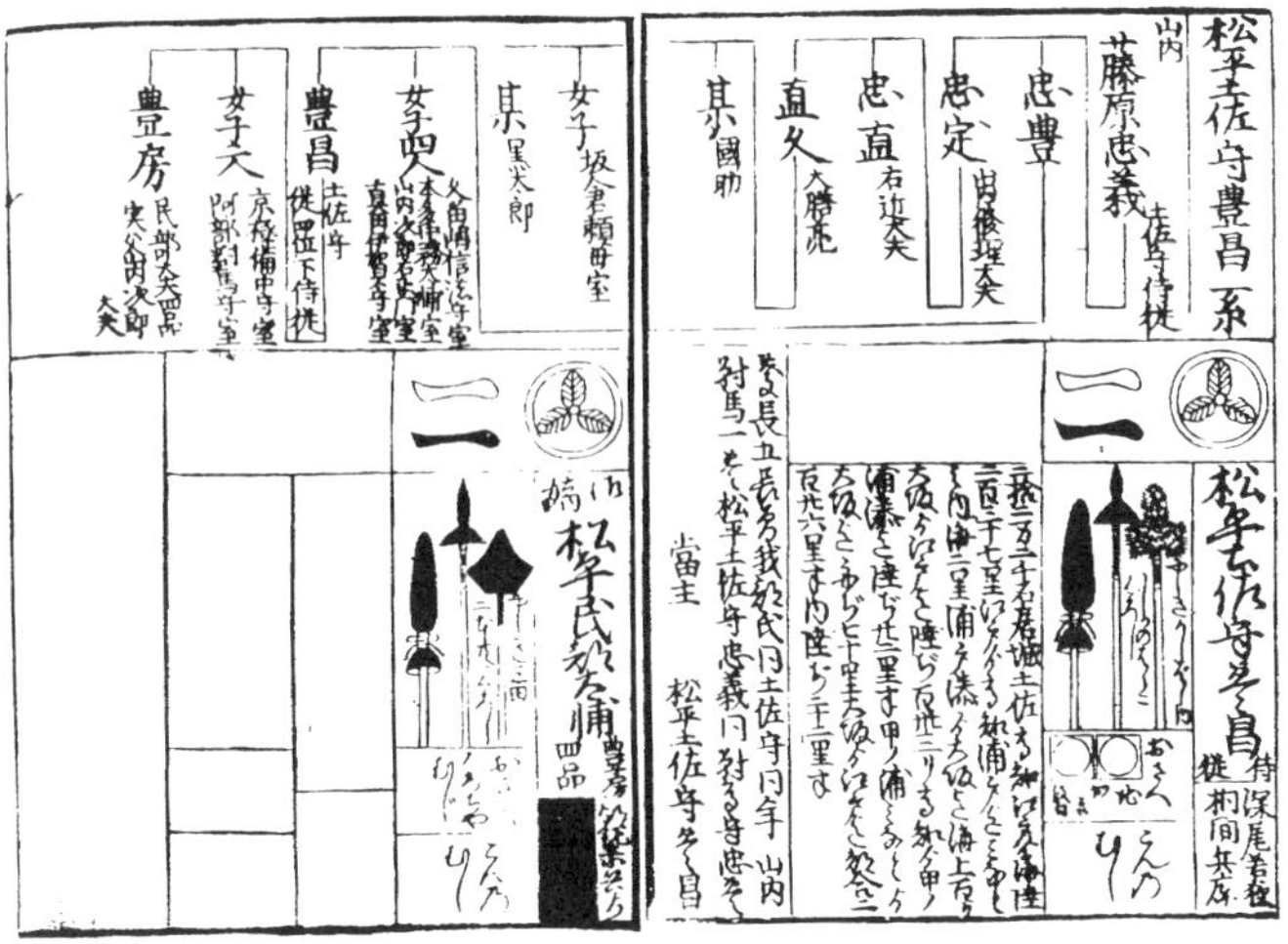

図30　元禄11年（1698）刊松会版『本朝武林系禄図鑑』巻一
書型は小本（西尾市岩瀬文庫所蔵）

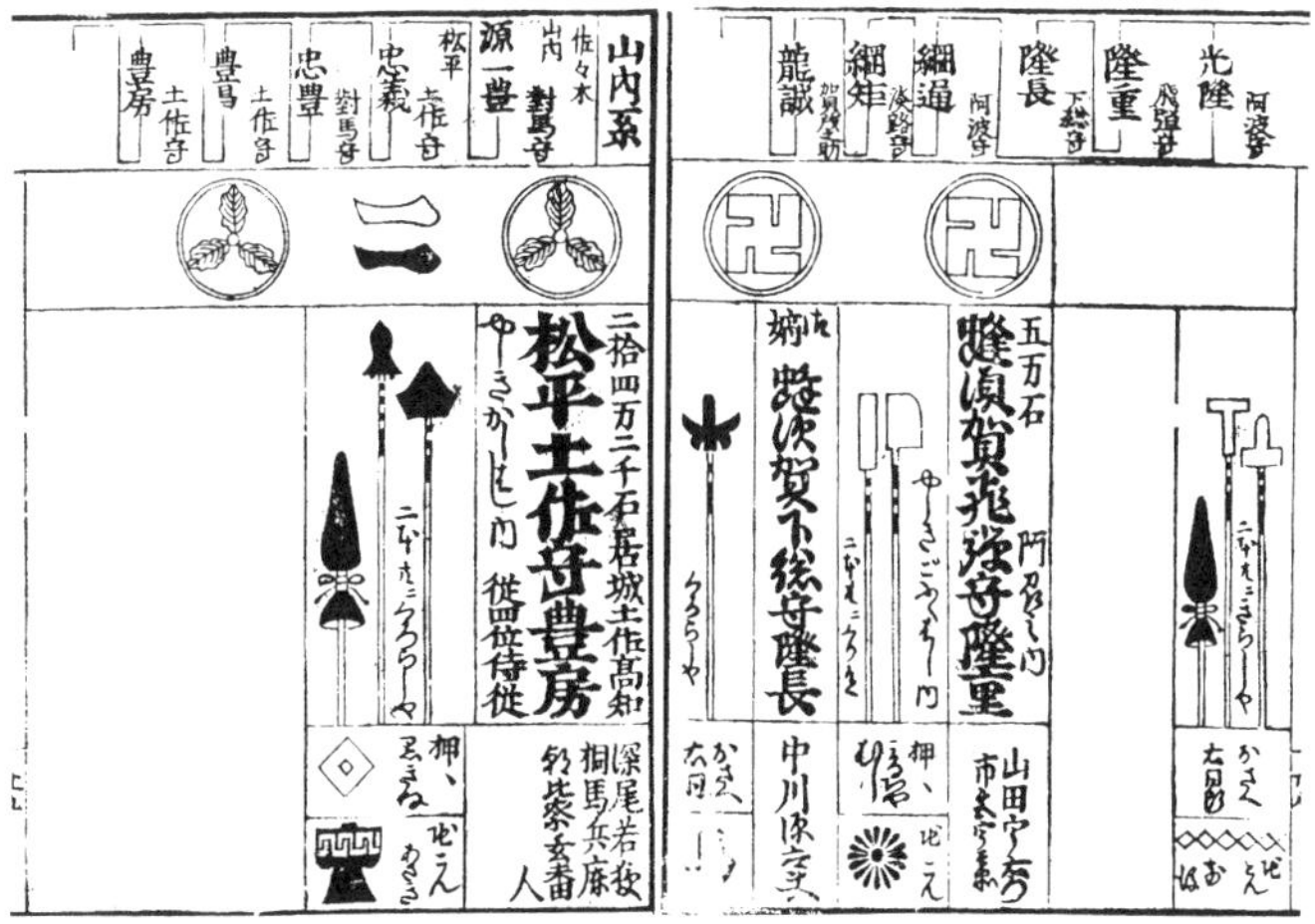

図31　宝永２年（1705）刊平野屋吉兵衛版『宝永武鑑大成』巻一
書型は半紙本（東京大学総合図書館所蔵）

れる。

大名記載順

武鑑の「大名付」での大名の記載順序は、家格《かかく》の変動という側面、大名家側からの板元への申し入れなどの側面から、詳細に時期を追って検討しなければならないが、ここでは記載順序の大原則が整うまでの過程に触れるに留めたい。

「大名付」の記載順序の原則の一つは、分家（支藩《しはん》）を本家（本藩《ほんぱん》）の後に記すということにある。この原則は、江戸市中での行列道具を最初に掲載した寛文十年（一六七〇）刊の前掲『（増補江戸鑑）』に初めてみられる。

「甲府宰相（松平綱重《まつだいらつなしげ》）」、「館林宰相（松平綱義《まつだいらつなよし》）」、尾張徳川家とその分家、紀伊徳川家とその分家、水戸徳川家とその分家、加賀前田家とその分家……という、具合である。本家と分家、つまり本藩と支藩の関係がわかりやすい配列がなされている。

『（増補江戸鑑）』よりも前の武鑑では、ほぼ領知高順（ただし錯綜がある）に大名家当主を並べており、本藩と支藩との記載箇所は離れ、本・支藩関係はわかりにくかったが、以後は本藩・支藩は隣り合って記されることになる。

当時の社会状況を見渡してみれば、後に述べる「寛文印知《かんぶんいんち》」が実施されて、当該期、大名の領知高と位階・官職に基づく、一つの階層序列が示された。翌五年には証人制度（大名が家族を人質として幕府に差し出す制度）が廃止された。これは大名宗主権《そうしゅ》が確立したことの反映とされる。必然的に本家（宗家《そうけ》）の血縁保持が大きな問題となり、分家が増えてくる。このような時期に、大名家当主を単に領知高順に記載する仕方から、本家・分家、本藩・支藩関係を明確にした記載に変更されたものといえる。

本藩の領知高順に配列する仕方は武鑑の廃刊まで続くが、武鑑の発刊当初（『（御大名衆御知行十万石迄）』）から、御三家は武鑑の巻頭に置かれていた。ここから明らかなように、領知高のみが大名の配列の基準ではなかったことに注意しておかなければならない。将軍家の地位は絶対的なものであり、ゆえに血縁上、将軍家に近い家は、ほかの大名家に優越する。こうした印象づけがなされる配列になっている。これが「大名付」の記載順の原則その二である。

寛文十三年刊の経師屋加兵衛版『（江戸鑑）』（国文学研究資料館所蔵）では、越前松平家が水戸徳川家のすぐ後ろ、加賀前田家の前に置かれる。元禄十六年刊の井筒屋三右衛門版『元禄武鑑大全』では、後掲のように、会津松平家が越前松平家のすぐ後ろ、加賀前田家の前に置かれる。武鑑の「大名付」巻頭を飾る家は、甲府・館林両松平家の絶家後は、初代将軍徳川家康の男系諸家である御三家、越前松平家、会津松平家に固定されることになる。

初めて「大名付」を分冊したのは、延宝九年（一六八一）刊の書林善右衛門版『大譜江戸鑑』である。同書での分冊の仕方は、

上の一――「甲府宰相綱豊」（三十五万石）から奥羽《おうう》米沢《よねざわ》の「上杉弾正大弼綱憲《だんじょうだいひつつなのり》」（十五万石）まで、

上の二――伊予松山の「松平隠岐《おき》守光直」（十五万石）から上野《こうづけ》高崎の「安藤対馬守重貞」（六万石）まで、

上の三――奥羽中村の「相馬弾正少弼昌胤《そうまだんじょうしょうひつまさたね》」（六万石）から河内丹南《かわちたんなん》の「高木肥前守正長」（一万石）まで、

となっている。

巻の分け方

このほか、「大名付」を三分冊にしたものに、松会版の『本朝武林系禄図鑑』、須原茂兵衛版の『東武綱鑑』、同『正統武鑑』がある。その分冊の仕方は、元禄十一年（一六九八）刊の『本朝武林系禄図鑑』では、

巻一――「甲府中納言綱豊」（三十五万石）から信濃松代の「真田伊豆守信房」（十万石）まで、

巻二――武蔵国忍《おし》の「阿部豊後《ぶんご》守正武」（十万石）から三河刈谷の「稲垣対馬守重富」（二万石）まで、

巻三――上野小幡《おばた》の「織田越前守信久」（二万石）から武蔵高坂の「米倉丹後守昌忠」（一万石）まで、

である。

一方、元禄十一年刊の『東武綱鑑』では、

巻一――「甲府中納言綱豊」（三十五万石）から播磨《はりま》姫路《ひめじ》の「本多中務大輔政武」（十五万石）まで、

巻二――豊前《ぶぜん》小倉《こくら》の「小笠原右近将監忠雄」（十五万石）から丹波《たんば》福知山《ふくちやま》の「朽木伊予守季稙」（三万二千石）まで、

巻三――甲斐《かい》谷村の「秋月丹波守喬朝」（三万石）から常陸《ひたち》下野《しもつけ》の「遠藤主膳正胤親」（一万石）まで、

であり、『大譜江戸鑑』『本朝武林系禄図鑑』『東武綱鑑』それぞれの分冊の仕方は、区々になっている。

その後、元禄十六年刊の井筒屋三右衛門版『元禄武鑑大全』では、大名を領知高十万石を境にして二分冊にした。以下、大名の配列を示しておく。

○巻一

甲府　尾張　紀伊　水戸　越前松平　会津松平　前田　島津　伊達　細川　黒田　浅野

毛利　鍋島《なべしま》　池田　井伊　藤堂《とうどう》　蜂須賀《はちすか》　山内　有馬　佐竹　岩城　上杉　久松松平《ひさまつまつだいら》
柳沢　榊原　本多　小笠原　酒井　大久保　稲葉　立花　丹羽　真田　阿部　安倍　戸
田　秋元　南部　堀田

○巻二

宗　奥平　土屋　牧野　中川　水野　土井　内藤　本庄　大河内松平　戸田松平　深溝《ふかみぞ》
松平　大給《おぎゅう》松平　松井松平　形原《かたはら》松平　藤井松平　桜井松平　能見《のうみ》松平　戸沢　安藤
松浦　京極　相馬　石河　久世《くぜ》　仙石《せんごく》　脇坂　岡部　井上　伊東　伊藤　加藤　板倉
青山　秋田　溝口　太田　津軽　亀井　金森　永井　九鬼《くき》　土岐《とき》　諏訪《すわ》　朽木《くつき》　堀　秋《あき》
月《づき》　六郷《ろくごう》　小出　大村　稲垣　西尾　植村　木下　三浦　増山　相良《さがら》　森　織田　鳥居
分部《わけべ》　大関　土方《ひじかた》　市橋　内田　遠山　渡辺　米津《よねきづ》　久留島《くるしま》　五島　三宅　大田原　片
桐　小堀　米倉　青木　北条　新庄　一柳《ひとつやなぎ》　柳生　山口　建部　森河　谷　屋代　遠
藤　高木　黒田

領知高十万石に意味を持たせて分冊した理由は、大名家の家格制において十万石が一つの区切りを成していたことに関係しよう。将軍代替わりごとに発給される大名宛の領知宛《あて》行状《がいじょう》は、大名が十万石以上の領知高または四位侍従以上に叙任されている場合、将軍の花押《かおう》を据えた判物《はんもつ》によって発給されるが、十万石未満、四品《しほん》（四位無官）以下である場合は、将軍の印が押された朱印によって発給された。この家格と書札礼《しょさつれい》との相関は、寛文四年（一六六四）の四代将軍徳川家綱の一斉発給（いわゆる「寛文印知」）時に確立している。

その後、八代将軍徳川吉宗までに領知判物、領知朱印および領知目録の江戸城内および奏者番《そうしゃばん》役宅での授受儀礼は確立されていくが、江戸城内の黒書院《くろしょいん》での授受儀礼では、その着座の場所が敷居内になるか、敷居外になるかは、受け取る宛行状が領知判物であるか、領知朱印であるかによって区別された。儀礼空間での十万石以上という領知高の意味が、武鑑では「大名付」分冊の仕方に反映されたものとみてよい。

その後、宝永三年（一七〇六）刊の須原茂兵衛版『御林武鑑』（東洋文庫所蔵）では、「十万石以上の格」の対馬府中の「宗対馬守義方」が巻一の巻末に加わり、「巻一　十万石格以上の大名、巻二　一万石以上十万石格未満の大名、巻三　幕府役人付」となった。

一方「役人付」は、天和三年（一六八三）刊の松会版『（癸亥江戸鑑）』で、初めて江戸城「本丸付」と「西丸付」とを分けて掲載したが、分冊するまでには至らなかった。それを宝永五年刊の山口屋権兵衛版の『一統武鑑』（東洋文庫所蔵）では「巻四　西丸役人付および諸家隠居方」とし、ここに四冊物の「大武鑑」の分冊の仕方は定まり、幕末まで踏襲されることとなった。

構成、記載項目の変化

構成とは、序文、目録、本文、跋文《ばつぶん》といった書籍の各部位を合わせた全体をいう。では武鑑の構成の変化をみてみよう。

序文・跋文の役割と削除

序文と跋文では、跋文の方が早くに登場するが、明暦《めいれき》二年（一六五六）に出版された西沢多兵衛版『（御紋尽《ごもんづくし》）』が早期のもので、同書の跋文には「右御紋尽、世間に流布するといえども、已上悉《ことごと》く皆誤り数多有るによって、ぐちの輩、猶《なお》迷暗たり、今以って再考し開板せしむ者也」とある（『大武鑑』所収）。

序文と跋文とが揃うのは、寛文《かんぶん》十二年（一六七二）刊の板元《はんもと》不明『（増補江戸鑑《えどかがみ》）』になってからで、同年に出版された経師屋加兵衛《きょうじやかへえ》版の『正極《しょうごく》江戸鑑』、延宝《えんぽう》七年刊の板元不明『（増補江戸鑑）』などにも序文と跋文が備わっている。

板元が序文や跋文を使って利用者に伝えた事柄は、書名の由来を示すこと、記事は迅速に改訂されていること、記事は正確なこと、もし記事に誤りがある場合には板元に知らせて欲しい旨を記すこと、これに加えて他店の武鑑には不備があるので注意しなければならないと警告することであった。なかでも延宝八年刊の山田屋版『懐中《かいちゅう》正極江戸鑑』（国文学研究資料館所蔵）は長文をもって、これらのことを利用者に訴えている。

懐中正極江戸鑑というは、今度成程吟味《ぎんみ》いたし、御定紋《じょうもん》、替紋《かえもん》をくわえ、新作にこれを出し、今迄諸家より出る所の本は、あるいはいにしえのかたの紋を其まゝしるしたる所も有り、又御道具のかわりたるをも改めず、あるいは本知に御加増をもくわえざる故、御知行《ちぎょう》の多少もこれ有り、御国元在城をも吟味せず、御家老のかわり、あるいは御屋敷所々相違も有り、又は先祖の御名乗を其まゝ御子息方の御名乗にしたるもこれ有り、されば世間の重宝たるべき物を、かくのごとく相違多くしては不調法たるゆえ、今又正しくあらためきわめ、其上向後御役かわり、本知のかわり、御加増御屋敷かえの節は、朝に聞て夕に直し、昼夜寸隙なく、日にこれを新しく、ならびに御息方も承り及びたる分は、たとえ御幼少たりといえ共書のせ、毎日これを改む者也

延宝八年

四月吉辰日

江戸佐内町（現、中央区）　山田屋開板

正極江戸鑑　全

その一方で、松会版『本朝武鑑』『（干支）江戸鑑』『本朝武系当鑑』『本朝武林長鑑』『本朝武林系禄図鑑』、須原（屋）茂兵衛版『東武綱鑑』『太平武鑑』『正徳武鑑』、平野屋吉兵衛版『改新 宝永武鑑大成』、山口屋権兵衛版『賞延武鑑』は、ほかの板元が出版する武鑑よりも品格を上げようとする序文を置いている。一例を挙げるならば、宝永元年・二年刊の平野屋吉兵衛版『改新 宝永武鑑大成』の序文は、左のようであった〔図32〕。

蒼蠅《そうよう》　驥尾《きび》に付いて万里《ばんり》を渡り、碧羅《はくら》　松頭《しょうとう》に懸って千尋《せんじん》に延ぶ、爰《ここ》に武《ぶ》を蔵《おさむ》るの国あり、錦城《きんじょう》の泰豊万歳《たいほうばんざい》と歌い、民家の繁栄、手鼓《てつづみ》を撃って悦ぶ、上《かみ》の針直《すく》なれば下《しも》の糸曲らず、我衣手《わがころもで》に緘《と》じ集むる江戸鑑《えどかがみ》なり、交わらずして貴風《きふう》を捜《さぐ》り、至らずして遠波《えんば》を記《き》すも、目出たき国に住めるの徳、猶余所《よそ》の州人《くにうど》・夷中《いなか》の童部《わらんべ》も書に馴れる則《とき》は、高位の千尋を知り、万里の矩《のり》を渡るに成らん歟《か》

中国の古典『史記』の一節を引用し、徳川の治世を言祝《ことほ》ぐものとなっている。跋文は宝永二年刊の平野屋吉兵衛版『改新 宝永武鑑大成』を最後に、序文は寛保四年刊の須原屋茂兵衛版『寛保武鑑』を最後に消える。これは須原屋茂兵衛版の題簽《だいせん》が目録を兼ねた方簽《ほうせん》から簡素な短冊簽《たんざくせん》に変化する時期とほぼ重なる。

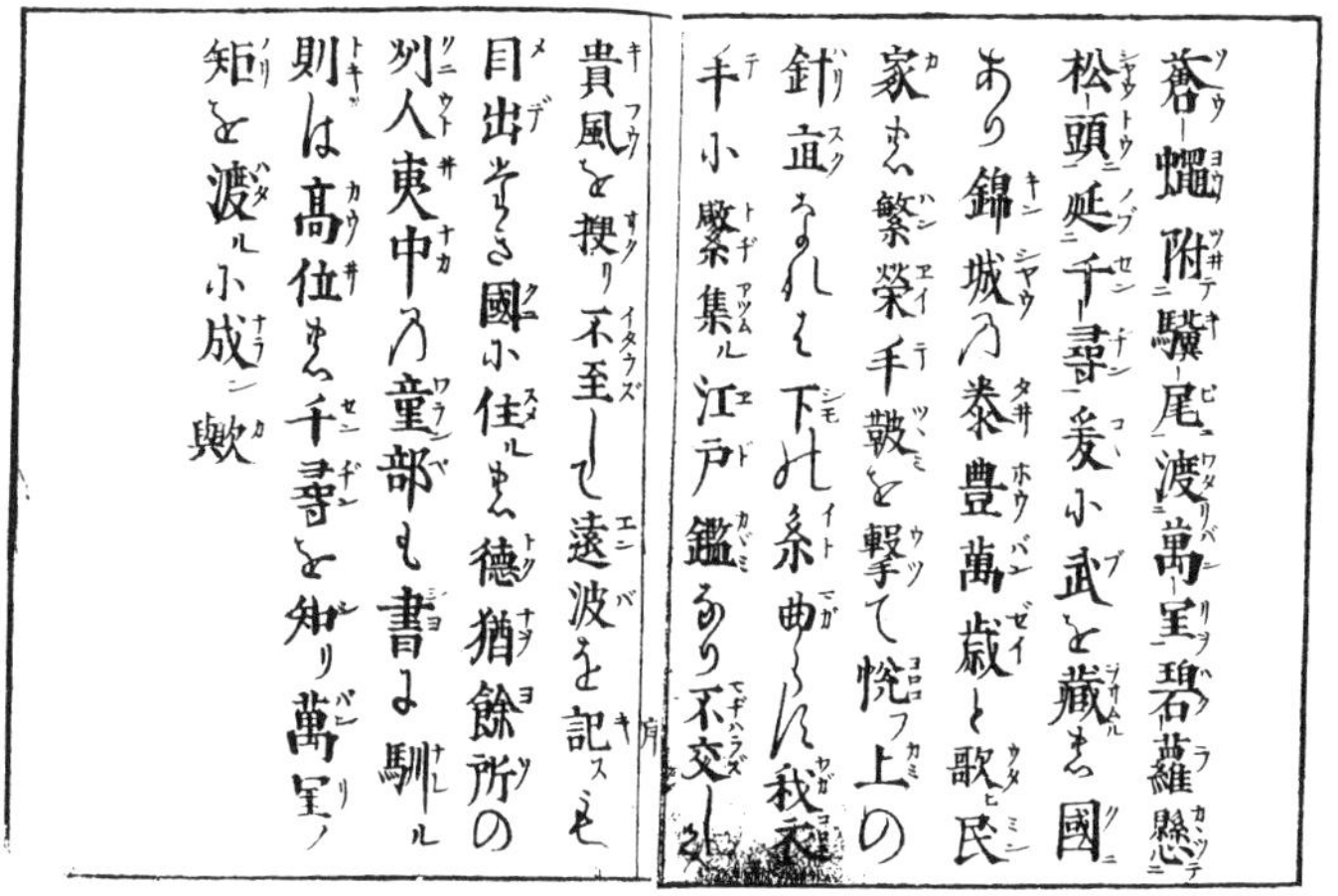
蒼蠅附驥尾渡萬里碧蘿懸
松頭延千尋爰小武を蔵まる國
あり錦城乃泰豊萬歳と歌民
家また繁榮手皷を撃て悦上の
針直なれとも下れ糸曲られ秋衣
千小繁集江戸鑑あり不交し
貴風を捜り不至して遠波を記も
目出そうき國小住まる徳猶餘所の
列人東中乃童部も書よ馴ル
則は高位まる千尋を知り萬里ノ
矩を渡ル小成ン歟

図32　宝永２年(1705)刊平野屋吉兵衛版『宝永武鑑大成』巻一の序文
（東京大学総合図書館所蔵）

この間に、享保《きょうほう》五年に須原屋茂兵衛は、一時的にではあるが、「大武鑑」の出版を独占する。これに対応して、須原屋茂兵衛版の武鑑の序文はなくなった。その後、元文《げんぶん》期に出雲寺が武鑑出版に加わったことで、須原屋茂兵衛版は再び序文を持つようになるが、出雲寺が退いて、寛保四年に須原屋茂兵衛版から序文は再び消えたのである。自店の武鑑をことさらに宣伝しなくてもよい状況のなか、序文はその役割を終えて削除されたとみてよい。

序文がなく、江戸方角図や目録を巻頭に置いて、本文がすぐに始まるという書籍の構成は、格式ある書籍としては変則的であるが、武鑑の実用性からこのような構成が採られたものと考えられる。

「大名付」の記載記事の変化

表2「武鑑における記載項目の変化（土佐高知藩主の山内家の場合）」は、「大名付」における記載項目の増補過程をまとめたものである。ここからは、記載項目の初出時期やそれを最初に記載した板元と武鑑の書名を知ることができる。

結論を先にいえば、寛文後期から正徳《しょうとく》期にかけての四十年間に、主要な項目が集中して加わっている。ここでいう主要な項目とは、「大名付」の「略武鑑」である須原屋版の『袖珍《しゅうちん》武鑑』（図27を参照のこと）や出雲寺版の『大成分要《ばんせい》万世武鑑』に掲載されている項目を一つの目安としたい。これを前提にすると、正徳二年（一七一二）刊の山口屋権兵衛版『賞延《しょうえん》武鑑』に、『暇勤長鑑《かきんちょうかん》』に初出の、大名の参勤交代の期日、将軍への献上品、将軍からの拝領品が収載されることで、武鑑の主要項目はほぼ揃ったといえる。

続けて別の角度から表2をみると、記載項目が増補されていく過程に、四つの時期があったことがわかる。

第一期は大名家当主に関する記事を充実していく時期、第二期は参勤交代に関する記事、および家の来歴や縁戚関係や領知の歴代領主についての記事を増補していく時期、第三期は大きな記載項目の追加が「大名付」にみられない時期、第四期は須原屋茂兵衛と出雲寺の二板元での増補が競われる時期である。

第一期は、寛永末から寛文期までの三十年間である。この時期の武鑑についてはすでに個別に検討し、図を掲載しているので、ここでは簡単に記すに留めよう。

寛永二十年（一六四三）に『（御大名衆御知行十万石迠）』が出版され、その後、定紋を図示し、「屋敷付」の機能も備えた「紋尽」が出版され、寛文十年（一六七〇）には江戸市中での行列道具を記事に加えた。

第二期は延宝期から元禄《げんろく》期の二十余年間である。参勤交代《さんきんこうたい》に関する記事、これに関わって船印《ふなじるし》などに関する記事が加わっている。またこの時期は、すでに関ケ原《せきがはら》の戦いから八十年から百年が経過している。そのため、延宝九年（一六八一）刊の絜引子版『顕正系江《けんしょうけい》戸鑑』に祖父や父の通称、同年刊の書林善右衛門版『大譜《だいふ》江戸鑑』〔図24〕には系図が収載された。家系に関する記事の充実である。

この第二期は、後に削除される項目の増補もあった。先の延宝六年（一六七八）刊の板元不明『（江戸鑑）』、書林善右衛門版『大譜江戸鑑』では、大名家に出入りする京都呉服所を載せている。また元禄八年（一六九五）刊の万屋庄兵衛版『（太平江戸鑑）』では京都蔵屋敷の場所、同屋敷の預り人の名前を掲載した。だが呉服所、京屋敷預り人の名前は、『（太平江戸鑑）』と酷似した書型・レイアウトをもち、同一板木を使用したと考えられる元禄十一年（一六九八）刊の万屋庄兵衛版『（東武江戸鑑）』（国文学研究資料館所蔵）を最

（土佐高知藩主の山内家の場合）

（1）

大名家当主					参勤交代				江戸市中行列道具								幕府大礼時の情報					
実名	殿席	家督時期	叙任時期	妻の出自	献上品名	拝領品名	期日	幕府使者	槍や長柄傘の図	駕籠・道具・挟箱の位置	押の羽織模様図	駕籠陸尺の羽織模様図	牽馬の鞍覆	供馬	騎馬供	茶弁当	当主の最高礼服	当主最高礼服時の供廻り構成と着服	当主の基本礼服	当主基本礼服時の供廻り構成と着服	幕府大礼の時の献上品名	時献上の時期と品名
●																						
◎																						
◎																						
◎																						
◎									●		●	●										
◎									◎		◎	◎										
◎									◎			◎										
◎									◎			◎										
◎				●*4					◎			◎										
◎				◎					◎			◎										
◎				◎					◎		◎	◎										
◎				◎					◎		◎	◎										
◎				◎*4					◎		◎											
◎				◎					◎		◎	◎										
◎					●	●	●	●														
◎				◎					◎		◎	◎										
◎				◎					◎		◎	◎										
◎				◎	◎	◎	◎		◎		◎	◎										
◎				◎	◎	◎	◎		◎	●	◎	◎										
◎	●			◎	◎	◎	◎		◎	◎	◎	◎										
									◎	◎	◎	◎										
◎*6	◎			◎	◎	◎	◎		◎	◎	◎	◎										●
◎			●	◎	◎	◎	◎		◎	◎	◎	◎										
	◎						◎		◎	◎	◎	◎										
◎	◎			◎	◎	◎	◎		◎	◎	◎	◎	●	●	●	●						
◎	◎		◎	◎	◎	◎	◎	◎	◎	◎	◎	◎										◎
◎	◎			◎	◎	◎	◎	◎	◎	◎	◎	◎	◎	◎	◎	◎	●	●	●	●	●	◎
◎	◎	●	◎	◎	◎	◎	◎	◎	◎	◎	◎	◎										◎
◎	◎	◎	◎	◎	◎	◎	◎	◎	◎	◎	◎	◎										◎
◎	◎		◎	◎	◎	◎	◎	◎	◎	◎	◎	◎	◎	◎	◎	◎	◎	◎	◎	◎	◎	◎
◎	◎	◎	◎	◎	◎	◎	◎	◎	◎	◎	◎	◎	◎	◎	◎	◎	◎	◎	◎	◎	◎	◎

自とも　＊5：巻末に収載　＊6：ルビ付き　●：オリジナル（初出）項目

表2　武鑑における記載項目の変化

刊行年	板元名	書名	家系			紋所		江戸上屋敷	
			本国	本姓	系図	定紋	副紋	場所	大手門からの距離
寛永20	本屋甚左衛門	(御大名衆御知行十万石迄)				●			
21	そうしや九兵衛	(御もんづくし)				◎			
明暦4	松会	(御紋づくし)				◎		●	
万治2	板元不明	江戸鑑				◎		◎	
寛文10	山形屋	(増補江戸鑑)				◎		◎	
12	経師屋加兵衛	正極江戸鑑				◎	●	◎	
延宝6	板元不明	(江戸鑑)		●*1		◎		◎	
9	挈引子	顕正系江戸鑑		●*2		◎		◎	
9	書林善右衛門	大譜江戸鑑		◎	●	◎	◎	●*3	
元禄2	寸原屋茂兵衛	太平武鑑(A)				◎	◎	◎	
2	松会	本朝武系当鑑		◎	◎	◎	◎	◎	
7	寸原茂兵衛	太平武鑑(C)		◎	◎	◎	◎	◎	
8	万屋庄兵衛	(太平江戸鑑)		◎*2		◎	◎	◎	
11	須原茂兵衛	東武綱鑑		◎	◎	◎	◎	◎	
14	中野市左衛門	暇勤長鑑				◎		◎	
16	井筒屋三右衛門	元禄武鑑大全		◎	◎	◎	◎	◎	
宝永5	須原屋茂兵衛	正風武鑑	●	◎	◎	◎	◎	◎	
正徳2	山口屋権兵衛	賞延武鑑	◎	◎	◎	◎	◎	◎	●
享保4	須原茂兵衛	享保武鑑	◎	◎	◎	◎	◎	◎	◎
延享2	燕屋弥七	(大成略武鑑)	◎			◎		◎	◎
2	升屋次郎左衛門	(御参勤御暇御交替録)				◎		◎	
4	若菜屋	泰聖　文明武鑑(巻2)	◎	◎	◎	◎	◎	◎	◎
5	須原屋茂兵衛	延享武鑑	◎	◎	◎	◎	◎	◎	◎
寛延4	燕屋弥七	大成略武鑑	◎			◎		◎	
宝暦10	出雲寺和泉掾	大成武鑑	◎	◎	◎	◎	◎	◎	◎
12	須原屋茂兵衛	宝暦武鑑	◎	◎	◎	◎	◎	◎	◎
13	出雲寺和泉掾	大成武鑑	◎	◎	◎	◎	◎	◎	◎
明和5	須原屋茂兵衛	明和武鑑	◎	◎	◎	◎	◎	◎	◎
文政3	須原屋茂兵衛	文政武鑑	◎	◎	◎	◎	◎	◎	◎
天保7	出雲寺幸次郎	大成武鑑	◎	◎	◎	◎	◎	◎	◎
12	出雲寺金吾	大成武鑑	◎	◎	◎	◎	◎	◎	◎

＊1：四姓　＊2：四姓及び祖父・父の通称　＊3：居屋敷とも　＊4：母出

（2）

船印				菩提寺・宿坊		領知					江戸屋敷			蔵屋敷ほか						所蔵機関
船印図	帆印の図	帆幕の図	船幕の模様図	菩提寺の場所と宗派	上野寛永寺・芝増上寺の宿坊名	石高	場所	江戸からの距離	歴代領主名	参勤交代時の通交経路	家臣の名前	中屋敷の場所	下屋敷の場所	京都	大坂	伏見	京都蔵屋敷預り人	京都呉服所	大名家当主年齢	
						●	●				●									栗田
						◎	◎													国文
						◎	◎				◎									東大法
						◎	◎				◎									公文
						◎	◎				◎									国文
						◎	◎				◎									国会図
						◎	◎				◎							●		国文
						◎	◎				◎									国文
						◎	◎				◎	●	●					◎		国文
						◎	◎	●		●	◎									都立図
						◎	◎	◎		◎	◎		◎							東大図
						◎	◎	◎		◎	◎	◎	◎							都立図
						◎	◎				◎			●			●	◎		東大図
						◎	◎	◎	●	◎	◎	◎	◎							国文
						◎	◎	◎												公文
●	●	●	●			◎	◎	◎	◎	◎	◎	◎	◎							国文
						◎	◎	◎	◎	◎	◎	◎	◎							国文
						◎	◎	◎	◎	◎	◎	◎	◎							東大図
						◎	◎	◎	◎	◎	◎	◎	◎							国文
						◎	◎	◎			◎								●	東大図
						◎	◎	◎												個人蔵
						◎	◎	◎	◎		◎	◎	◎							東大史・個人蔵
						◎	◎	◎	◎	◎	◎	◎	◎							東大史
						◎	◎	◎												個人蔵
					●	◎	◎	◎	◎	◎	◎	◎	◎							東洋文庫
				●		◎	◎	◎	◎	◎	◎	◎	◎							東大図
					◎	◎	◎	◎	◎	◎	◎	◎	◎							都立図
◎	◎	◎	◎	◎		◎	◎	◎	◎	◎	◎	◎	◎							東大法
◎	◎	◎	◎	◎		◎	◎	◎	◎	◎	◎	◎	◎	◎	●	●				東大図
●*5	●*5	●*5	●*5		◎	◎	◎	◎	◎	◎	◎	◎	◎							国文
◎	◎	◎	◎	◎	◎	◎	◎	◎	◎	◎	◎	◎	◎	◎	◎	◎				東大図

室公文：国立公文書館　国会図：国立国会図書館　都立図：東京都立中央図書館

刊行年	板元名	書名	大名火消									
			纏図	火消同心の羽織模様図	小者槍持の槍印	家中の合印	出馬目印の堤燈図	高張堤燈の図	箱堤燈の図	馬印の図	足軽の羽織模様図	中間の羽織模様図
寛永20	本屋甚左衛門	(御大名衆御知行十万石迄)										
21	そうしや九兵衛	(御もんづくし)										
明暦4	松会	(御紋づくし)										
万治2	板元不明	江戸鑑										
寛文10	山形屋	(増補江戸鑑)										
12	経師屋加兵衛	正極江戸鑑										
延宝6	板元不明	(江戸鑑)										
9	挐引子	顕正系江戸鑑										
9	書林善右衛門	大譜江戸鑑										
元禄2	寸原屋茂兵衛	太平武鑑（A）										
2	松会	本朝武系当鑑										
7	寸原茂兵衛	太平武鑑（C）										
8	万屋庄兵衛	(太平江戸鑑)										
11	須原茂兵衛	東武綱鑑										
14	中野市左衛門	暇勤長鑑										
16	井筒屋三右衛門	元禄武鑑大全										
宝永5	須原屋茂兵衛	正風武鑑										
正徳2	山口屋権兵衛	賞延武鑑										
享保4	須原茂兵衛	享保武鑑										
延享2	燕屋弥七	(大成略武鑑)										
2	升屋次郎左衛門	(御参勤御暇御交替録)										
4	若菜屋	泰聖　文明武鑑(巻2)										
5	須原屋茂兵衛	延享武鑑										
寛延4	燕屋弥七	大成略武鑑										
宝暦10	出雲寺和泉掾	大成武鑑			●						●	●
12	須原屋茂兵衛	宝暦武鑑	●	●								
13	出雲寺和泉掾	大成武鑑			◎		●	●	●	●	◎	◎
明和5	須原屋茂兵衛	明和武鑑	◎	◎								
文政3	須原屋茂兵衛	文政武鑑	◎	◎								
天保7	出雲寺幸次郎	大成武鑑	●*5	●*5	◎	◎	◎	◎	◎	◎	◎	◎
12	出雲寺金吾	大成武鑑	◎	◎	◎	◎	◎	◎	◎	◎	◎	◎

栗田：栗田文庫　国文：国文学研究資料館　東大法：東京大学法学部法制史資料
東大図：東京大学総合図書館　東大史：東京大学史料編纂所　東洋：東洋文庫

後にみられなくなる。京都蔵屋敷の場所は、文政三年（一八二〇）刊の須原屋茂兵衛版『文政武鑑』になって、再び掲載されるようになるが、それまでは記載されない。

また表2に掲出していないが、武鑑の構成全体についていえば、禁中《きんちゅう》・女院《にょういん》・本院・新院付きの朝廷の役人と公家の紋所・屋敷地・家領《けりょう》などを記した「公家鑑」が、この時期に「大名付」の前に置かれたが、元禄年中に削除されている。

第三期は、宝永から延享期までの四十年間である。この時期は、後述するように株仲間の結成による本屋間の自主規制、幕府による本格的な出版統制令が出されるなど、出版界の秩序化が進行する。

そのため、新しく加わった項目は、①本国（須原茂兵衛版『正風武鑑』）、②江戸上屋敷の江戸城大手門からの距離（山口屋権兵衛版『賞延武鑑』）、③駕籠《かご》・道具・挟箱《はさみばこ》の位置（須原茂兵衛版『享保武鑑』）、④江戸城内での殿席《でんせき》（燕屋弥七《つばめややしち》版『（大成略武鑑）』）、⑤大名家当主の年齢（同上）、⑥時献上の品目（若菜屋版『泰聖文明武鑑』）の、わずか六項目である。

この中の③は大名行列を識別するという観点からみて白眉といえる記載記事である。④は延享四年（一七四七）刊の若菜屋版『泰聖文明武鑑』にも見られ、その後、宝暦十年（一七六〇）刊の出雲寺版『大成《たいせい》武鑑』以降は武鑑に欠かせない記事となる。⑤大名家当主や子の年齢は、幕府への届出と実年齢との間には四、五歳の開きがあり、それぞれ家の事情

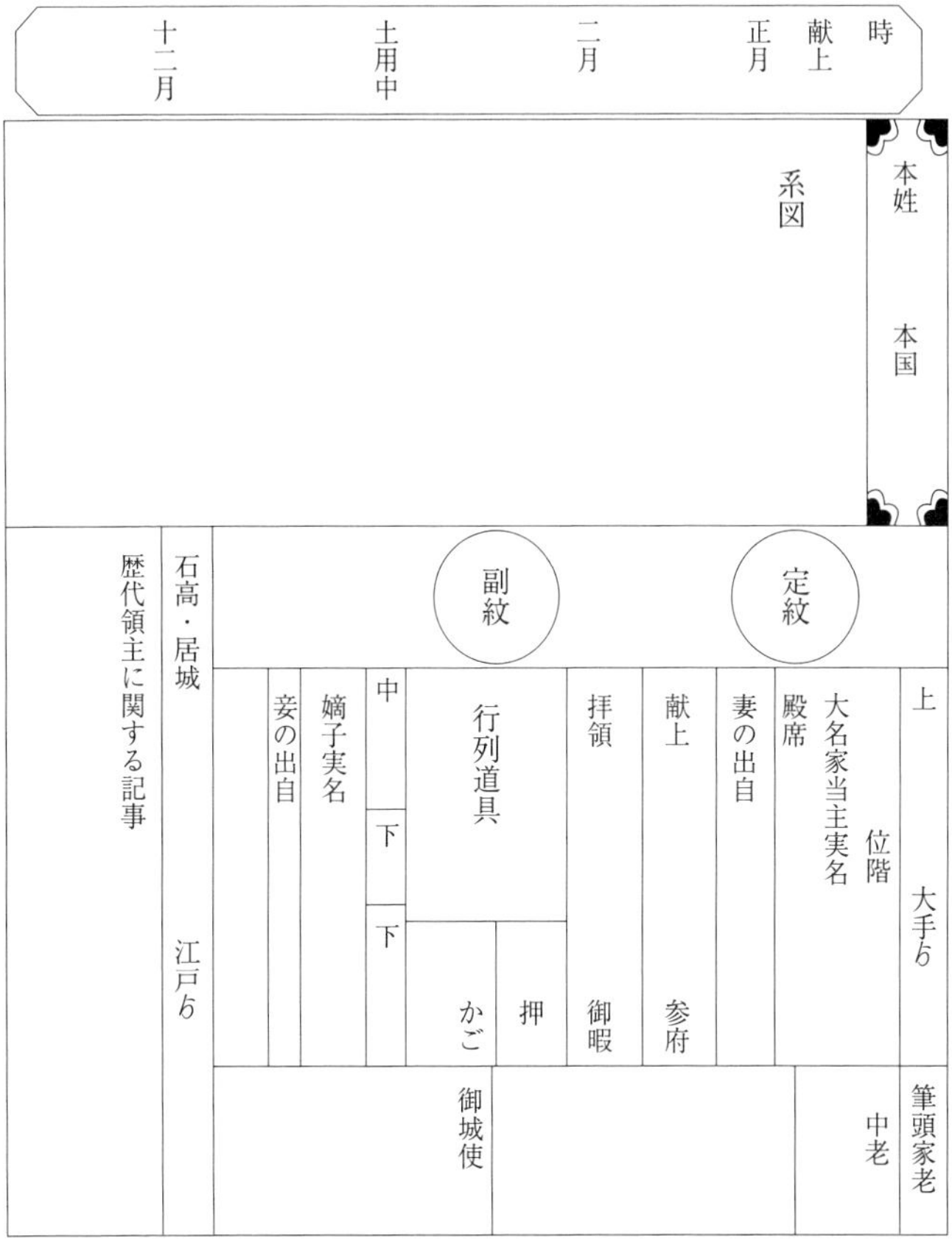

図33　延享4年(1747)刊若菜屋版『泰聖文明武鑑』巻之二のレイアウト
「時献上」の品目を上部欄外に配置

で届出の時期を調整し慎重に対応していたものであり、この延享《えんきょう》二年刊の燕屋弥七版『(大成略武鑑)』(図34を参照のこと)のみで、武鑑への掲載は終わっている。これは「公家鑑」に年齢が記されていることと比較すると際立った特徴となっている。⑥は上部欄外に当該記事を飛び出させたレイアウトで、紙面割りに工夫がみられた(図33)。

第四期は宝暦十年以降である。この時期は、武鑑の出版を休んでいた出雲寺が出版を再開し、須原屋茂兵衛と出雲寺は争いを繰り返すことになる。しかしながら、増補された内容に目を転じてみれば、それまでの記事の増補と比べれば小規模に感じられる。いずれも幕府の統制下にあって行われた増補であったためである。

武鑑の板元と享保取締令

京都から江戸へ

京都

寛永《かんえい》末期（一六四〇年代）、京都で書籍（写本・板本）の作成・出版・販売を行う業者（本屋）は、百余軒を数えたといわれる。このような状況のなかで武鑑の出版はまず京都の本屋によって行われた。本屋（水田）甚左衛門、そうしや九兵衛、西沢多兵衛が「紋尽《もんづくし》」の出版に着手したのである。

本屋甚左衛門は水田甚左衛門のことで、活動期間は正保《しょうほう》五年（一六四八）から宝永《ほうえい》五年（一七〇八）までと、これまでは考えられていたが、『(御大名衆御知行《ちぎょう》十万石迄《ごく》)』をもって、水田甚右衛門の活動始期を五年早められる可能性が出てきた。そうしや九兵衛は寛永期から宝暦《ほうれき》期までの営業が確認できる。西沢多兵衛は延宝《えんぽう》期に大坂に移り、元禄《げんろく》期（一六八八〜一七〇四）に娯楽出版物の流行に乗じて浮世草子《うきよぞうし》の出版を手がけたことで知られる。

寛文期《かんぶん》（一六六一～七三）には道中記・往来物《おうらいもの》を出版した山本五兵衛、江戸絵図を出版した河野角之丞が「紋尽」や『御当家分限帳』の書名で武鑑を出版した。延宝期（一六七三～八一）には、三都の名所記を出版した堺屋庄兵衛などが武鑑の出版を行った。笹屋三郎左衛門は複数の板元で資金を出し合う相合板《あいあいばん》で武鑑を出版をしている。

これらの本屋に共通しているのは、武鑑の出版を短い期間しか行っていない点である。また彼らは、仏教書・歌書などの「物の本」（硬派の書籍）に営業の核を持って、永年にわたり出版活動を行ってきた老舗ではない。武鑑の出版は、「物の本」としてではなく、軽い本として始まったのであった。

江戸

寛文期から天和期《てんな》（一六六一～八四）にかけて、江戸の板元《はんもと》が多く武鑑の出版に乗り出した。経師屋《きょうじや》加兵衛、表紙屋七右衛門、板木屋《はんぎや》又右衛門などである。このうちとくに、経師屋加兵衛は江戸絵図の板元として知られている。

当時の出版状況を本屋の発生動向に限定してみると、全国的にみて元禄期にかけて、とくに寛文期から天和期に、本屋の創業数の上昇はめざましかった。またこの時期、『京《きょう》童《わらべ》』『江戸名所記』『京雀』『江戸雀』『江戸鹿子《えどかのこ》』『日本国花万葉記』といった名所記が盛んに出版された。そして、それらの名所記は次第に実用性を強めていった。

出版される江戸絵図も寛文期以来いよいよ精密になった。出版文化の興隆と実用書を求める気運に乗って、多くの板元が武鑑の出版に着手した。だが、寛文期から元禄期にかけて活動した江戸の本屋の多くはまた、数年で武鑑の出版を絶っている。

そのなかにあって、松会は四十六年間武鑑を出版した。明暦《めいれき》四年（一六五八）の『（御紋づくし）』（図19を参照）から元禄十七年刊の『本朝武林系禄図鑑』まで、松会版の武鑑は八種類、確認できる。この半数以上は、貞享《じょうきょう》・元禄期（一六八四～一七〇四）に集中して発刊された。

松会の初代市郎兵衛は、仏教書を中心とした「物の本」系の書籍を出版し、二代目三四《さんし》郎《ろう》は仮名草子《かなぞうし》に比重を移したといわれる。いずれも京都で出版されたものを江戸で改刻《かいこく》した重板物《じゅうはんもの》であった。一説に「紋尽」（前掲の『（御紋づくし）』を含む）もこれに該当するといわれる。しかし、やがて重板行為は京都・大坂（上方）で問題とされるようになる。貞享期以降、松会三四郎はオリジナルな書籍の出版に力を注がざるをえなくなった。以後、松会三四郎は武鑑の出版に努め、記載内容の充実、レイアウトの工夫に力を注いだ。なお、松会は幕府の細工所に出入りする御用達町人であった。

一般に、出版業の上方と江戸との力関係が逆転するのは、一八世紀後半のこととされる。一七世紀後半の江戸は、古典文学や宗教書、節用集や浄瑠璃《じょうるり》本の分野では遅れており、上方の板元が出版した書籍の有力な売り捌き先としての位置を占めていたにすぎない。またたしかに当時の江戸は、人気文芸書の海賊版（重板・類板）の製造所というレッテルを貼られても仕方がない状態にあった。

だが江戸の本屋をそのような評価で終わらせることはできない。武鑑という切り口からみると、早くも天和期に武鑑の出版は江戸の板元に限定される（『日本武城旧記』を除く）。彼ら板元は常に最新の情報を集め、改訂版を作成している。そこにみられるのは、江戸の出版界の活気であり、それぞれの板元の個性の輝きである。

板元数の変化

改めて武鑑の板元数の時期的変化をみておきたい。前掲の表1は、武鑑の出版に関わった板元数の変化をも示している。なお表1では、上方の板元には傍線を付して、江戸の板元と区別してある。

また、表1からは、以下のことがわかる。

①板元の数は、寛文五年（一六六五）から同九年に四軒であったものが、寛文十年から延宝二年（一六七四）には十軒に増え、同八年から貞享二年（一六八五）にも十軒を数えた。

②その後、京都の板元が武鑑の出版から退くなどして、一時的に数は減り一〜四軒となる。

③再び元禄十一年（一六九八）から宝永元年（一七〇四）に六、七軒に増えている。これ

は元禄十七年を最後に松会が退いたのと入れ代わるようにして、菱屋金四郎・井筒屋三右衛門・平野屋吉兵衛が参入したという事情によっている。

④③のうち菱屋・井筒屋は一度だけの出版で止め、井筒屋の株を購入したと思われる平野屋吉兵衛もすぐに出版を停止する。宝永四年からは山口屋権兵衛と須原屋茂兵衛の二軒となった。山口屋の武鑑出版は、この宝永四年に始まっている。以後、山口屋は『増続武鑑』『一統武鑑』『賞延武鑑』『文明武鑑』『永世武鑑』を出版したが、享保六年版の『略武鑑（書名不詳）』をもって武鑑出版を終える。

⑤山口屋版の株を引き継いだ万屋清兵衛は、享保十六年（一七三一）に『永世武鑑』（東京大学総合図書館所蔵）を出版したが、これも僅かに二年間だけの出版に留まり、一時的にではあるが、須原屋茂兵衛一軒の状態となった。

⑥享保七年の出版取締令の後に、新たに板木を起こされた武鑑はおおむね「略武鑑」であった（例外に延享四年〈一七四七〉刊の若菜屋『泰聖文明武鑑』がある）。享保十三年に双紙・暦・地本《じほん》問屋の鶴屋喜右衛門が出版した『御交替武鑑』、元文三年（一七三八）に出雲寺和泉掾が出版した『御懐中有司武鑑』（図36を参照のこと）、板元不明『（御参勤御暇御交替録）』、延享《えんきょう》二年に絵双紙本屋の燕屋弥七が出版したと推定される『（大成略武鑑）』がこれにあたる。

武鑑といえば、須原屋、出雲寺の二板元が思い浮かべられる。しかしながら、出雲寺の武鑑出版の開始は、出雲寺文次郎が万屋清兵衛から板株を買い取って後、すなわち元文元年以降のことであり（後述）、出雲寺による恒常的な武鑑出版がなされるのは天保七年（一八三六）以降である（後述）。表1は、一七世紀半ばから一八世紀初頭にかけて、様々な人が武鑑の板元となり、その発展に関わっていたことをよく示している。

株仲間公認と享保取締令

株仲間の公認

これまで主として、現存本によりながら記述を進めてきたが、以下、江戸時代の出版の仕組みを説明しておこう。

江戸初期に幕府は貿易商や質屋など警察的取締を必要とする業種に株仲間化を許可したが、一般の同業者仲間については、結成を禁止した。明暦《めいれき》三年（一六五七）九月の江戸町触《まちぶれ》では、仲間の弊害を次のように説いている。

仲間加入に多額の礼金または振る舞い（接待）を必要とするといった慣習や、特定の者にしか卸さないといった締め売り行為は、新たに商売を始めようとするものの妨げとなっている。仲間が店の棚を占有し、購買者や家主の迷惑になっている。

この町触の対象は、二十の業種にわたり、そのなかには「物の本屋」が含まれていた。

ここからは、当時、江戸で本屋の仲間が結成されていたこと、幕府がその存在を不適切なものとしていたことがわかる。ただし、触《ふれ》は諸業種の同業者仲間を一律に禁止しており、本屋仲間の結成目的をここからは明らかにしえない。

そこで、江戸よりも早期に出版業が始まった京都に事例を求めると、万治《まんじ》二年（一六五九）以前に、書籍の作成・販売に関わる権利（板権《はんけん》）を相互に保護することが、本屋の仲間機能の一つとされていた。営業上、板権侵害への対処は深刻な問題で、本屋は自衛力を養う必要があり、その自衛力を獲得するために仲間を組織したことがうかがわれる。

とはいえ、私的な結合では限界があったため、元禄《げんろく》十一年（一六九八）、本屋は連名で京都・大坂の町奉行《まちぶぎょう》に重板・類板の禁止の触を出して欲しいと願った。これに対して京都・大坂町奉行は、一方では仲間に言論統制の責任を負わせることにして、その願いを聞き届けた。幕府は結果的に本屋仲間の存在を容認し、権益の保護に動いたことになる。

享保の出版取締令

その後、幕府は享保《きょうほう》元年（一七一六）に京都の書林《しょりん》仲間、享保六年に江戸の書物問屋《しょもつどんや》仲間（はじめ通町《とおりちょう》組・中通《なかどおり》組、のちに南組が加わる）、享保八年に大坂の本屋仲間を公認した。

株仲間の公認は、物価の引き下げや贅沢品の取締といった享保の改革の一環として行われ、書籍もまた「新規商品停止令」の対象とされた。ただし、書籍の特殊性を認識していた幕府は、江戸の書物問屋仲間の公認ののち一年余にわたって審議を重ね、享保七年十一月に以下の出版統制令を発した。

①一、今後、新しく作成する板本、とくに儒学書・仏教書・神道書・医学書・歌書において、一般に通行している内容以外の、妄説や異説をいれて出版してはならない。

②一、既刊の好色本の類は、風紀上よくないので、段々に絶板としていくこと。

③一、他人の家系や先祖のことに関して、かれこれと事実に反する新作の書籍（板本・写本とも）にあらわし、世間に流布させることを、今後、禁止する。もしも、その子孫から訴えがあれば、厳重に調査する。

④一、いずれの板本であっても、今後、作者・板元の名前を刊記に記すこと。

⑤一、初代将軍徳川家康はもちろんのこと、徳川将軍家に関する書籍を作成・流布させることは、今後、禁止する。どうしても、将軍家に言及する必要がある場合は、奉行所に事前に届け出て、許可を受けること。

新作の書籍を作成するに当たっては、右の布達を厳守し、仲間内で吟味《ぎんみ》（審議）したうえで、商売すること。もしも右の定めに背くものがあった時は、奉行所《ぶぎょうしょ》へ訴えること。また数年を経てのちに、これらの禁止事項に触れる書籍の作成・販売が発覚した場合は、板元・書物問屋ともに厳しく罰するので、仲間内での審議を厳重に執り行うように心がけること。

この取締令で重要なことは、今後、作成される書籍を対象にして出されたものであったこと。遊里《ゆうり》風俗や恋愛物などの好色本をタブーとする風俗取締の方向が打ち出されたこと。徳川将軍家などに関する書籍の厳禁を主目的とする治安の維持が目指されたこと。宗教（その前提にはキリスト教の禁止が基本方針としてある）・思想統制を主眼としていること。付則で株仲間による審議の厳守が命じられ、検閲の責任を株仲間が負うことが明確にされたことである。

以後、公認された書物問屋仲間は、幕府の風俗・治安・宗教・思想統制の一部を担うものとなった。なお、第三条・第五条と、歴代将軍の名前や大名・幕府役人の人事異動情報と系図や先祖に関する記事を掲載している武鑑との関係については不明であるが、既刊の出版物はおおむね取締の対象外にあり、通例の改訂の範囲で継続出版が許されたものと理解しておきたい。

江戸書物問屋の組織

江戸ではまず、通町組と中通組に属する本屋が書物問屋仲間として公認された。通町組は本石町十軒店（日本橋北岸、現、中央区日本橋室町《むろまち》三・四丁目）・通町（日本橋の南に位置、現、中央区日本橋一～四丁目）近辺に店を張る本屋、中通組は万町（通町から東の本材木町一丁目へ抜ける街路に沿う両側町。現、中央区日本橋一丁目）・青物町《あおものちょう》（通町から東の海賊橋へぬける街路に沿う両側町。現、中央区日本橋一丁目）辺に店を張る本屋を中心とした集団で、どちらもその構成員の多くが上方の出店であった。その後、享保十二年（一七二七）に九名が中通組を脱退して南組を結成し、後にこれも幕府に公認された。

加入者の比率は、寛延《かんえん》三年（一七五〇）に通町組・中通組を合わせて二十五名、南組は三十二名（内十六名は同年に通町組・中町組から移入）。文化五年（一八〇八）に通町組二十二名、中通組は十二名、南組は二十三名であった。この人数比率は、後に述べる須原屋茂兵衛と出雲寺の争いの結末に大きく影響するので、覚えておいていただきたい。

書物問屋仲間は各組から二名ずつ選出された仲間行事によって自治的に運営された。仲間行事は二ヵ月交替で務めたが、仲間行事に就任するものは各組の老舗に限定されていた。仲間行事の役割は仲間構成員の加除認定と登録、新刊書の開板・古本の再板の申請に対する審議、板株の登録と管理、新刊書の幕府への許可申請、仲間内での紛争の調停、調停が成立せずに構成員が訴訟に及んだ際の証文への奥印押捺と吟味所への同行、町奉行所からの指示の伝達、町奉行所などへの年頭・八朔《はっさく》（八月一日）の挨拶などであった。

また、早くから京都・大坂の書林《しょりん》・本屋仲間と江戸の書物問屋仲間の間では、新刊書の出版と書籍の売り捌きについて協定が結ばれており、仲間行事は同業の仲間同士の交渉など、対外的な窓口の役割をも果たした。

このように仲間行事は、多岐にわたって多大な権限を持っていたが、その代わりに出版取締令への抵触など判断を誤れば、板元・作者・取扱い本屋に連坐して、処罰されるといった責任を負った。

出版の手続き

出版の手続きの流れをみていこう。

まず、新規の企画をたてた者、または古板を改めて再板しようとする者は稿本《こうほん》が完成すると、所属する組の行事に稿本と開板願または再板願を提出する。ここで各組の行事または仲間行事が幕府の禁令に触れると判断したものは「吟味（審議）できず」として返却、または絶板扱いにされて振り落とされる。内容上、仲間行事では判断が難しいものは町年寄《まちどしより》を通じて町奉行所へ伺いがたてられた。

また、仲間行事が、ほかの仲間構成員の所持する権利に抵触する、つまり類板・重板に当たると判断したときは、仲間内に稿本を回覧した。これを「廻本《まわしぼん》」といい、この回覧で類似の書籍であるとの「差し構《かま》い」（支障の旨）が仲間構成員から出されると、書き改めを命じた。問題箇所の訂正については申請者と「差し構い」を申し出た仲間構成員との間で、内談が持たれ、解決された。そのうえで、稿本に支障がないとなると申請者は板木の彫刻にとりかかる。

ただし、新刊書の場合は幕府の審議を受ける必要があったので、仲間行事は開板願に奥印証明を押し、稿本と共に町年寄を通して町奉行所へ提出した。町奉行所は稿本を検閲し、問題がなければ出版を許可したが、万一その内容が好ましくないときには稿本を没収して、願書は却下し、出版を許さなかった。

開板が許可になると、町奉行所は仲間行事を呼び出してその旨を伝え、仲間行事はその旨を開板申請者に伝達した。これが「写本改」で、許可を得た書籍は「写本留帳《とめちょう》」に記されて、「願株《ねがいかぶ》」と呼ばれた。申請者は板木の彫刻に取りかかり、でき上がると板本を仲間行事に提出し、割印を受けた。割印は、本文と刊記《かんき》（作者の名前・出版年月・板元の居所と名前など）の板木全てが完成して、はじめて押された。仲間の「割印帳」への記載によって板株は確保された。割印のための三組の行事の寄合は、当初は毎月一回二十五日前後に行われた。その寄合の席では売り捌きを担当する本屋も決められた。

全て終わると開板・再板申請者は仲間行事に手数料を納める。さらに新刊書の場合、仲間行事は稿本と新刊書を町奉行所へ上納して（「上ゲ本」）、幕府の許可を得た。この後、仲間行事から販売許可証である「添章《そえしょう》」が売り捌きを行う本屋へ渡されて、初めて発売となった。「添章」は江戸なら江戸のみで有効で、京都・大坂で売り捌きたいときには、その旨を仲間行事へ願い出て、二都の仲間行事宛の「添章」の発行を受ける必要があった。

仲間株と板株

本屋は一般に出し箱を店の前に置き、商品を棚に並べ、暖簾《のれん》を掛け、板看板を下げて、営業した。これは仲間株を所持して営業権があることを意味した。ただし、書籍を出版するためには仲間株のみでは不十分で、さらに板株《はんかぶ》を取得する必要があった。板株とは書籍を出版する権利のことで、種類は一つの板株を単独で所有する「丸株」と、数人で何枚かの板木を持ち合う「相合株《あいあい》」があり、いずれも板木を所有することを基本条件とした。だが、板木が磨滅したり、焼失したりした場合（「焼株《やけかぶ》」）も権利は残り、類似の板の持ち主へ示談を遂げて、仲間行事の許可を得られれば、再板することができた。また、「写本改」まで済んだ「願株《ねがいかぶ》」も権利とされた。宝暦《ほうれき》十二年（一七六二）の「書物問屋三組申合条目」によれば、「願株」の有効期限は十年で、その間に出版しなかった場合は、三組の帳面「写本留帳」から抹消される。願い主が更新を申し出れば審議ののち、帳面を付け替えて、権利を残すと定められている。

これらの板株は、売買され、譲渡による移動は、三組の帳面に名義変更を記載して、登録した。ただし、板株の授受について証文がないものについては「割印帳」に記さないという規定があった。また質入れ抵当については相対（当事者同士の交渉）のことであり、届け出をしなかったため、質流れになって仲間構成員以外の手に渡った場合は、質流れ取得者が新たに書物問屋仲間に加入するか、仲間構成員に委託して、再板を願い、その願書が受理された段階で、登録された。

このように、板株には数種類のものがあった。そのうえ板株は譲渡・質入れ・質流れと複雑な動きをみせる。武鑑株、とくに出雲寺の武鑑株もその例外ではなかった（後述）。ところで享保七年段階では、須原屋茂兵衛《すはらやもへえ》のみが「大武鑑」の出版を行っていた（表1を参照のこと）。したがって、武鑑を出版する場合は、須原屋茂兵衛に問い合わせ、類板・重板に当たらないという了承を須原屋から得なければならなかった。これが原則である。

須原屋による武鑑株の買占め

武鑑出版を長く支えたという意味で、須原屋茂兵衛《すはらやもへえ》は武鑑の板元《はんもと》の代表格である。須原屋茂兵衛については今田洋三『江戸の本屋さん』に詳しい。以下、概略を述べる。

須原屋茂兵衛について

初代の須原屋茂兵衛は、紀伊《きい》国有田郡栖原《すはら》村（現、和歌山県湯浅町栖原）の出身で、万治《まんじ》年間（一六五八～六〇）に江戸で創業したとされる。当主は九代を数え、書店経営は明治三十七年（一九〇四）まで続いた。武鑑・江戸絵図・初歩的な儒学書を出版した須原屋茂兵衛の名は、それら武鑑・江戸絵図・儒学書に載って、全国に広まったといわれる。書物問屋《しょもつどんや》仲間内にあっては、享保《きょうほう》十二年（一七二七）に南組が公認されて以来、永く南組の行事を須原屋茂兵衛は務めた。

上方本の売り捌きを行う京都出店は、四代目当主の須原屋茂兵衛恪斎の時に置かれた。このほか暖簾《のれん》分けした別家を、多数擁した。

須原屋の武鑑着手と所持株

須原屋茂兵衛が所持する武鑑株については、江戸の町奉行《まちぶぎょう》と町年寄の調べに対して、須原屋が作成した三種類の返答書が参考になる。これらの史料は、一八世紀中ごろと、一九世紀中ごろに作成されたものであるので、以下、現存本と考え合わせて得た結論を述べよう。

須原屋茂兵衛の武鑑出版への着手は、現存本によれば先述のとおり、元禄《げんろく》二年（一六八九）刊の『太平武鑑』二冊物（栗田文庫所蔵）であった。その後、元禄十年に『東武綱鑑《とうぶこうかん》』、元禄十四年に『正統武鑑』、宝永《ほうえい》二年（一七〇五）に『御林武鑑』、宝永五年に『正風《しょうふう》武鑑』を発刊する。『正風武鑑』は正徳《しょうとく》四年（一七一四）に『正徳武鑑』と改題される。つまり「年号武鑑」に繋がっていく。

以上が、須原屋茂兵衛がオリジナルに開板したと認められる「大武鑑」である。のち「略武鑑」四点がこれに加わっていく。

一方、須原屋茂兵衛はほかから譲り受けた武鑑の古本・板木《はんぎ》を所持していた。須原屋茂兵衛の主張によれば、『江戸鑑』『本朝万世鑑』『本朝武系当鑑』『本朝武林系禄図鑑』の四点を、幕府の細工所に出入りする書物師松会三四郎から古本として譲りうけたという。

『江戸鑑』は『(干支)江戸鑑』をいうのか。『本朝万世鑑』は現存本が確認されていない。
また平野屋吉兵衛から出た『江戸鑑』『宝永武鑑』の古本を所持しているという。「江戸鑑」の書名で出版された武鑑は不明。『宝永武鑑』は平野屋吉兵衛が出版した『改新宝永武鑑大成』を指すと思われるが、これは後述する『正宝武鑑』の板株の譲渡経路と酷似しており、それとの混同も考えられる。

このほか傍証を得られるものでは、『懐宝略武鑑』(元株は升屋次郎左衛門版『(御参勤御暇御交替録)』)を宝暦十三年(一七六三)に買い取っている。同書は安永《あんえい》九年(一七八〇)十二月、須原屋茂兵衛からの出版が確認できる。

『万寿武鑑』の板株は鶴屋喜右衛門から譲り受けたという。同書は「割印帳」の寛政四年(一七九二)条に「板元願人　鶴屋喜右衛門」とあり、翌年に鶴屋から出版されたものが東京大学総合図書館に所蔵されているので、寛政五年以後に須原屋茂兵衛が買い取ったものと考えられる。

以上からは、須原屋茂兵衛はほかから譲り受けた古本・板木を複数所持したが、このうち入手の経路とその時期が明らかなのは、宝暦四年に入手した『正宝武鑑』株(後述)、宝暦十三年に買い入れた『懐宝略武鑑』株、寛政五年以後に鶴屋から買い取った『万寿武鑑』株の三点であったことがわかる。

従来、享保期の株仲間の公認、出版取締令の公布を機に、須原屋茂兵衛は松会の武鑑株を買い占めたとする見解があったが、松会に関する記述は、先に示した出雲寺版『大成武鑑』の書名命名にまつわる由緒に比べて、遜色のない由緒を整えるためのものと解釈することもでき、その証拠となる武鑑の古本や古本授受の証文は伝存していない。

板株の権利実効性

右に見たように、須原屋茂兵衛がいつ、どの武鑑株を買得したのかについては、定かではない部分が残されている。だが、現存本からみて、須原屋が元禄二年（一六八九）以来、武鑑を継続出版していたことに間違いはない。

通常、このような状態のなかで、武鑑を出版しようとする場合は、次のような手続きが取られた。延享《えんきょう》二年（一七四五）・同四年に出版された燕屋弥七版『（大成略武鑑）』『有司《ゆうし》武鑑』は、板権の権利の実効性をよく示している。

恐れ乍《なが》ら口上を以って申し上げ奉り候

一、絵双紙組合の内燕屋弥七申し上げ候、去る子《ね》の三月六日、大成武鑑・有司武鑑二通り、芝三島町柳屋庄兵衛方より譲り請け候故、御届け申し上げ候、其節御吟味の上、仰せ付けさせられ、有り難く御請け申し候処《ところ》、写本出来《しゅったい》の上、御覧遊さるべき由仰せ付けられ、則ち、此度御披見に入れ奉り候、写本の通り板行致し候様、仰せ付けさせられ下され候て、有り難く存じ奉り候、以上

神田鍛冶町一丁目藤兵衛店
燕屋弥七

延享二年子（ママ）四月朔日

恐れ乍ら書き付けを以って申し上げ候

一、柳屋庄兵衛方にこれ有り候武鑑板行を、神田元乗物町燕屋弥七方へ譲り受け候に付き、此度、御系図を除き再板仕り度き義申し上げ候に付き、私方所持仕り候武鑑板行に差し構《かま》いもこれなき哉《や》の義、御尋ね遊ばさせられ候処、前板の内を除き板行仕り候義は差し構い御座なく候、右御尋ね遊ばされ候に付き、書き付けを以って申し上げ候、

日本橋通壱町目源兵衛店
須原屋茂兵衛

延享二年子四月五日

奈良屋御役所様

右の史料では、①神田鍛冶《かじ》橋（日本橋から筋違《すじかい》御門に通じる道筋を挟んだ両側町。現、千代田区鍛冶町一丁目）の店借人燕屋弥七は、書物問屋仲間に属さず、絵双紙組合の構成員で

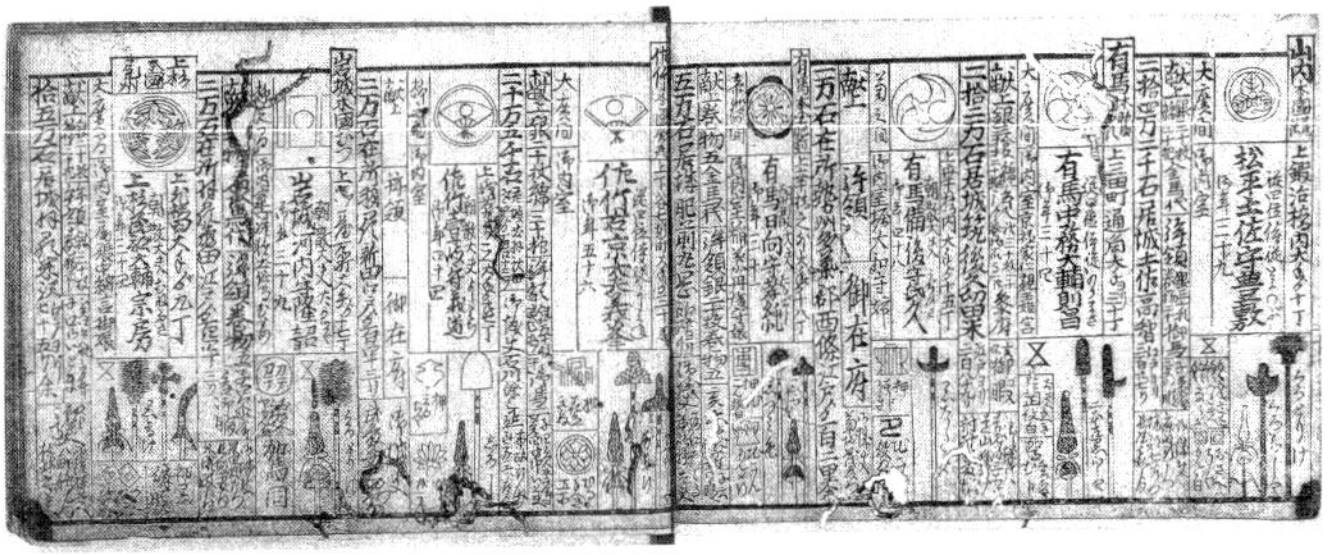

図34　延享２年(1745)刊燕屋弥七版『(大成略武鑑)』
（東京大学総合図書館鷗外文庫所蔵）

あったことから、江戸町年寄の奈良屋に出版願いを提出していた（三月六日）。②燕屋が購入した武鑑株は、芝三島町（増上寺《ぞうじょうじ》の東に位置する。現、港区大門《だいもん》一丁目）の柳屋庄兵衛から売り出されたもので、書名は『大成武鑑』『有司武鑑』であった。③奈良屋は受理した出版願いを、書物問屋の仲間行事に託した。④燕屋は大名の系図部分を除いての再板を願った。⑤③④を受けて、須原屋茂兵衛は支障の有無を検討した。⑥須原屋茂兵衛は、「系図」を前板から削ったものであることから、出版に差し障りはないと回答し、その旨を記した書き付けを作成し、奈良屋に提出したことがわかる。

その後、燕屋による武鑑の再板は書物問屋の三組の行事の寄合で承認された。延享二年閏十二月、燕屋は発売の準備に着手し、年内に『（大成略武鑑）』を出版したものと考えられ、同四年に『（有司武鑑）』を出版した。両書は共に横小本《よここほん》で、前者は「大名付《だいみょうづけ》」と「役人付《やくにんづけ》」の内容を抄録

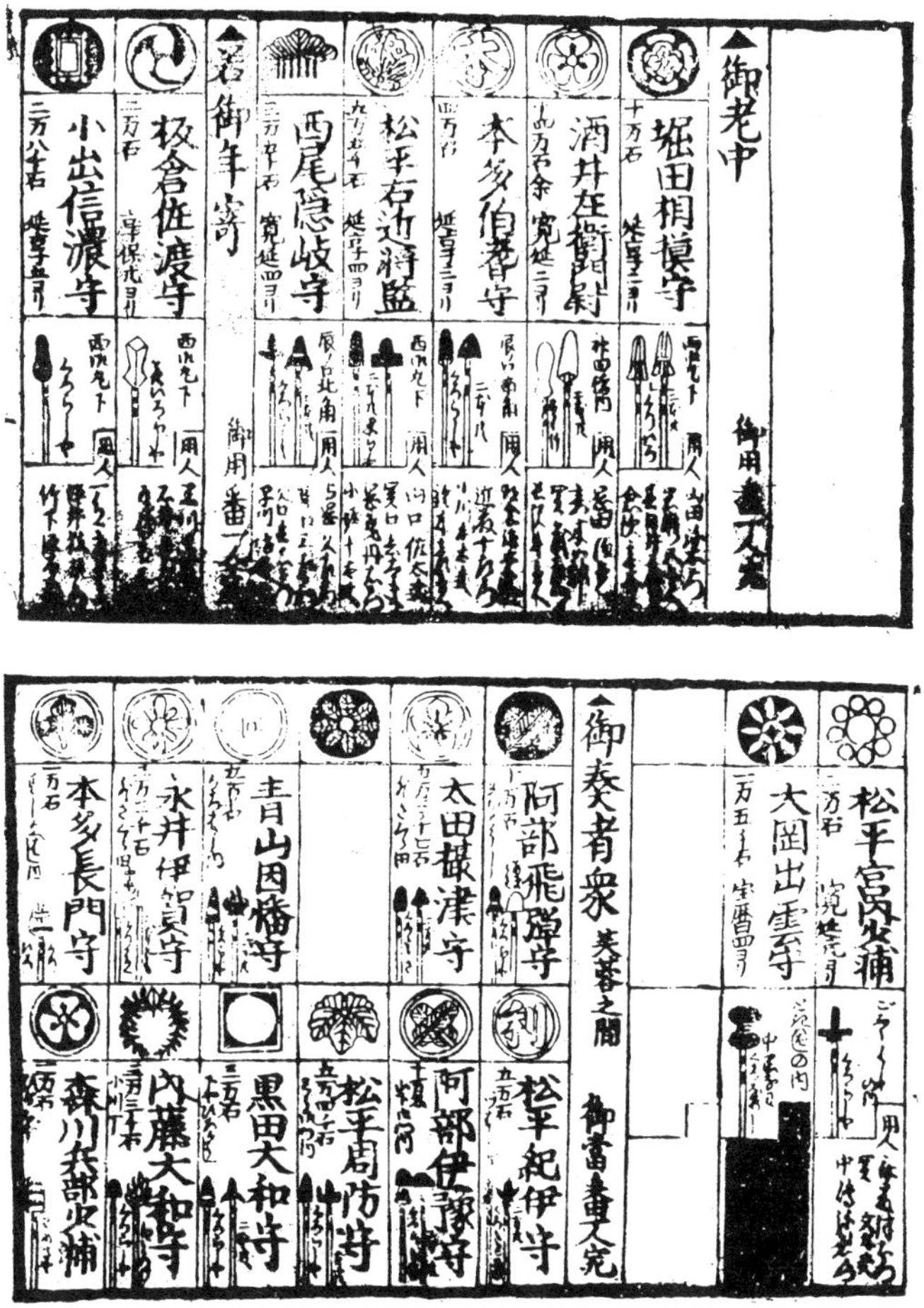

図35　宝暦6年(1756)刊燕屋弥七版『有司武鑑』
(渡辺一郎編『徳川幕府大名旗本役職武鑑』柏書房，1967年)

した四十三丁の「略武鑑」（東京大学総合図書館所蔵）で、「大名付」に江戸城内での殿席、大名家当主の年齢を加えた点に新味があった〔図34〕（表2「武鑑における記載項目の変化（土佐高知藩主の山内家の場合）」を参照）。後者は「役人付」のみを収載した二十四丁の「略武鑑」（東京大学総合図書館所蔵）であった〔図35〕。

ところで、燕屋が『大成武鑑』四冊物を「略武鑑」に作り直した理由は、経済的負担の軽減にあった。燕屋は今後も四冊物に仕立て直して出版することはない（「その代わり四冊物は以来板行致す間敷」）と、口頭で伝えたという。だが燕屋が口頭で述べた、この内容は、先に引用した二つの証文のどちらにも盛り込まれていない。これこそが次章で取り上げる宝暦期の、須原屋・燕屋・出雲寺三つ巴《どもえ》の争いで、須原屋の思わぬつまずきとなるのである。

須原屋と出雲寺の争い

書物師出雲寺

京都老舗出雲寺

出雲寺は寛永《かんえい》末期から正保《しょうほう》期にかけて京都で創業し、初代時元は、京都で公家や俳人の北村季吟《きたむらきぎん》などと交流し、江戸では幕府の儒者林《はやし》春斎《しゅんさい》、人見竹洞《ひとみちくどう》およびその門弟と交流して国史館に出入りし、水戸徳川家の彰考館《しょうこうかん》（江戸）にも出入りした。遅くとも元禄《げんろく》十一年（一六九八）に幕府の御用達町人《ごようたしちょうにん》（書物師《しょもつし》）となり、幕府の書物方に属して、将軍の文庫である紅葉山文庫《もみじやまぶんこ》の運営に携わった。元禄十五年には江戸店を出し、京都・江戸に多くの別家を擁した。京都・江戸屈指の本屋である。

五代目書物師の出雲寺文次郎は、元文《げんぶん》四年（一七三九）六月に急遽、京都の本店に帰り、これを機に京都店と江戸店は経営者を二分した。おそらく文次郎は、経営再建に失敗して、江戸店の後見を江戸の両替商《りょうがえしょう》播磨《はりま》屋中井家に委ねて帰京したのであろう。このとき、江戸店の当主に迎えられたのは、播磨屋中井家の婿養子中井新十郎であった。新十郎は出雲寺文之丞と改名して、六代目書物師を襲《しゅうしょく》職した。以来、株化した江戸店の経営権および書物師の職は転売されて、さまざまな人びとが江戸の出雲寺家に入家することになる。こうして書物師出雲寺家は十五代を数えた。なお、武鑑の出版は江戸出店のみが行った。

武鑑出版の開始時期

先に紹介したように、延享《えんきょう》二年（一七四五）時点で、燕《つばめ》屋弥七《やしち》は武鑑株『大成《たいせい》武鑑』『有司《ゆうし》武鑑』を所持していた。ここでは、この『大成武鑑』『有司武鑑』株の出所を明らかにしながら、出雲寺が武鑑出版を開始した時期について考えてみよう。

史料は、宝暦《ほうれき》十年（一七六〇）六月に須原屋茂兵衛恪斎と出雲寺文之丞・燕屋弥七が取り交わした済口証文《すみくちしょうもん》である（「格翁《ママ》様武鑑出入一件留」）。この史料は須原屋茂兵衛側で作成したものであるため、以下の記述は、劣勢を余儀なくされることになる須原屋茂兵衛側に肩入れした「判官《ほうがん》びいき」になって、客観性を欠いているところがあるが、燕屋弥七・出雲寺側の史料が伝わっていないため、その点はどうかご了承をお願いしたい。

済口証文によれば、元文元年（一七三六）、出雲寺文次郎は万屋清兵衛から武鑑株（『永世武鑑』株と思われる）を買い取り、二、三年の間、『大成武鑑』（四冊物）と『有司武鑑』（「役人付《やくにんづけ》」の「略武鑑」）を出版した。だが、元文四年、宇田川町（東海道沿いに位置する両側町。現、港区東新橋・新橋・浜松町・芝大門《しばだいもん》付近）の山城屋茂左衛門の口入れで、『大成武鑑』と『有司武鑑』の板木を担保《たんぽ》に、芝神明町《しばしんめいちょう》（芝神明の東。現、港区浜松町一丁目）の柳屋庄兵衛から金三十両を借り入れ、板木を手放した。板木は出雲寺の借金を肩代わりした山城屋茂左衛門の所有となり、寛保《かんぽう》二年（一七四二）に燕屋弥七に売り渡され、先に記した通りの燕屋版の「略武鑑」二種類（『大成略武鑑』『有司武鑑』）が出版された。

ところで、出雲寺が武鑑の出版を始めた時期については、これまで大別して、寛文・延宝期説、元禄期説、元文期説があった。

寛文・延宝期説は、天保期に出雲寺万次郎が幕府に提出した返答書に見えるもので、裏づけに乏しい。

元禄期説は弥吉光長氏が、「栗田文庫善本書目」に「元禄二年（一六八九）刊『大成武鑑』」と記載されていることから、推定されたものである。しかし栗田元次氏のご子息のお宅に伺い、調査したところ、同書を確認することはできなかった。元禄期に出版された出雲寺版の武鑑はほかに伝存本を見ないことから、慎重に判断する必要がある。

元文期説は、右に紹介した済口証文によるものである。この時期に出版された出雲寺版の武鑑は、従来、伝存本が確認されていなかったが、私は最近、偶然に古書店から入手した。その書誌は以下の通りである。袋綴装《ふくろとじそう》一冊物。書型は美濃《みの》三つ切本（縦七・五×横一

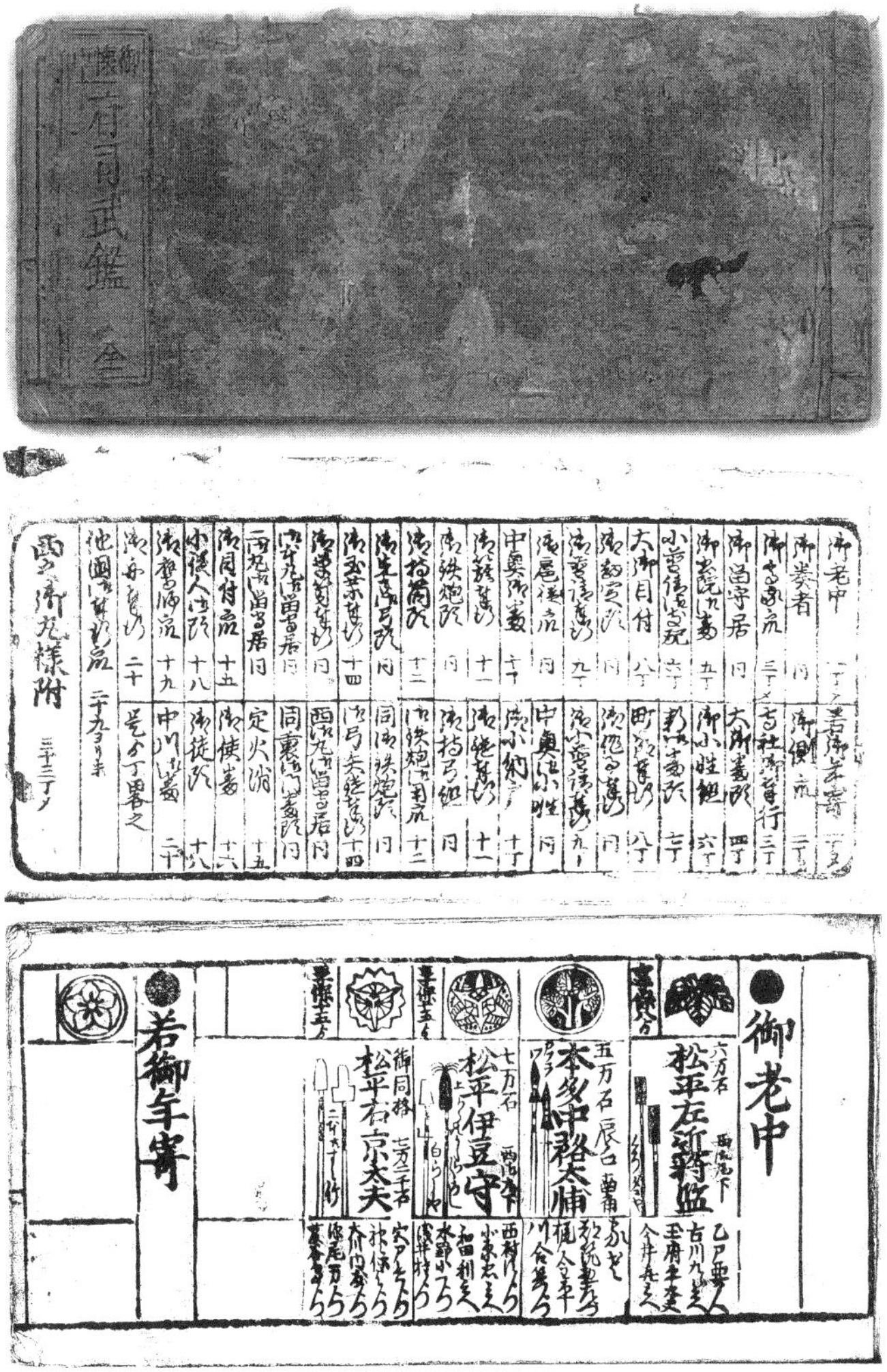

図36　元文3年(1738)刊出雲寺和泉掾版『有司武鑑』
表紙と本文の冒頭部分（個人蔵）

六・五センチ）。表紙は薄茶色。原装のままである。表紙の左上部に刷《すり》題《だい》簽《せん》が貼られていて、「御懐中 有司武鑑」としてある。刊記に「元文三戊午歳／日本橋通一丁目／出雲寺和泉掾《いずみのじょう》板《はん》行《こう》」とある〔図36〕。構成は全四十二丁の「役人付」で、「略武鑑」である。

宝暦九・十年の公事相論

争いの原因

出雲寺文之丞が、「略武鑑」の板株を買い戻し、四冊物の『大成《たいせい》武鑑』と一冊物の『有司武鑑』の出版準備を始めている。宝暦《ほうれき》九年（一七五九）七月、江戸日本橋の須原屋茂兵衛店《すはらやもへえだな》に、突然、その知らせは届いた。

須原屋茂兵衛店の支配人は、書物問屋《しょもつどんや》の仲間行事に事情を問い合わせた。仲間行事は、この夏（須原屋は二月とする）、出雲寺文之丞が燕屋弥七から武鑑株を買い戻して、再板の準備を進めている旨を返答した。しかし、これは須原屋方に事前の問い合わせがなく進められたもので、出版取締令の趣旨、書物問屋仲間の申し合わせに照らして、違法と判断された。

八月初旬、当主である須原屋茂兵衛恪斎は、急遽、紀州から江戸へ下り、家内・別家と相談の上、店の支配人である嘉七を出雲寺文之丞の元へ遣わし、これまでの出版費用は須原屋方で負担することを条件に、出版の中止を求めることにした。交渉は三度にわたったが決裂した。

板株をめぐる板元同士の争いは、通常であれば、仲間行事の仲介によって、内済《ないさい》に持込まれる。だが、須原屋は内済の道をとらなかった。須原屋にとって「世上へ名高く相聞へ候武鑑」出版は、先祖への孝心に照らして、退くことのできないものであったからである。須原屋は公事出入《くじでいり》（幕府への提訴）に及んだ。

ときに須原屋茂兵衛恪斎は二十九歳。のちにこの一件を回顧して、「血気剛く、思慮薄く、一時の憤りにたえず、後々迄の害を残し候也」と記している。当事者の一方、出雲寺文之丞（一七一八—九〇）は、当時、元文《げんぶん》四年（一七三九）六月に結婚し家督《かとく》を継いでから二十年。経験豊富な四十二歳。須原屋よりも十三歳、年長であった。

異なる主張

江戸の町奉行《まちぶぎょう》に提出された訴状には、当事者の須原屋茂兵衛恪斎のほか、家主、五人組、町名主、須原屋が属する南組の行事二名の添え書きがなされていた。宝暦九年十月の月番《つきばん》は北町奉行であったので、依田和泉守政次が訴状を受理した。町奉行の依田はまず和解の道を探すように指示した。

これを受けて、十月十五日、双方は、それぞれ所属する組の行事《ぎょうじ》を伴って、日本橋通一丁目の名主藤次郎のもとに集まった。その席、出雲寺が属する通町《とおりちょう》組の行事野田太兵衛と、須原屋が属する南組の行事前川六左衛門が口論となった。和解は成立しなかった。

十月二十日、双方は北町奉行所の番所《ばんしょ》に出頭し、町奉行の依田の審議を受けた。

同月二十二日、町奉行の依田は書物奉行に掛合書《かけあいしょ》を廻した。これは書物師である出雲寺文之丞を町奉行が「吟味呼出《ぎんみよびだし》」することの了承を、書物奉行から得るためであった。

十一月一日、須原屋、出雲寺、燕屋弥七が町奉行所に出頭した。担当は吟味方与力《ぎんみかたよりき》の松浦安右衛門・三好金兵衛であった。吟味方は、町奉行所の分課の一つで、民事の審理・勧解《かんかい》（調停）、刑事の審糺、終結、執行を担当した。吟味方に属した与力は八名、同心《どうしん》は十六名であったという（田村栄太郎『江戸の風俗』武家篇）。

須原屋に確認されたのは、燕屋が『大成略武鑑』を出版した折に、元株（『大成武鑑』四冊物）を「潰れ株」とした証文の有無であった。だが先に触れたように、これは口約束であったため、証文をとってはいないとせざるを得なかった。

もとより、出雲寺と燕屋は、『大成武鑑』四冊物は「潰れ株」ではないとの主張を続けていた。南組・通町組の各組の行事は、須原屋・出雲寺の主張に、それぞれ賛同した。そのため松浦は、須原屋の主張の裏づけとなる類例の提出を命じた。

十一月三日、松浦の命に従って、南組の行事は返答書を提出した。その内容は、①吉文《きちもん》字屋《じゃ》次郎兵衛が江戸大絵図を小絵図に作り替えた際に、前板が絶板になった例を示し、②通例、冊数の増減にともなう前板の絶板については、仲間行事の専決事項となっている。③またとくに武鑑は「上々様方御名書き入れ」がある「格別」の書籍であり、町年寄《まちどしより》の判断を仰いでのちに冊数を変更してきた。武鑑の性格や町年寄からの認可という点を考えれば、前板の再板は考えられない。④そのうえ燕屋は『大成略武鑑』から『太平略武鑑』と改名して、自分勝手に出版している。この書名変更に際して、燕屋は書物問屋仲間の慣例に沿った手続きをしていない。燕屋は仲間規定に違反する行為を犯すような人物である、というものであった。

しかしながら、この返答書は南組構成員二十一名の連印によるものであったため、松浦は受理しなかった。松浦は南組の行事を叱責して、「三組一統」（南組・通町組・中通《なかどおり》組一同）の返答書の提出を求めた。

出雲寺の優位

同日（宝暦《ほうれき》九年十一月三日）、三組の行事は連名で、「増補江戸《えど》惣鹿子《そうかのこ》」「東海道分間絵図」「姫鏡」を類例として掲げた返答書を提出した。これは、古株は活きており、出雲寺文之丞の再板に問題はないとする類例の提示であった。

十一月十四日、須原屋茂兵衛恪斎は再び町奉行所に出頭した。吟味方与力の松浦安右衛門が示す口書《くちがき》の下案は、三組の行事の返答書を前提にしたものであったため、須原屋は不服を申し立てた。松浦は通町組の行事を呼び出し、須原屋を納得させる証拠を持参するようにと命じた。

通町組の行事は、即日、歌学書の「井蛙抄《せいあしょう》」の大本と小本を提出した。すでに夜になっていたので、審議は翌日に持ち越された。

翌十五日、口書の作成が行われたが、その内容は、出雲寺と燕屋に利があると感じられて、須原屋に不満が残った。須原屋に対して松浦は、「その方は見かけよりも気丈夫（気丈）であるな」といい、家業のことでもあり、主張はもっともなことだと、同情を示したが、これ以上の審議遅滞は牢舎に値しようと叱責した。この一件は、町奉行へ上申されることが決まった。

帰宅後、須原屋は覚悟を決め、「一生懸命の場所と存候へば中々心も涼しき」心境であったという。だが、精神的な疲労は相当なものであったのだろう。須原屋は癪《しやく》（胸部・腹部に発作的に起る激痛。胃痙攣《けいれん》など）を起こし、快気を待ってからの再審議となった。十二月一日、須原屋は病気が全快した旨を、北町奉行所に届け出た。

内済の成立（その1）

十二月六日、北町奉行の依田和泉守政次の審議があった。依田は、今回の争いは、須原屋茂兵衛方で「大武鑑」の扱いについて、燕屋弥七から証文を取っていなかったことに原因があると指摘した。また燕屋が書名を書物問屋仲間に無断で替えたこと。出雲寺に株を売り渡すときに「大武鑑」の扱いについての要点を正しく伝えていなかったことを糾弾《きゅうだん》した。出雲寺文之丞に対しては、燕屋から板株を買い取った際に、仲間行事に聞き合わせをしなければならなかったにもかかわらず、その手続きを怠ったことを叱責した。

これに対して、出雲寺は、『大成武鑑』株は元来、義父の出雲寺文次郎が所持していたものだと主張した。そのため、須原屋茂兵衛恪斎は、これにはもっと複雑な経緯があるのだ、出雲寺の『大成武鑑』株は転売を繰り返していると指摘した。町奉行の依田はこれを受けて、『大成武鑑』株の授受に関する経緯説明を求めた。

だが出雲寺は、株の譲渡に関わった義父は京都におり、詳細は不明とした。これに依田は怒り、京都からその方の義父文次郎を呼び寄せる。居住する町名を言うようにと迫ったという。ここに出雲寺も「少々鉾を折った」。このとき、一気呵成《いっきかせい》に『大成武鑑』を相合《あいあい》株《かぶ》（板権を共同所有するやり方）にする方向での解決もあったのではないかと、のちに須原屋は述懐している。

明けて宝暦十年六月一日、町奉行の裁許《さいきょ》が下った。しかしながら、須原屋は自説を主張し続け、「逼塞《ひっそく》」を命じられた。赦免は六月十六日であった。

六月十八日、北町奉行所に須原屋の済口《すみくち》証文《しょうもん》が提出され、公事《くじ》は終わった。済口証文の内容は、出雲寺の『大成武鑑』四冊物の再板を認める。燕屋の『大成略武鑑』の株は絶板扱いにするというものであった。

以上が宝暦九・十年の争いの経過と結末である。ここからはまず、江戸の書物問屋仲間内の対立関係が明らかになった。出雲寺が属した通町組とこれに同調する中通組、孤立する南組という構図である。仲間内の対立構造については、寛延期の類板差し止め問題をめぐって、すでに表面化しており、上方出店の多い通町組・中通組と南組は、ほかの事件でも対立している（今田洋三『江戸の本屋さん』）。

第二は、江戸町奉行の判断は証拠に基づく中立的なものであった。だが、書物問屋仲間一統の意見を優先する見解は、結果として仲間内で力がある通町組・中通組の主張にかたよったものとなった。

ところで、「書物方日記」には、この宝暦九・十年の争いが始まる直前の、出雲寺文之丞の動静が示されており、とても興味深い。記主は書物奉行本郷与三右衛門一泰である。以下、内容を要約して、紹介しよう。

一、宝暦九年夏、出雲寺文之丞から、所持する『大成武鑑』について、今度、再板し、以前と同じように販売を行いたいので、書物方よりその許可を与えてもらいたいと、書物方の世話役（書物方同心の役職名）を通じて、願い出があった。しかし、これに関しては、書物方が判断するものではなく、出雲寺が属する株仲間に相談し、町奉行所の指図を受けるというのが、筋であると、言い渡した。これを受けて、町奉行所へ届け出たところ、書物問屋仲間の須原屋茂兵衛が町奉行所に、出雲寺による再板を停止して欲しいと訴願した。その結果、町奉行所で審議があり、昨日（宝暦十年六月十八日）、町奉行の依田氏の役宅で、相役（ここでは町奉行を指す）の土屋越前守正方の立会いの下、須原屋・出雲寺に言い渡しがあった。それは、出雲寺の『大成武鑑』四冊物の再板と販売を許可するというものであった。

「書物方日記」の前半部からは、宝暦九年の夏に、まず出雲寺が書物方の裁量による再板許可を願っていたことが知られる。幕府の書物師という立場の利用である。もちろん、このやり方は筋違いとされ、結局、通用しなかったわけであるが、当初より出雲寺が、須原屋に秘密裏に『大成武鑑』と『有司武鑑』の再板に着手しようと企てていたことが、明らかになるのである。

続く競り合い——宝暦十年〜同十三年

一年に及んだ公事相論《くじそうろん》は終わり、宝暦《ほうれき》十年（一七六〇）八月三日、仲間行事は不時の寄合《よりあい》（別寄合）を開き、出雲寺文之丞の武鑑株の所持を確認し、売り捌きを許可した。不時の寄合が持たれたのは、六月の寄合が二十一日に行われ、次の寄合（九月二十日頃）は一ヵ月以上先であったためであろう。ここに出雲寺の『大成《たいせい》武鑑』株と『有司《ゆうし》武鑑』株の所持が認められた。「割印帳」の記載によれば、『大成武鑑』は三百六十四丁半、『有司武鑑』は五十四丁であった。

須原屋が得たもの

寄合では再板許可のほか、次の二点が確認された。一つは、出雲寺版の武鑑については「添章《そえしょう》」を不要とし、自由な売り捌きを許す。それは出雲寺の武鑑が「御公儀様にて御免蒙り候書」であることを理由とする。二つめは、この出雲寺版の武鑑の売り捌きを自由とすることは、以後の先例とはしないことであった。

出雲寺版の武鑑は、幕府の免許を受けた書籍であるとされて、一般の書籍に適用される販売手続きの一部、制限を免除されたのである。この特例が許された本当の理由、またその適用期間については不明であるが、一時的なものであったとしても、出雲寺版の武鑑は販売面で制限を受けないと、仲間行事の寄合で決まったことは異例に属する。

次に公事相論の結果、須原屋茂兵衛方が得た成果について考えてみたいが、それは書物《しょもつ》問屋《どんや》仲間の「割印帳」に出雲寺の武鑑株に関する記載がなされたこと、それ自体にあったといえる。もっともこの点については少し説明を要しよう。

須原屋の留書には、「武鑑はこれまで、仲間行事割印に及び申さず、済ませ来り候に候へとも、公訴に及び候事故、出雲寺武鑑を仲間へ出し、帳面へ付け候也、尤《もっとも》割印には及び申さざる旨、行事申し候て、割印は致し申さず候」とある。割印がなされない理由は不明なのだが、それまで武鑑の再板の折、「割印帳」への記載を不要としていた。ところが、この宝暦の公事相論を機に、武鑑は再板の度毎に「割印帳」に記帳されるようになったというのである。今回の公事相論は、武鑑の再板手続きに書物問屋仲間の監視、承認という一過程を加えることになった。

これにより出雲寺の動きを把握し、牽制できる機会を与えられたと、須原屋は考えた。

須原屋は「割印帳」への記載によって、自己の権利を主張してきたわけで、共通の土俵に出雲寺を上げることができたと、考えたのである。ただし、後述の安永《あんえい》期の争いにみるように、出雲寺文之丞は、また別の手立てをもって須原屋茂兵衛《すはらやもへえ》と争うことになる。

続く須原屋の譲歩

須原屋茂兵衛恪斎は、宝暦《ほうれき》十年（一七六〇）八月二日、病気療養のために紀伊《きい》国へ向かった。これは江戸の医者（宇野見卓）による治療でも、体調の回復が見込めないことを案じた、支配人嘉七と別家が帰国を勧めたことによる。

店の経営は当時、支配人の嘉七らが取り仕切っていた。当主自身の卓越した才腕と勤勉を必要とするのは草創期までであり、大店《おおだな》と呼ばれるようになると、店の経営は当主の手から離れて、経営に熟達した重役手代《てだい》（支配人）に移るのが大商家のあり方であった。

宝暦十年八月、出雲寺は新しく板木《はんぎ》を起こした武鑑を売り出した。このとき、出雲寺版『泰平万代大成武鑑』には項目の増補が施されていた（表2を参照）。出雲寺版の武鑑（図37）は大いに売れ、須原屋版の武鑑は売れ残ったという。須原屋は「店衰微の本」を排除するべく、再板の準備にとりかかった。このときに中心となって働いたのは支配人の嘉七と伊八、それに判六・長七・半左衛門・彦七・弥次兵衛・庄兵衛らであった。

宝暦十年九月、須原屋は仲間行事の寄合に、武鑑の稿本《こうほん》（写本）を提出した。須原屋の

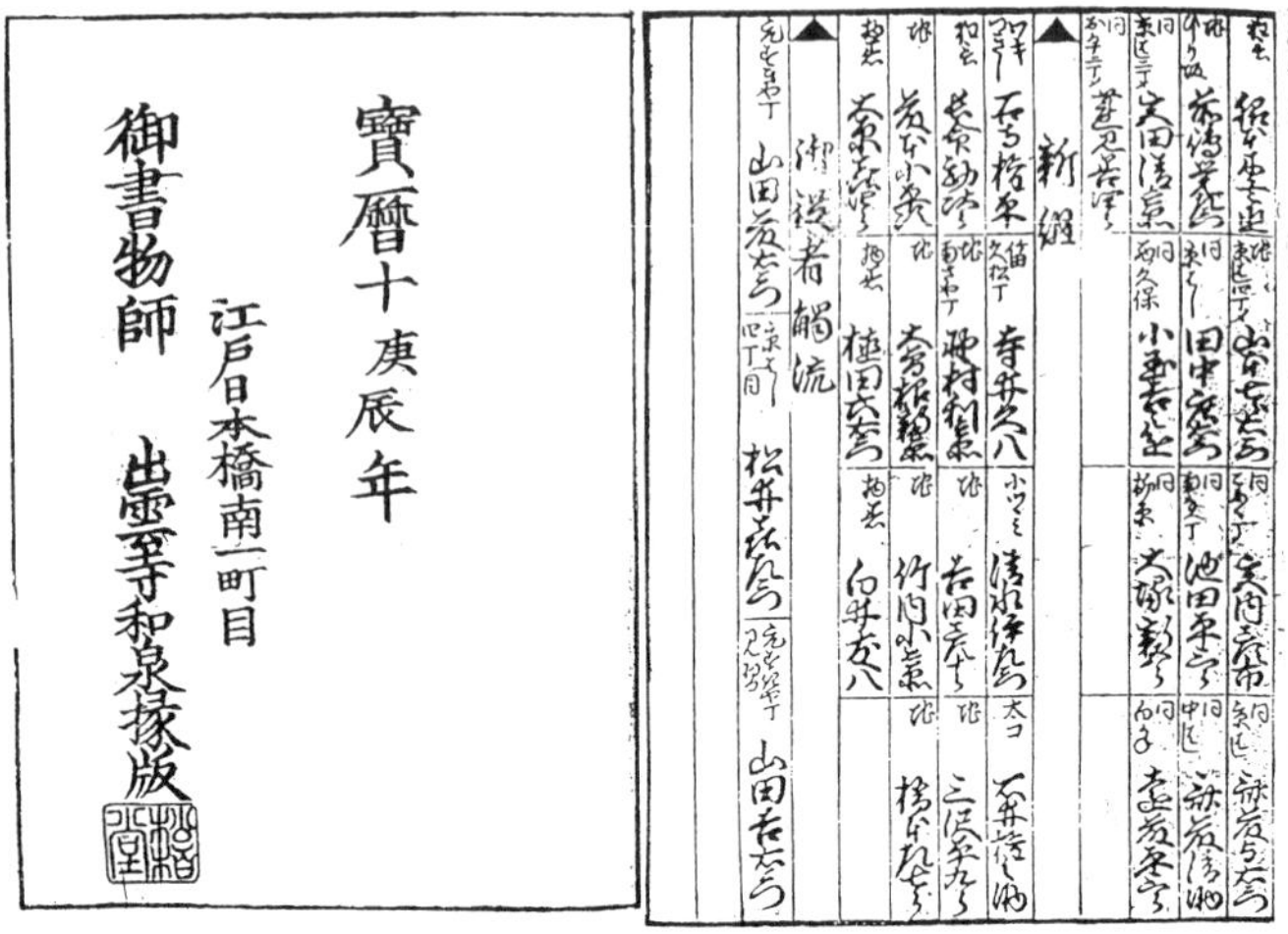
寶暦十庚辰年
江戸日本橋南一町目
御書物師　出雲寺和泉掾版

図37　宝暦10年(1760)刊出雲寺和泉掾版『大成武鑑』巻之三
刊記部分（東洋文庫所蔵）

稿本を受理した仲間行事は、その内容に問題がないかを、出雲寺に廻して内容を確認させた。これに対して、出雲寺は七十六ヵ所の付け札をして戻してきた。しかしこれは須原屋に、道理に適《かな》わない、弱みに付け込んだもの(「不道理成ること、又ハさしてもなきこと迄も、此方《こちら》弱ミに付け込み」)との印象を与え、須原屋は明らかに心証を害した。両者の間に妥協点は見出せなかった。

そこで、通町《とおりちょう》組の丹波屋甚四郎と大坂屋平三郎らが仲裁に当たり、十一月ようやく内《ない》済《さい》が成立した。それは出雲寺が問題とした七十六ヵ所のうち三十七ヵ所を須原屋版の武鑑から削除し、さらに「重要な三ケ条」を須原屋から出雲寺へ渡し、出雲寺の「持ち株」とするというものであった。「重要な三ケ条」

とは、坊主衆に関する箇条である〔図38・39〕。

　宝暦十一年巳十一月十日、三組行事殿立ち合い候上、相済し候書き付けの写

一、御用部屋御坊主衆・御肝煎《きもいり》坊主の外、以来、御坊主衆増補成され間敷き由、組合行事衆御取り扱いにより承知仕り候、以来、右ノ二《（ママ）》ヶ所御勝手に御書き入れ成さるべく候

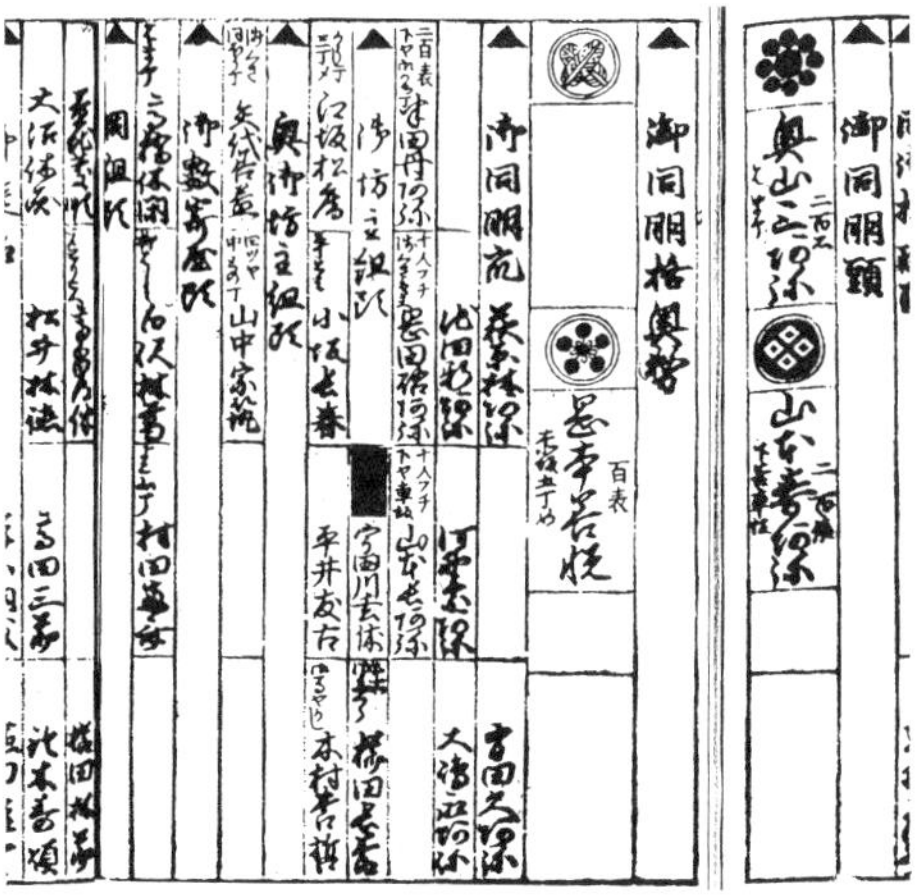

図38　坊主衆に関する記事

宝暦11年（1761）刊須原屋茂兵衛版『宝暦武鑑』巻之三（国文学研究資料館所蔵）．三井文庫旧蔵資料．図39の出雲寺版と比べると，須原屋版には「御用部屋御坊主」「肝煎御坊主」「紅葉山御宮付坊主衆」ほかの記事がない．

　この三ヵ条は、五年後の明和《めいわ》三年（一七六六）十二月二十四日の仲間行事の寄合で承認され、須原屋版の『明和武鑑』に加筆されている。したがって、時限付きの譲歩であったとみることができる。

　しかしながら、須原屋の譲歩は決して小さなものではなかったとしなければならない。南組の行事の立場から発言する人はなく、伏見屋善六、野田七兵衛などの古老の行事を味方

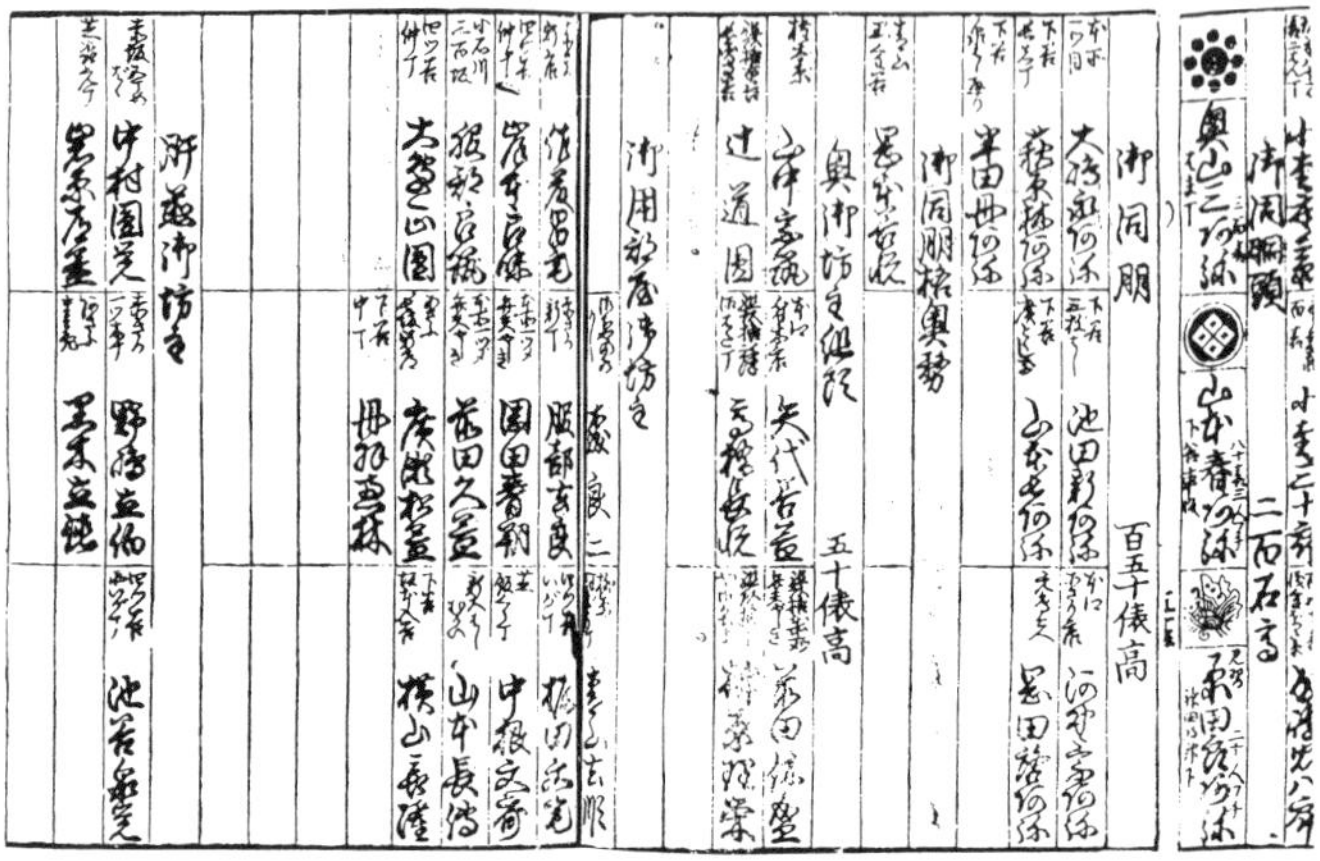

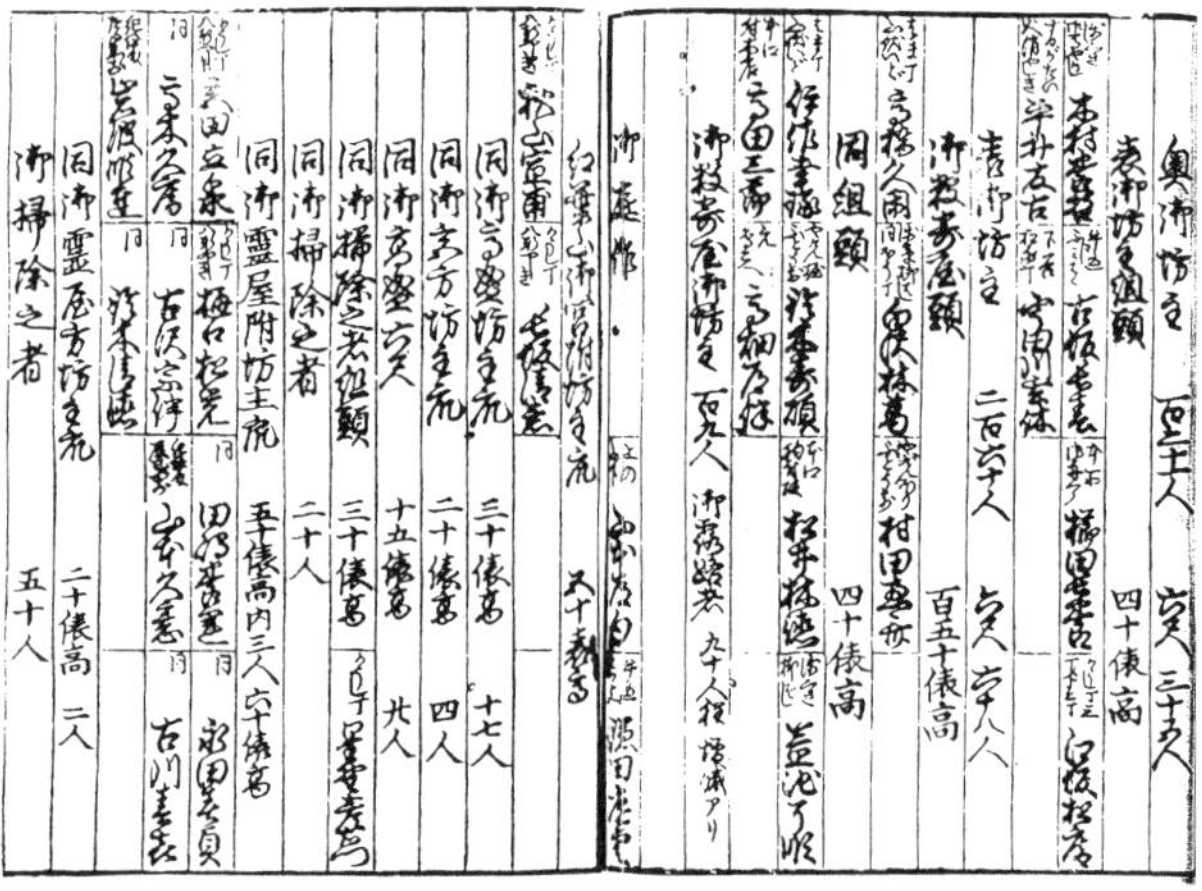

図39　坊主衆に関する記事

宝暦12年（1762）刊出雲寺和泉掾版『大成武鑑』巻之三（国文学研究資料館所蔵）．三井文庫旧蔵資料．図38の須原屋版と比べると記載記事が多い．

につけた出雲寺は、当方（須原屋）の弱みに付け込んでくると、須原屋は記している。先の宝暦九・十年の争いで明らかになったように、仲間内部の力関係からして、出雲寺は常に有利な状況にあった。記事の削除・「持ち株」の譲渡について、仲間行事が示す仲裁案は、須原屋にとって厳しいものであったし、これを呑まざるを得ない須原屋であった。

宝暦十二年十一月二十六日、須原屋の再板に対抗するために、出雲寺は稿本を仲間行事に提出した。仲間行事は須原屋へ稿本を廻して内容を確認させた。ところが、須原屋に与えられた内容点検のための日にちは、わずかに二日間という短いものであった。先に出雲寺が須原屋版の検討に三ヵ月をかけたのとは対照的である。

そして、出雲寺版の武鑑の再板は許可された。このとき①江戸城の見付番《みつけばん》（門番）を記すこと、②遠国奉行の記事に江戸出府の時期を干支で入れることの二点については、須原屋の「持ち株」であると認められ、出雲寺版の武鑑から削除された。とはいえ、やはり先の三十七ヵ所の削除とは比べるべくもない。

須原屋版「付録」の絶板

宝暦十二年十二月、須原屋の支配人嘉七・伊八らは、工夫を重ねて「付録」一冊を作成した。「付録」は、仲間行事の許可を得て、売り出された。これにより須原屋版の武鑑は売り上げ数を回復したという。ただし、須原屋が出版した「付録」については現存本をいまだ確認できていない。

宝暦十三年正月、須原屋の当主恪斎は、江戸の北町奉行所へ呼び出され、吟味方与力の松浦安右衛門から、「付録」の絶板を言い渡された。松浦安右衛門は、先の須原屋・出雲寺の公事相論を担当した与力である。須原屋は絶板という厳しい処分の背後に、出雲寺の暗躍があったのではないかと考え、「歯をかみ、口惜しが」った。

宝暦十三年六月二十六日、先の公事相論から数えて丸四年の間、須原屋の経営の中心的役割を負っていた嘉七が突然、没した。翌年の春に、その功労から別家を立てることが許されて、それを喜んでいたところであった。須原屋は、留書の最後に、出雲寺版と須原屋版の二種類の武鑑出版という状況になり、利得も少なくなって、家族、店の者にも苦労をかけている。その上、争いの結果、大切な人を失ってしまった。これはひとえに出雲寺から仕掛けられた争いから出たものである。後世まで忘れまいと、記している。

武鑑株をめぐる両者の対立は、書物問屋の仲間内部の力関係、幕府の御用達町人《ごようたしちょうにん》（書物師）である出雲寺の特別な立場という状況のなかで、引き続き問題を起こすことになる。「忘れまい」と四代目当主の須原屋茂兵衛恪斎が忠告したよりも、もっと過酷な現実が待ち受けていた。

安永七・八年の争い

「持ち株」の確認

安永《あんえい》七年（一七七八）に出雲寺が再板した『有司《ゆうし》武鑑』には、前板にはない七十四ヵ所の増補があった。その内の十七ヵ所は、須原屋が「持ち株」（武鑑に各情報を記載する権利）と認識していたものであった。そのため、同年八月須原屋は、通町《とおりちょう》組の行事野田七兵衛を通じて、出雲寺に対して異議を申し立てた。その後、出雲寺と須原屋はそれぞれの主張を述べ、交渉の結果、同年十月に内済《ないさい》が成立した。内済の内容は次の通りであった。「持ち株」は五つのパターンによって、配分または再配分されている。

a　出雲寺の『大成武鑑』と『有司武鑑』の「持ち株」ではない四ヵ条の削除

四ヵ条とは、①元方《もとかた》・払方金奉行《はらいかたかね》の納め日と渡し日を記すこと。②作事吟味役《さくじぎんみ》のうち勘定《かんじょう》吟味役と兼役している者を明示すること。③「本丸付」・「西丸付」の右筆《ゆうひつ》の昼詰と泊方の別を記載すること。④遠国奉行《おんごくぶぎょう》のうち長崎奉行・日光奉行・佐渡奉行の江戸出府《しゅっぷ》の時期を干支《えと》で示すこと、である。

b　出雲寺の『大成武鑑』の「持ち株」で『有司武鑑』への転載を許可する二ヵ条

①大名役である奏者番《そうしゃばん》に領知に関する記事を入れること、②江戸城の「見付番衆《みつけばんしゅう》」の名前を掲載すること。

c　須原屋・出雲寺で互いに「持ち株」を融通しあう二ヵ条

出雲寺が①奏者番の参勤《さんきん》と暇《いとま》の期日を示す合印《あいじるし》を巻三の凡例に入れたことは、先に須原屋が『明和武鑑』の巻一「大名付」の凡例に「三季献上、年始・八朔《はっさく》御太刀・馬《ば》代《だい》、端午《たんご》・重陽《ちょうよう》・歳暮御時服《せいぼおんじふく》、諸家により御同意として銘々これを記さず」と、加筆したのと同様のことである。②「出火の節、見廻り役の所」に寄合からの「出役《しゅつやく》」であることを示す「出役」の二字を増補したことは、先に須原屋が『安永武鑑』と『袖玉《しゅうぎょく》武鑑』に「本所《ほんじょ》・深川《ふかがわ》」の見廻り役を加えたのと同様のことである、という判断である。

d　須原屋の「持ち株」であるが、仲間行事の裁量により出雲寺に記載を許可する三ヵ条

①「進物番《しんもつ》」に「出役」の二字を記すこと、②「駿府番《すんぷ》」に「九月代り」と交代時期を記すこと、③「上水方並掛り」に「兼役」の二字を入れること。

e　どちらの「持ち株」とも定まっていないため現状を追認する二ヵ条

①「表右筆衆《おもてゆうひつしゅう》」と②「中川番衆」の江戸市中での行列道具を記すこと。

「持ち株」の範囲は、細かな点に及んでいること、この安永七年の「持ち株」をめぐる須原屋と出雲寺の争いは、仲間行事の仲裁によって解決されたことが、重要である。また仲間行事の判断の前提には、前板・現行の板の区別はなく、「大武鑑」も「略武鑑」も両者一体として〝武鑑株〟とするという見方があるように感じられる。実は、これは出雲寺の主張に寄った見方であった。須原屋は「大武鑑」と「略武鑑」の「持ち株」を峻別し、それぞれの板株の範囲内での、厳密な記事の加除が行われるべきであると、主張していたからである。この一件でも、出雲寺に有利な状況がうかがわれる。

出雲寺版の大幅増補

安永七年（一七七八）十二月二十四日、書物問屋の仲間行事の寄合の席で、以下の点が確認された。一つは出雲寺和泉（書物問屋としては「和泉」、書物師としては「文之丞」を用いている）が『大成武鑑』を再板すること、二つめは、その際に新たに次のa～eの項目を増補することであった。

同（安永七）年十二月

大成武鑑　再板　全四冊　　　板元・売出し　出雲寺和泉
同四百五十九丁
　右増補
　a　諸御役の当番日
　b　諸役人の前役付
　c　諸御役人の就任年月
　d　紅葉山楽人《がくにん》の職分を区別する合印
　e　両御丸御玄関口・御中之口《なかのくち》
　〆《しめて》五口此度《このたび》増補

ただし、bの諸役人の「前役付」は須原屋茂兵衛版の武鑑にもあるので、紛らわしくないように、須原屋方では「何役より出る」とする合印を用いているのに対して、此方（出雲寺）では「何守様の跡」と記すようにすること。

以下、史料の理解を助けるために「（武鑑出版之件）雑記」に拠って、内容を補足しておく。

aからcは、須原屋の「持ち株」であったが、今次、出雲寺の「持ち株」に加えられたものである。dの楽人（朝廷儀礼を行う地下官人でありながら、寺社奉行を通して幕府に掌握され、江戸城内の紅葉山に詰所を持ち、諸儀礼に参加した）の職分（笙《しょう》・篳篥《ひちりき》・横笛）の別を記すことをいう。eは江戸城本丸・西丸の玄関番と中口番の名前を記すことをいい、これらは出雲寺に新たに認められた「持ち株」である。以後、eは須原屋版の武鑑にも書き入れることを許可される。

この取り決めには、通町組の行事として前川権兵衛と出雲寺和泉の代理人忠助、南組の行事として須原屋茂兵衛の代理人藤助と小林長兵衛、中通組の行事として小川彦九郎が立ち会った。

ところが、出雲寺版の『大成武鑑』が再板されてみると、「割印帳」に記録された右の五ヵ条のほかにも、多くの加筆がなされていた。

安永八年正月十四日、須原屋は通町組の行事丹波《たんば》屋甚四郎にその旨を報告した。このときの須原屋の当主は、安永六年に五代目須原屋茂兵衛を襲名した顕清（祐武）で、時に二十二歳。先代の恪斎は存命中である。

顕清は、出雲寺版に認められる違約九点についての回答を求める詰問状を、丹波屋を通じて出雲寺に渡した。翌日、出雲寺から丹波屋に対して、九点（のち一点を追加）のうち五点に関して、以下の返答があった。

①　老中《ろうじゅう》・側用人《そばようにん》・若年寄《わかどしより》の三職の下役である「取次《とりつぎ》」のうち「頭取《とうどり》」をほかの「取

次」と区別して記すこと

② 御三家《ごさんけ》の「御城付（留守居のこと）」のうち、本丸付と西丸付とを区別して記すこと

右の①②は、その時々の作法・やり方にならって、武家方からの指示（「御書き出し」）があって行った書き入れであり、須原屋と出雲寺、どちらの「持ち株」ともいえない。以前にも同様の問題が生じたことがあったが、武家からどのような書き付けがもたらされるかは予想できないため、株立てはしないという線で合意したとの覚えがある。

③ 長崎奉行の下役の家老《かろう》・用人の名前を書き入れること

これは、以前、長崎奉行から申し入れがあったが、当方の「持ち株」ではないとの理由をいって断ったものである。だが、再度、長崎奉行から記載するように指示があったので、余儀なく加筆した。この経緯については、以前、書面で須原屋方に伝えたと記憶している。

④ 井伊《いい》家（彦根《ひこね》）、松平《まつだいら》家（白川《しらかわ》）、本多家（泉《いずみ》）、小笠原家（小倉《こくら》）、酒井家（姫路《ひめじ》）、酒井家（小浜《おばま》）、酒井家（鶴賀《つるが》）、堀田家（堅田《かただ》）、牧野家（笠間《かさま》）、松平家（吉田《よしだ》）、土井家（古河《こが》）、遠藤家（三上《みかみ》）、久留島《くるしま》家（森）、三浦家（勝山《かつやま》）、永井家（高槻《たかつき》）などの大名家当主の江戸市中での行列道具のうち「太刀打《たちうち》」の違いを記すこと

「太刀打」の記載は、従来からの仕来りに従ったものである。従来からの仕来りとは、前板よりも前の板木にあれば、再板の折に記載できるというものである。つまり、当方

（出雲寺）では項目の加除をするにあたって、前板・前々板……といったものに、とくに意に留めていない。したがって、前板のみを参照して、須原屋「壱人の持ち株」であると理解して、権利を主張することは間違いである。

⑤ 井伊家（彦根）、松平家（上田）、松平家（上山《かみのやま》）の三家の大名家当主は、雨天の時に江戸市中での行列道具の色が替わることなどを記すこと〔図40〕

これは④と同様のものと理解している。

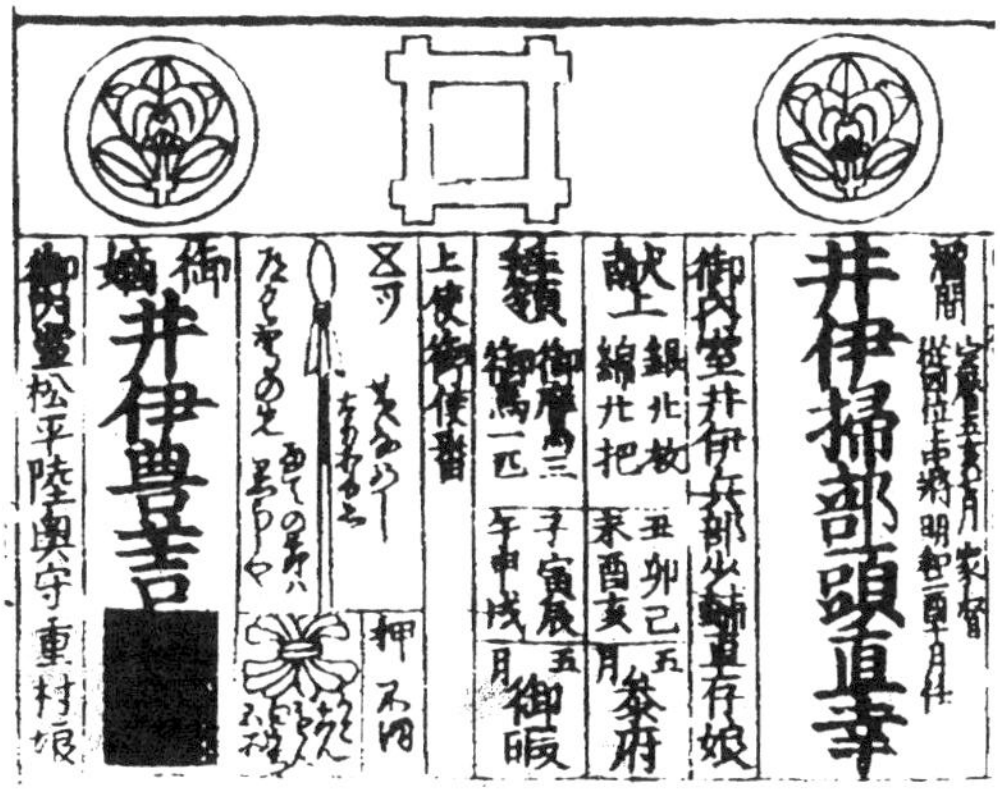

図40　雨天の時の行列道具に関する記事
安永4年（1775）刊須原屋茂兵衛版『安永武鑑』巻之一（静嘉堂文庫所蔵）．近江彦根の井伊家を記載する箇所で，「雨天の節ハ黒らしゃ」とある．

須原屋の反論

安永八年（一七七九）正月二十四日、須原屋茂兵衛方は、次のように反論した。

①②については、前板から当方（須原屋）の武鑑に記載があり、当方の「持ち株」であると理解している。以前の『大成武鑑』にはなかった記事である。

③は宝暦十二年（一七六二）十二月四日の仲間行事の寄合で、遠国奉行の家

老・用人の記載は当方の「持ち株」と決まったはずである。武家から書き入れるよう指示があっても、「持ち株」ではないものは、先方へ断ることこそが、仕来りである。

④は前々より当方の「持ち株」であり、削除されることを希望する。

⑤は、当方の「持ち株」である。かつて、大名の行列道具のうち立傘《たてがさ》記載のことで、当方に差し構えを唱えたことと矛盾しよう。

このほか、出雲寺より返答がなかった五点のうち四点、⑥秋元家（山形）の当主の行列道具のところに「駕の跡ニならぶ」とあること、⑦松平家（多古《たこ》）の行列道具のところに「駕の先」とあること、⑧木下家（足守《あしもり》）の行列道具のところに「駕の跡」とあること、⑨「御屋敷改並新地改　両御番より出役」とある点について、出雲寺版の『大成《たいせい》武鑑』からの削除を願った。

そして、最後に、安永七年十二月に「割印帳」に記載された内容（五ヵ条の増補）を無視して、記事の加筆を行い、なし崩し的に自家の「持ち株」の範囲を広げていこうとする出雲寺のやり方は、明らかに計略というべきものであり、仲間の取り決めに対する背反であると記した。須原屋は割印の席での審議と、「割印帳」上の記載記事を盾に、出雲寺を非難したのである。

内済の成立（その2）

安永八年（一七七九）二月、須原屋茂兵衛家の別家で、南組の行事を務めていた須原屋市兵衛が、丹波屋との交渉に当たり、内済《ないさい》は成立した。それは、今後、出雲寺より須原屋茂兵衛の武鑑記事に対して、一切の干渉をしないという条件で、今回の出雲寺の武鑑における加筆を容認するというものであった。なお、安永八年五月六日に須原屋市兵衛は病死する。

以下、このときに成立した内済の内容および「持ち株」の理解についてまとめておこう。

第一に、須原屋茂兵衛は仲間行事の「割印」の席での取り決めを拠り所にして、出雲寺を批判したが、その抗議は受け入れられなかった。

第二に、その理由は須原屋と仲間行事との見解が異なっていた点に求められる。須原屋の主張は、前板または割印の席での取り決めを重視したものであったが、安永七年十月の「持ち株」をめぐる解決方法c・eにみられたように、仲間行事は、「持ち株」の融通は相身互いで、調整していくべきであるという見方を示した。つまり、厳密性を求める須原屋の主張よりも、グレーゾーン（どちらの「持ち株」とも決めない）を含んでの解決を望む出雲寺の主張の方が、より実態に即しており、説得的であり、仲間行事は出雲寺寄りの立場をとった。

第三に、③の長崎奉行の下役の家老・用人の名前を入れる件は、出雲寺から事前に須原屋茂兵衛に断りを入れていたようで、一概に、出雲寺を仲間の申し合わせを破ってばかりいたと位置づけることはできない。

第四に、武家からの申し入れなどを外的要因として、武鑑の記事内容は常に変化しており、「持ち株」の範囲は、随時、変化した。このような状況では、より多くの情報を諸方面から得たものが優位に立つことができた。たとえば、長崎奉行より出雲寺に依頼があったようにである。幕府の書物師である出雲寺が出版する武鑑に記載されることを望む者が、確実に武家およびその周縁にいた。それらからの要請や働きかけを、都合のよい理由づけに用いて、出雲寺は「持ち株」の範囲を広げつつあった。

略武鑑株をめぐる争い

須原屋茂兵衛《すはらやもへえ》顕清と出雲寺文之丞（和泉）の争いは、引き続き「略武鑑」の出版をめぐって展開した。以下、争いの発端から内済《ないさい》成立までの経過をたどることとしたい。

『太平略武鑑』『万代武鑑』株

安永《あんえい》八年（一七七九）六月晦日、出雲寺は『太平略武鑑』（一冊物）の稿本《こうほん》と再板のための願書を、書物問屋の仲間行事に提出した。同書は横小本《よここほん》、墨付《すみつき》二十丁の「略武鑑」で、元株は安永六年春に出雲寺が燕屋弥七《つばめややしち》から購入した『大成略武鑑』株であるとされた。出雲寺が同書の再板と売り捌きを行う権利については、安永八年十月六日の仲間行事の寄《より》合《あい》で承認された。

だが、須原屋では、この事態に大きな衝撃を受けた。なぜならば、元株とされる『大成略武鑑』株は、先に記したように、宝暦《ほうれき》九・十年（一七五九・六〇）の公事相論《くじそうろん》の結果、絶板になったと考えていた武鑑株であったからである。

さらに安永八年九月二十六日、出雲寺は『万代武鑑《ばんだいぶかん》』（美濃三《みのみ》つ切本《ぎりぼん》）の稿本を提出し、仲間行事に再板許可を願った。これは「大名付」の「略武鑑」で、一見して須原屋版の『袖珍《しゆうちん》武鑑』の類板とわかるものであった。

須原屋では、先に『太平略武鑑』の出版が許可された件と合わせて、出雲寺と交渉することを即決した。須原屋は、まず中通《なかどおり》組の行事《ぎようじ》小川彦九郎から出雲寺版『万代武鑑』の稿本（全九十四丁）を借りて、転写して、紀伊《きい》国住まいの当主顕清に送った。

十月、須原屋では稿本を返却する折、小川に対して、出雲寺版『万代武鑑』の元株を明らかにして欲しい旨を書面で伝えた。これに小川は対応し、出雲寺に問い合わせた。出雲寺からは、安永六年春に燕屋弥七から取得した二つの武鑑株（『正宝武鑑』と『大成略武鑑』株）のうち、『正宝武鑑』株を元株としたと返答があった。

武鑑株二重売り発覚

ここで別の問題が生じた。出雲寺が元株にしたという『正宝武鑑』は「延享三丙寅年（一七四六）燕屋弥七・万屋伊兵衛」と刊記がある「大名付」三十丁・「役人付《やくにんづけ》」十六丁の「略武鑑」で、書型は横小本であったのだが、この株は、宝暦四年（一七五四）に須原屋茂兵衛が若菜《わかな》屋小兵衛から買得した武鑑株と、同一のものであると察せられたからである。

安永八年（一七七九）十一月十六日、須原屋の支配人勇助は正装（着袴）で、不時の寄合の開催を依頼するために、中町組の行事小川彦九郎・吉文字屋《きちもんじや》次郎兵衛、南組の行事小林新兵衛、通町組の行事前川権兵衛のもとを訪れた。

十一月十七日、「魚清」（後出の肴屋清八と同じか。場所は不明）において、不時の寄合が開かれた。その席で須原屋は、仲間行事などに対して、以下の点についての審議を強く求め、合わせて希望を述べた。

①　出雲寺版の『万代武鑑』は須原屋版の『袖珍武鑑』の類板であるので、出雲寺の稿本は差し戻して欲しい。つまり『万代武鑑』の出版を不許可としてもらいたい。

②　『正宝武鑑』株は、宝暦四年に日本橋通三丁目の竹川藤兵衛宅で板木市があったときに、須原屋が若菜屋小兵衛から買い取ったもので、万屋伊兵衛が作成した譲り証文を取得している。万屋伊兵衛の名前は、出雲寺が元株とする『正宝武鑑』の刊記にもみられ、同一株と考えられる。一つの武鑑株が二種類あるとは奇怪なことなので、出雲寺の所持している武鑑株の審議を願う。

③　小川の話では、近年、出雲寺は燕屋弥七から二種類の武鑑株を取得したというが、燕屋が武鑑株を所持していたということ自体、にわかに信じられないので、燕屋から

の事情聴取を願う。

これらの要望に対して、仲間行事は、十一月二十二日に三組の行事の立ち合いの席で検討すると返答した。返答を持ち越したのは、仲間の三老（野田七兵衛・山崎金兵衛・丹波屋甚四郎の三名を指す）が、この日、同席していなかったからである。

仲間老分・行司の見解　安永八年（一七七九）十一月二十二日、「肴屋清八」で不時の寄合があり、三組の行事のほか三名の老分《ろうぶん》が顔を揃えた。この寄合の席に、出雲寺文之丞（和泉）の代理人の忠助・嘉兵衛が呼び出されて、先に記した①から③の事柄について確認が行われた。出雲寺の返答の内容は、以下の通りであった。

①『万代武鑑』の元株は、『正宝武鑑』のみというわけではなく、『大成武鑑』からの抜粋を含んでいる。『万代武鑑』の書型を、横小本から美濃三つ切本に変更したのは、既刊の出雲寺版『有司武鑑』と大きさを揃えたまでのことである。書型を変更して出版することは自由であるというのは、江戸の書物問屋仲間の慣習である。

②『正宝武鑑』株の出所については、調査したうえで、後日、返答する。

③燕屋弥七より買得した株を元にした『仮名略武鑑』（『太平略武鑑』の誤りか）は、すでに再板しており、出版後になって所持株の審議を求められても困る。須原屋の抗議は受け入れられない。

この出雲寺の返答に対する通町組の行事小川の見解は、以下の通りであった。
①書型の変更は勝手次第という主張であるが、たとえば「古今和歌集」「江戸分間絵図《えどぶんけんえず》」の書型を変更したときには、仲間行事への届け出を行っている。無断で書型の変更を行ってもよいという慣習はない。また、出雲寺版の『万代武鑑』は、明らかに須原屋版の『袖珍武鑑』の類板に当たるものと判断され、したがって出雲寺に稿本を差し戻すこととする。
③については出雲寺の主張を承認する。
同夜四ツ時（午後十時前後）、中通組の行事小川・吉文字屋と南組の行事小林は、日本橋通一丁目の須原屋茂兵衛店を訪れて、右に記したような、寄合での協議の経過と一応の結論を伝えた。

十一月二十四日夜、「魚清」で不時の寄合があり、須原屋版『袖珍武鑑』の再板が、承認された。これは、同年十月六日の寄合の席で行われた割印帳への記載、その記載内容を再確認するものであった。

十一月晦日夜、呉服町新道の「橋本」において、不時の寄合が開かれた。この席では、十一月二十二日の寄合で、後日に付すとされていた出雲寺版の武鑑の元株についての審議が行われた。須原屋の希望が、仲間行事に受け入れられたのである。

中通組帳面の紛失

仲間行事は、『太平略武鑑』の元株は、延享《えんきょう》二年（一七四五）四月付で、仲間行事によって出版と売り捌きが許可された燕屋弥七の『大成略武鑑』であるかどうか、元株の証拠を通町組の帳面（「諸用控帳」のことか）で確認することにした。

しかしこれに不安を覚えた須原屋茂兵衛は、中通組の帳面との突き合わせを求めた。なぜならば、南組の帳面は、先に須原屋市兵衛方で火事があったときに焼失していたからである。しかし、中通組の帳面は所在不明とされた。審議は暗礁《あんしょう》に乗り上げることになった。

須原屋は、中通組の帳面が所在不明とされたことについて、「よもや切ニもこれ有るまじくうたぐり」の念、すなわち証拠となる帳面の一部を中通組で切り取ったのではなかろうかとの疑惑を抱いたという。しかし、この疑いを立証するための確たる証拠はない。須原屋の善助・藤助は、審議の日延べのみを求めた。

安永八年（一七七九）十二月朔日、須原屋の勇助は、老分の一人である野田七兵衛方を内々に訪ねて、今後の出雲寺との協議の進め方について相談した。野田は『太平略武鑑』はすでに出版されており、これ以上の詮議は不要であると考えていると伝えた。ここに『太平略武鑑』の出版の件は、須原屋方に〝仲間帳面の改竄《かいざん》ありか？〟という疑念を残しつつ、終わった。

『正宝武鑑』株の出所

仲間行事の審議は、『正宝武鑑』株の出所に重点を移した。

安永八年（一七七九）十二月三日夜、出雲寺の申し出によって、不時の寄合が持たれ、三組の行事四名と老分三名（野田七兵衛は代理人の惣兵衛が出席）と、出雲寺文之丞（和泉）・燕屋弥七が同席した。寄合の開かれた部屋の次の間には、出雲寺の忠助・嘉兵衛が控えた。そこへ、須原屋茂兵衛の代理人の伊八と藤助が、『正宝武鑑』株を須原屋で購入したときの証文などを持参した。こうして寄合での審議は始まった。

須原屋方が持参した証文は、次の四通であった。

① 平野屋が作成した万屋伊兵衛宛の『正宝武鑑』の丸株譲渡証文

② 万屋伊兵衛が作成した若菜屋小兵衛宛の『正宝武鑑』の丸株譲渡、および万屋伊兵衛と燕屋弥七の間で起こった争いを書物問屋の仲間行事が仲裁して、板株五分の一を燕屋の「利分け株」とした証文

③ 若菜屋小兵衛が作成した須原屋茂兵衛宛の『正宝武鑑』の株譲渡証文

④ 若菜屋小兵衛が作成した須原屋茂兵衛宛の『正宝武鑑』の板木を紛失したため、板木を見つけ次第、渡す旨を記した証文。これには、板木市を開くにあたって場所を提

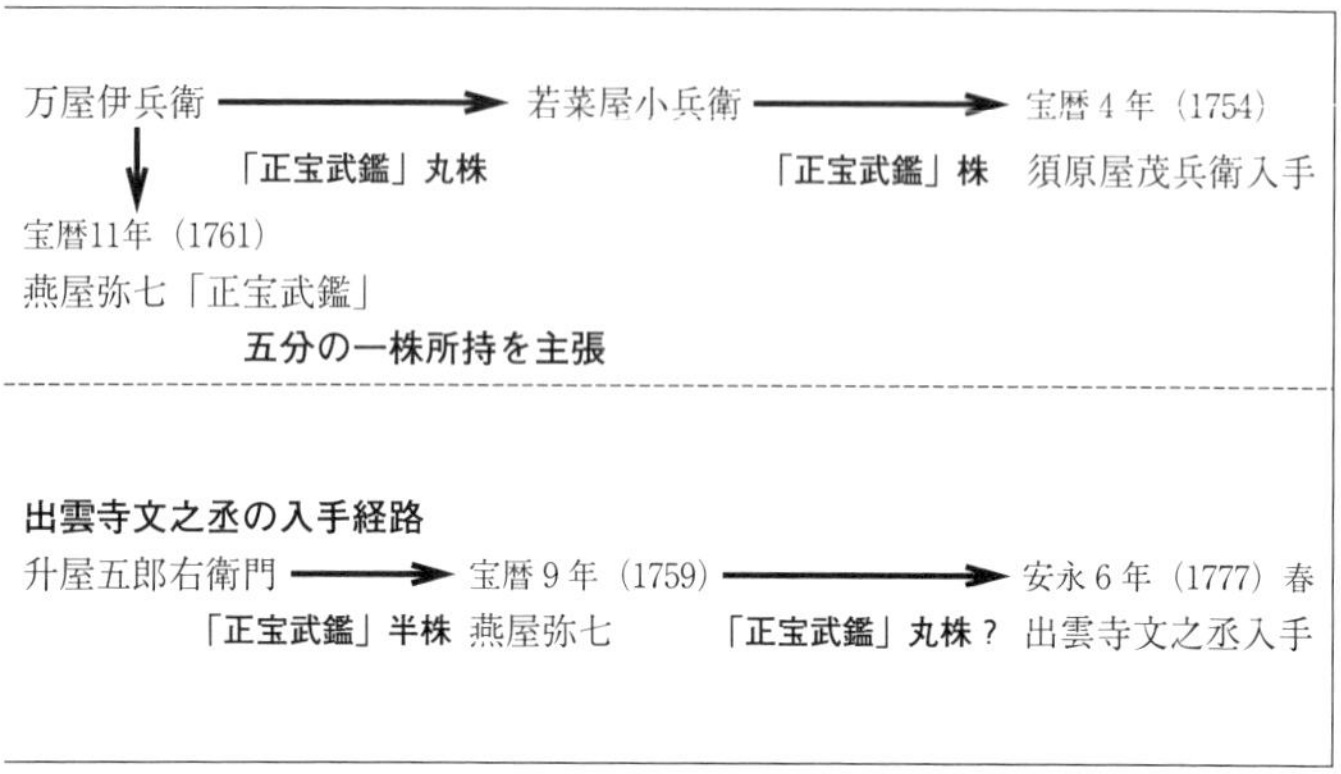

の転売経路

供した竹川藤兵衛が証人として押印していた。

これらの証文から、『正宝武鑑』株の授受の流れを示すと図41のようになる。

一方、燕屋が持参した証文は一通で、宝暦九年正月二十四日付で、升屋五郎右衛門が作成した燕屋宛の『正宝武鑑』半株譲渡証文であった。だが、この証文は升屋の肩書き、および証人の署名・押印が欠けていた。

仲間行事は、須原屋の主張が正しいと判断し、燕屋に対して証文偽造の嫌疑は免れられまいとした。これに燕屋は反論できなかった。

さらにこの席で須原屋は、『正宝武鑑』の板株五分の一の「利分け株」を燕屋が取得しているという点に関して、次のような補足説明を行っている。

若菜屋版の武鑑株は、「大名付」に「時献上《ときけんじょう》」の品目を記した点に特徴があった。須原屋は、この点

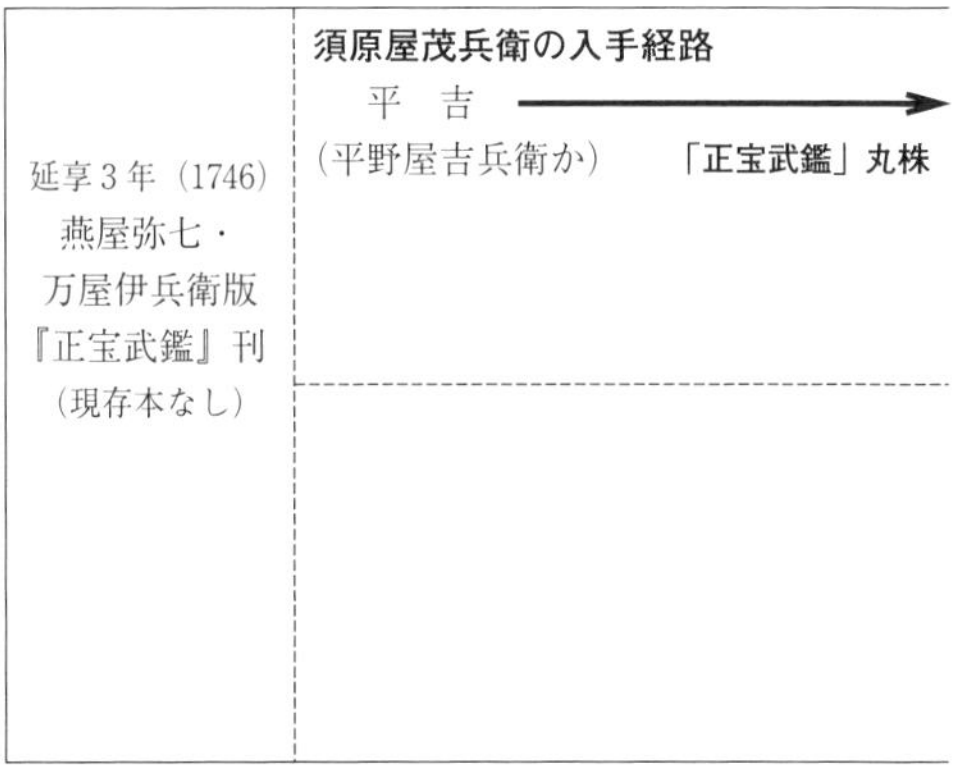

図41　「正宝武鑑」株

に注目し、宝暦十一年に『聖代武鑑』という書名の武鑑出版を企画し、「御時献上・御対客日付・方角御火消・駕こし黒沢」を増補項目とした稿本を、仲間行事に提出しており、これは承認されて仲間の「割印帳」に記帳された。

その後、燕屋から「時献上」の箇条は、自家所有の『正宝武鑑』の株に帰属するとの横槍が入った。燕屋は、須原屋に対して五分の一の利得分（毎月五部の『聖代武鑑』）を、燕屋に納めるようにと要求したという。しかし須原屋は、燕屋への武鑑納入が長期にわたると、経営に支障が生じるのではないかと考えて、計画どおりの形での項目「時献上」の加筆を断念した（現存本によって、須原屋版の「大武鑑」に「時献上」の品目がいつから加わったのかを確かめてみると、宝暦十二年のことであったことがわかる〔表2を参照のこと〕）。これを前提にして考えると、燕屋のいう権利はレイアウトに関わるものであったといえる。『正宝武鑑』は、現在、伝存本が確認されていないが、延享四年刊の若菜屋版『聖泰文明武鑑』〔図33を参照のこと」の系統をひくもので、欄外に「時献上」の品目を記すものであったのであろう。したがって、須原屋の断念とはレイアウトの採用を断念したという意味であったと思われる）。須原屋としては、計画を変更した時点で、燕屋の五分の一の権利は消滅したとみるべきであると、考えている。

これら一連の『正宝武鑑』についての須原屋の説明に対抗して、出雲寺は通町組の帳面によって、権利関係の事実確認を行おうと主張した。またしても、通町組の帳面の登場である。かねてよりの須原屋の疑念はここに深まったことであろう。それを知ってか知らずか、仲間行事は出雲寺の提案を容れなかった。

仲間行事は、『聖代武鑑』と『正宝武鑑』の問題（項目「時献上」およびレイアウトの権利がどちらの「持ち株」に属するのか）は、当事者である須原屋と燕屋の話し合いに任せ、どちらかの「持ち株」を活かす方向で和談を成立させるようにと、指示した。

この日の寄合は夜九ツ時（十二時ごろ）に終わった。須原屋では夜を徹して策を練った。

内済の成立（その3）

安永八年（一七七九）十二月四日、前日の礼のために須原屋茂兵衛の代理人勇助は、中通組の行事小川彦九郎を訪問した。そこで勇助は小川より、長期化すれば互いに負担が増えるばかりである。また出雲寺のことであるから、どのような手段を用いてくるかもわからない（「延引に及び候ては相互に多用にも相成り、殊に先方如何様《いかよう》にも巧《たく》み仕《つかまつ》るべきやも相い知れ申さず」)。早期の解決が須原屋にとって、よい結果を生むであろうと、助言された。

八ツ時(午後二時前後)、須原屋の代理人藤助は、前日に仲間行事から指示のあった『聖代武鑑』『正宝武鑑』株の権利の配分方法について相談するために、燕屋弥七を訪ねた。

燕屋は、前夜が遅かったことを理由に、相談に応じる準備ができていない。須原屋と出雲寺との話し合いによって解決して欲しい旨を伝えた。だが須原屋は、買い取り先の出雲寺を交渉相手とするのは筋違いであると、正論を述べた。当惑した燕屋は、明晩までに考えをまとめて、須原屋の店を訪れることを約束した。

小川からの助言、出雲寺を頼る燕屋の姿からは、争論に長《た》けた出雲寺文之丞(和泉)というイメージを引き出すことができる。

十二月五日夜、約束の通り、燕屋は須原屋の店を訪れた。対応には須原屋の藤助と弥次兵衛があたった。燕屋は、当方には先の寄合の席に持参した証文一通のほかに証拠になるものはなく、また今となっては出雲寺から武鑑株を取り返すこともできず、対応に苦慮している。出雲寺へは武鑑株(『大成略武鑑』『正宝武鑑』株)を十両ずつ、合計二十両で売ったことを明らかにした。

須原屋では、この件は早々に解決したいと思っている。燕屋の『正宝武鑑』株に五分の一の権利があることは承知したと伝えた。また、燕屋に、帰路、出雲寺の店に寄り、支配人の忠助へ、今日の相談の結果を伝え、その上で明日、出雲寺の返答を持って来訪して欲しいと話した。

十二月七日夜、燕屋は須原屋の店を再び訪れた。両者は、不時の寄合の開催を仲間行事に要請することを決めた。

十二月八日、先の寄合（十二月三日）と同じ三組の行事四名と老分《ろうぶん》三名、当事者である燕屋と須原屋の代理人の勇助・伊八・藤助が集まった。次の間には須原屋の弥次兵衛が控えた。

この寄合では、『正宝武鑑』株を、須原屋に五分の四（八割）の株、燕屋に五分の一（二割）の「利分け株」とすることが確認された。須原屋は、この決定を仲間の帳面に、是非、記して欲しいと願った。仲間行事は、もう一方の当事者である出雲寺を呼び出した上で、これを行うとした。出雲寺の代理人佐助が到着して後、同意のうえで仲間の帳面に、右の内容が記載された。ここに一件は落着した。

十二月九日、須原屋の勇助は、袴を着した正装で礼廻りをし、同月十九日には、世話になった老分と小川・小林・吉文字屋の各行事に、土佐ぶし十本（代銀十匁）と酒「満願寺」二升（代銀四匁半）を持って訪ねている。

安永七年（一七七八）八月から安永八年十二月までの、須原屋茂兵衛と出雲寺の武鑑株をめぐる争いの経過と結果をみてきた。ここから明らかにできる諸点をまとめておきたい。

板株の実態

第一は、仲間の組織と運営についてである。①不時の寄合は仲間構成員の要請によって、開催された。②老分と呼ばれる三名の者が仲間内に存在し、老分は仲間行事に優越した立場にあり、仲間行事の要請を受けて寄合に出席した。

第二は、仲間行事の判断の基準についてである。①仲間行事の決定は証拠に基づいたものであった。②ただし、出雲寺版の『太平略武鑑』の出版が許可されたように、南組の帳面が焼失している状況下では、南組に属する者の劣勢は明らかであった。③中通組の行事小川彦九郎は須原屋茂兵衛に対して、迅速な対応を求めたことから、小川は争いの泥沼化を回避しようとしていたとみることができる。

第三は、須原屋茂兵衛についてである。①争論を短期間で決着させた理由は、須原屋と燕屋弥七との間で内済が持たれたこと、争いに長けた出雲寺文之丞（和泉）が関与できる余地が少なかったことに原因したと考えられる。この意味において、宝暦九年に幕府の裁許を受ける公事相論にまで発展し、辛酸《しんさん》を嘗めた経験が須原屋では活かされたことになる。②ただし、これは妥協を伴うものであった。須原屋は、出雲寺の『太平略武鑑』の出版を許した。また『正宝武鑑』の丸株所持を放棄し、燕屋の五分の一の権利を認めることになった。

第四は、出雲寺文之丞についてである。①安永八年の争いは、出雲寺が「大名付」の「略武鑑」（『万代武鑑』）の出版を企てたことに端を発している。ここにも出雲寺の強引なやり方が垣間《かいま》みられる。②出雲寺は、作成者の肩書や証人の署名・押印がない怪しげな証文、燕屋が宝暦十年の相論時に絶板を命じられた『大成略武鑑』株、出所・転売の過程が必ずしも明らかではない武鑑株を取得し、これらを元にして武鑑の再板を行うことを企画した。③これらの出雲寺の行為は、本来であれば、書物問屋の仲間秩序を崩すものとして、否定される可能性が高いものであった。しかし出雲寺は、小川の言を借りるならば「巧み仕る」やり方で、仲間行事・老分の承認を得て、『太平略武鑑』（のちに「太平」は「泰平」に変わる）の出版を開始したのであった。

書物師出雲寺の戦略

出雲寺の書店経営

武鑑株を抵当に

文政《ぶんせい》期（一八一八～三〇）に須原屋茂兵衛《すはらやもへえ》で作成された史料によれば、天明《てんめい》元年（一七八一）に須原屋と出雲寺文之丞の間で、再び争いが起っていたようである。その結果、須原屋の「持ち株」百十四ヵ条、出雲寺の「持ち株」二十四ヵ条を定め、この後、互いにこの権利を侵害しないことを申し合わせたという。百十四ヵ条とは、大名家当主の叙位任官年月・家督《かとく》年月、大名《だいみよう》火消《ひけし》の纏《まとい》図《ず》、参勤交代《さんきんこうたい》時に船を使用する大名の船印《ふなじるし》ほか、江戸の菩提寺《ぼだいじ》の場所と宗派などの項目であった。なお、これらは天明元年段階では、須原屋・出雲寺ともに武鑑に記載済みの項目である。この点については表2によって確認できる。

しかしこの申し合わせがやがて新しい争いの火種となる。須原屋と出雲寺の争いは、この天明元年の申し合わせから、三十余年後の文化《ぶんか》十一年（一八一四）に再発するのである。本章では、文化期・文政期の、須原屋と出雲寺の争いについて述べるが、その前に、出雲寺の当時の経営状況をみておこう。

出雲寺文之丞は、三回の大きな争論を経験し、その間、宝暦十年（一七六〇）に『大成武鑑』『有司武鑑』株、安永八年（一七七九）に『太平略武鑑』株を手中におさめることに成功した。その後の天明二年（一七八二）十一月に文之丞は隠居し、二代目の文之丞が家《か》督《とく》を継いだ。

二代目文之丞は天明五年（一七八五）十月に没して、遠州屋《えんしゅうや》弥七（左の史料では「勘兵衛」）の子が入家《にゅうか》して、出雲寺文五郎元孝と名前を改めて、家督を継いだ。この当主の交代があった直後、天明六（一七八六）・七年に、出雲寺は武鑑の出版を休止している。その理由は、出雲寺の江戸店の資金繰りが思わしくなかったことにある。

出雲寺文之丞（初代）の義父にあたる江戸の両替商播磨屋《はりまや》中井家の日記によれば、出雲寺の江戸店は宝暦五年二月以前から播磨屋より援助を受けていた。播磨屋が所持する左内《さない》町（現、東京都新宿区）の抱え屋敷の賃貸し料を融通されていた。しかしこれでは賄いきれないため、代わりに左内町の沽券《こけん》料に相当する四百両の貸し付けを受けている。

天明期に入っても経営の改善はみられなかったようで、武鑑の出版を休止する。天明六年九月には、武鑑株を抵当にして、播磨屋から二百五十両の扶助を、出雲寺は受けることになった。この事情は左の史料の前半部分から明らかになる。

（天明六年）九月晦日　当番甚助（中略）

一、出雲寺御用株の義、当時御隠居に付き、去年中、勘兵衛悴《せがれ》文五郎へ御預ケ譲り成され候て、御用向万々相勤め候様に相成り申し候、右株の内武鑑一件の義は株金も高にこれ有り、文五郎方相談もでき兼ね候に付き、当時、店へ買い取り置き申し候、然れ共、店名前にて証文取り候儀、如何に付き、久兵衛名当を以って借金弐百五拾両に譲り請け置き申し候、後日にいよいよ開板など致し候わば、其の節仲間入致し候て、相始め申すべく候、右証文、則ち本店に取り置きこれ有り候、

但し、大成武鑑・太平略武鑑

有司武鑑　此の板行深川蔵屋敷にこれ有候

右株、往古、出雲寺へ譲り請け候書物、かつ先年、須原やと公事《くじ》に相成り候節、相済む諸書物などこれ有る由、追って此の方へ請け取り申すべき事、

右の義、奥にて喜兵衛様御出席、嘉右衛門より久兵衛へ申し渡され候に付き、今夕、日本橋隠居所罷《まか》り越し、新十郎様御直談の上、株譲り証文請け取り罷り帰り、嘉右衛門見届けられ、久左衛門・与兵衛・九郎助・伊兵衛・甚助、皆々承り届けられ候事、

茂八、新川付き、其儀なし、

右からは、天明五年に家督を継いだ出雲寺文五郎は、播磨屋と血縁関係になかった。そのため、出雲寺の江戸店の相続と、幕府の御用達町人《ごようたしちょうにん》である書物師の身分を継承するにあたって金銭の授受があったこと、江戸店の相続と武鑑株（二百五十両）の所持とは分けられたこと、武鑑株は高額で文五郎では対応できないため、播磨屋が引き取ったことがわかる。

播磨屋中井家からの助成

天明八年（一七八八）三月二日、播磨屋中井家と相談の上、出雲寺文五郎は『大成武鑑』の出版を再開することを決めた。このときの条件は、播磨屋が経費の全額を負担し、その代わりに一部に付き銀二匁を、出雲寺から播磨屋へ納めるというものであった。

三月十八日、『大成武鑑』の板木は出雲寺に渡された。深川の蔵屋敷に置かれていたとされる板木の破損は激しく、記事の訂正を要する箇所も多く、板木の過半に手を加える必要があった。予想以上の出費となった。

五月二十二日、『大成武鑑』の板木の新刻が大方でき上がり、板賃の納入に関して、出雲寺と播磨屋は正式に契約を結んだ。

契約の内容は、以下の通りである。板賃は百部につき金三両で、毎月晦日に出雲寺より播磨屋に渡す。板権の所持者は播磨屋であるが、書物問屋仲間に属さない播磨屋では、売り捌くことができないので、出雲寺の名前で出版する。後日、播磨屋がほかの本屋に武鑑株を譲渡することがあっても、出雲寺より異議を申し立てないことを約束する。

ところで、右の板賃の百部につき金三両は、当時の金銀換算比率では、一部につき銀二匁という額と同等である。また参考までに、慶応元年（一八六五）の史料によって、『大成武鑑』一部の費用総額・卸値・小売値を調べてみると、次のようになる。『大成武鑑』一部の費用総額・卸値・小売値は、それぞれ銀二十匁四分四厘、銀二十一匁、銀二十二匁五分。板元が直接小売りをして得られる利益は銀二匁六厘。これに照らすと、一部につき銀二匁の板賃を播磨屋に納める出雲寺の利益はないに等しい。武鑑の出版によって得られる利益のほとんどは、板権の所持者である播磨屋に吸い上げられていたことになる。

天明八年六月一日、『大成武鑑』はできあがった。出雲寺は幕府への上納と、一般への売り捌きを始めた旨を、播磨屋に報告しつつ、武鑑一部と生肴一折を持参した。その後も、播磨屋の出雲寺への経済的な援助は続き、寛政期に播磨屋から出雲寺への貸金の総額は九千両余に達したといわれる。

ではなぜ、播磨屋は出雲寺に新十郎（初代文之丞）を入家《にゅうか》させ、文之丞の隠居後も資金の援助を続けたのか。それは、出雲寺が幕府の御用達町人（書物師）であったこと、武鑑の板元であったためであろう。出雲寺がもつ社会的な「信用」、そして武鑑の板元に集まる諸情報は、播磨屋にとって重要な意味をもっていた。

播磨屋中井家の記録「永代帳《えいたいちょう》」には、朝鮮通信使《ちょうせんつうしんし》の江戸登城一件、幕府役人の人事異動に関する情報の入手先として、出雲寺の名が散見する。新十郎の入家後、急速に播磨屋中井家と幕府との関係は接近し、天明八年十月に播磨屋中井家は六名の両替商とともに勘定所御用達に任命され、三人扶持《ぶち》を与えられることになる。

出雲寺の武鑑上納

両替商播磨屋中井家よりの資金援助を受けながら、出雲寺文五郎は武鑑出版を続けた。しかしながら、毎月の改訂をコンスタントに行い得る状態にはなかったようである。「書物方日記」の寛政《かんせい》八年（一七九六）七月十七日条には、武鑑の上納は幾度も延引し、五月分を六月一日に上納。しかし六月四日に幕府の細工所より記事に不備があると指摘されて、五日間の約束で訂正を申し出たが、結局、遅滞し、六月十八日に出雲寺は武鑑を納入したと、書かれている。

出雲寺は、幕府の細工所と書物方に武鑑を上納していた。では「書物方日記」によって出雲寺が武鑑を持参したという記事を拾ってみよう。すると、書物方への武鑑の上納は、多い年でも二回に止まる。毎月一日に武鑑を上納するといった出雲寺の「御用」は滞りがちであったことになる。

こうしたなか、事件が起きる。次に示すのは、「書物方日記」の寛政八年七月二十六日条にある出雲寺文五郎への申渡書の内容を現代語訳したものである。

一、出雲寺文五郎への申し渡しは、左の通り、

其の方は、山王《さんのう》祭礼の夜宮の折、「御用」武鑑を納めるべき日にちが遅れていることから、武鑑の作成作業を行っていたな。また店先に見物人が入ることを抑えるために、葵紋《あおいもん》の付いた高張提灯《たかはりぢようちん》を掲げていたな。代々、幕府の御用達町人として、相続を重ねてきた身にありながら、それに似合わない取り計らい、心得違いである。今回は宥《ゆう》免《めん》するが、今後は葵紋の付いた提灯などをみだりに用いることを禁止する。この旨、若年寄《わかどしより》立花出雲守種周《たねちか》殿よりおおせ渡された。慎んで過ごすように、きつく申し渡す。

右は書き付けによって申し渡された。出雲寺方より提出した請書は左の通り（下略）。

右の史料では、武鑑の作成時に、出雲寺の店で、高張提灯を掲げたこと、これは心得違いとされ、以後は葵紋の付いた高張提灯をみだりに使用してはならない、慎み（謹慎）を命じるとされている。

この申し渡しに先立って作成された上申書（書物奉行より若年寄宛）には、出雲寺が武鑑の作成時に店先へ提灯を下げた、よんどころない事情がもう少し細かく説明されている。それによれば、六月十四・十五日の昼間は山王祭礼のため、職人が仕事を休み、夜職とな

った。だが、夜になって、山王祭礼のために店の二階を閉め切ることになり、一階で細工の仕事をしなければならなかった。そのため店先に見物人が勝手に立ち入らないように防ぐ必要があり、高張提灯を下げたと。

もちろん、この出雲寺の事情説明は幕府に認められることはなく、出雲寺は侘び証文を提出することになったわけである。

ここで武鑑との関係から注意したいのは、出雲寺が武鑑の作成と上納を、通例、葵紋の付いた提燈を掲げて行う「御用」（たとえば、徳川将軍の文庫である紅葉山《もみじやま》文庫に所蔵されていた「聖蹟図《せいせきず》」「法帖物《ほうじょうもの》」の修復）と、同等のものと位置づけていた点である。ただし、この出雲寺の主張は幕府に承認されることはなかった（後述）。また、この幕府への武鑑の上納がそのまま、出雲寺による武鑑の出版と同義であったかも、即断を避けなければならない。この時期、出雲寺は須原屋版の武鑑を取り寄せて、それに部分修正を施して、幕府に上納していた可能性があるからである。

文化十一年の争い

出雲寺株は須原屋に

文化期《ぶんか》(一八〇四〜一七)、出雲寺の武鑑株の動きを、須原屋茂兵衛《すはらやもへえ》は次のように把握している。

出雲寺による武鑑の出版は、天明期《てんめい》に休止し、出雲寺の武鑑株は本銀町《ほんしろがね》二丁目藤兵衛店石井久兵衛へ売り渡され、本石町《ほんごく》二丁目家主半次郎店書物問屋平吉(平野屋吉兵衛か)を経て、文化六年(一八〇九)に須原屋茂兵衛の手に帰した。

天明期の出雲寺版の武鑑出版の休止、武鑑株の名義人(播磨屋《はりまや》中井家ではなく、久兵衛の名義としたこと)については、先に述べた通りである。須原屋の把握は正しい。そしてここで重要なのは、播磨屋中井家が出雲寺による武鑑の出版に見切りをつけ、武鑑株を売却し、それが文化六年に須原屋の手に帰していたことである。

文化十一年に新たな争いが始まる。次の史料の記録者は、書物問屋の和泉屋庄次郎（一七六九～一八二二）である。当時、出雲寺の当主は文化十年六月に、出雲寺要人の後を受けて、十代目書物師となった出雲寺源七郎であった。一方、須原屋では、五代目茂兵衛顕清が寛政十一年に没し、続く顕光がわずか二十二歳で享和三年（一八〇三）に没し、別家の北畠氏から茂広が七代目須原屋茂兵衛として入家《にゅうか》していた。

恐れ乍ら書き付けを以って申し上げ奉り候

一、書物問屋行事申し上げ奉り候、御書物師出雲寺源七郎義、御用にて武鑑差し上げ来り候処、所持の板行磨滅仕り候に付き、右御用には須原屋茂兵衛方より取り寄せ差し上げ来り候処、此度源七郎方へ武鑑類増補彫刻仕り、御用の節差し上げ、かつ摺り立てなど不出来の分は、商物に仕る段願い出で候故、差し障り有無の御窺御座候間、猶又、別段、通壱丁目久兵衛店茂兵衛義も召し出だされ、右の義御尋御座候に付き、茂兵衛方より難渋の筋、別紙を以って御願い申し上げ候、もっとも仲間内茂兵衛方外にも、武鑑類、所持仕る者もこれ在り、かたがた難渋仕り候、都《すべ》て何の書物に限らず、私共板木株を以って家業仕り候得共、株式相立ち申さず候、是は仲間規定も崩れ、一同難渋仕り候間、何卒板行株相立ち候様、御慈悲ひとえに願い申し上げ奉り候、已上、

月　日

書物問屋
行事　鶴（鴨）　伊兵衛
野田　七兵衛
西宮　弥兵衛

右の史料は宛所がないが、提出先はおそらく町年寄《まちどしより》であろう。以下、内容に補足を加えながら要約すれば、出雲寺は所持する武鑑の板木《はんぎ》の摩滅が激しくなったため、須原屋版の武鑑を取り寄せ、須原屋版を代わりに幕府に納めてきた。しかし、今回、「大武鑑」と「略武鑑」の内容を増補して出版し、出来あがった武鑑は幕府に上納するほか、武家やその他の希望者に売り捌きたいと思うという願い出が、出雲寺源七郎からあった。そこで、仲間行事は、武鑑株をもつ者の代表として須原屋茂兵衛を呼び出し、差し障りの有無を問うた。これに対して、須原屋は、出雲寺による武鑑の出版が許された場合は、商売に支障が生じる旨を応えた。このことは別紙に認《したた》めて願い出ているところである。仲間内には須原屋のほかにも、武鑑株を所持する者がいて、かねてから困っている。武鑑に限らずすべて、板株の権利が認められて、はじめて書物問屋の家業は成り立つ。今回、出雲寺の願いが認められれば、仲間の規定は崩れ、仲間一同は困窮に陥ることになる。是非、お慈悲をもって、既存の板株の権利を認めてくださいとなる。

出雲寺の動きは、仲間の規定が崩れる要因、仲間困窮の引き金になると、仲間行事は判断していることが明らかになる。

内済の成立（その4）

このように、書物問屋の仲間行事から不許可の判断が下されても、出雲寺源七郎が武鑑出版の再開を断念することはなかった。出雲寺は文化十一年（一八一四）八月四日、武鑑株を他人へ売り渡した覚えはないとする書類を書物奉《しよもつぶ》行《ぎよう》に提出し、九月二十六日には武鑑の出版を再開したいと、やはり書物奉行に願い出ている。書物奉行に願書を提出していること自体に、すでに幕府の御用達町人《ごようたしちようにん》という立場を利用しようとする、出雲寺源七郎のやり方が表されている。

出雲寺が提出した願書に対する若年寄の指示は、文化十二年六月十日に出された。その内容は、一般の書物問屋と同じように、古板の買い戻しは相対で行うようにというものであった。出雲寺は古板買い戻しに書物方の援護を期待したが、実現しなかったことがわかる。

須原屋茂兵衛と出雲寺源七郎との内談は、文化十二年六月二十八日に、出雲寺が須原屋に百八十両を支払うことで成立した。ここに出雲寺は武鑑株の買い戻しに成功した。だがこれはそもそも、書物問屋仲間の規定に違う、須原屋の既得権を侵害するものであったことを強調しておく必要がある。

　武鑑株を再び取得した出雲寺は、早速、武鑑の出版準備にとりかかり、改板に際して次の三点を改めることにした。一つは、御三家の付《つけ》家老五家（尾張《おわり》徳川家の成瀬家・竹腰《たけのこし》家、紀伊《きい》徳川家の安藤家・水野家、水戸徳川家の中山家）の記事を、大名家と同じ形式で掲載すること、二つめは大名家や幕府役人の記載順を変更し、さらに現行四冊の「大武鑑」の冊数を五冊に増やすことであった。だが、この改訂事項は、いずれも享保《きようほう》七年（一七二二）に出された幕府の出版取締令で禁じている新規の事柄に属したため、さまざまな問題を引き起こすことになった。

幕府取締令への抵触

「付家老付」の出版

御三家《ごさんけ》の付《つけ》家老を「大武鑑」の巻二の末尾に綴り足したいとする、出雲寺源七郎の願書は書物奉《しょもつぶ》行《ぎょう》に提出された。このように出版に関わる事項を幕府の書物方に願い出るという行為は、筋違いといえるものであった。そのため書物奉行は、書籍の買い上げは、幕府の細工所《さいくじょ》の担当である。細工所を通して小納戸《こなんど》から許可を得るようにと指示した。これを受けて、出雲寺は、細工所へ上申し、細工所から綴り足しに問題はないとする、小納戸の意向を得ることに成功する。

出雲寺は引き続き、武鑑の出版に向けて準備したが、間に合わず、文化《ぶんか》十三年（一八一六）正月と二月は、須原屋茂兵衛版の『文化武鑑』を購入して、幕府に納めた。ところが、小納戸から催促があったため、出雲寺は須原屋版の巻二の末に、御三家の付家老の名前を加筆し、巻三の末の刊記を「出雲寺源七郎」の名前に綴り替えた「大武鑑」（五部）を、同年三月に納めた。これは事前に小納戸に打診して内諾を得ていたものであった。ところが、同年四月、右の綴り替えには問題があるとして、出雲寺は町奉行所への出頭を命じられる。

以上は、文化十三年正月から四月までの動きである。

ここで注意したいのは、文化十三年四月に江戸の北町《きたまち》奉行永田備後守《びんごのかみ》正道は、武鑑の綴り代えに問題があると、判断したことである。角度を変えていえば、北町奉行の永田は、『大成《たいせい》武鑑』に御三家の付家老五家を加えたことは問題にしていない。付家老の件は、細工所を経て、小納戸から内諾を得たものとして処理し、とくに触れていない。

しかしながら、老中《ろうじゆう》酒井《さかい》若狭守《わかさのかみ》忠雄の考えは町奉行の永田とは別のところにあった。文化十三年五月二十二日に老中の酒井は町奉行の永田に対して、次の申し渡しをした。

①　御三家の付家老五家に関する記事の増補は、新規の事柄に属する。したがって、武鑑に載せることは許されない。ただし、別冊に仕立てるのは構わない。

②　新しく書籍を出版する場合は、書物問屋の仲間行事へ願い出て、書籍の内容によっては町奉行所に伺いを出し、許可を得てから、出版にとりかかるようにさせよ。

つまり、老中の酒井は付家老を既刊の武鑑に加えることを禁じ、新しい別の書籍として出版すること。新しいものを出版するのであれば、享保《きょうほう》七年（一七二二）の出版取締令に定められた手続きを遵守するようにと、命じたのである。

町奉行所からこの申し渡しを下達された出雲寺は、①について承伏したが、②については受け入れず、次の行動に出た。

文化十三年七月、出雲寺は願書を書物奉行に提出した。その願書の内容は、先代の九目書物師要人が町方人別《まちかたにんべつ》を離れて以来、当家は幕府の「御用」のみを務め、書物奉行の支配限りの立場にある。したがって、「御用」にかかわる書籍までも、書物問屋の仲間行事を通して、町奉行所に伺いを立てて出版するのでは、書物奉行の配下にある甲斐がない。是非ともほかの御用達町人《ごようたしちょうにん》同様に、支配限りで取り扱ってほしいとするものであった。

新規の項目などは禁止

文化十三年（一八一六）九月、出雲寺源七郎は、『大成武鑑』に新たに加えたい八ヵ条を書き上げた願書と、通常の出版手続きを行わなければならないとは心外であるという内容の上申書を、書物奉行に提出した。源七郎が計画した『大成武鑑』の改訂八ヵ条は具体的には次のものである。

a　「大名付」における大名家の記載順の変更

これまで御三家・越前松平《えちぜんまつだいら》家・会津《あいづ》松平（保科《ほしな》）家を巻頭に置き、金沢前田家より領知《りょうち》高順に並べ、分家は本家の次に置き、同領知高の場合は殿席《でんせき》の高い順に配列してきた。だが今後は、城主・無城の区別、家督《かとく》の順、家柄を反映した配列にしたい。

b　「大名付」における「大広間席」の大名の扱い方

「大広間席」は殿席の一つである。この殿席を与えられている織田家《おだ》（当時の当主は織田出雲守信憑《のぶより》）は、領知高は十万石未満であるが、「大名付」巻一に加えたい。ただし、織田家の分家はそのまま「大名付」巻二に置く。無論、織田家が家格《かかく》通りに、「柳之間席」となった場合は、現行と同様に巻二に置く。

c　交代寄合・高家衆の扱い方

これまでは「役人付」の中で、略系図などを記しているが、今後は、交代寄合（格式ある家筋で参勤交代するが、万石以下であった）と高家を独立させて一冊とし、巻三に置き、「大武鑑」を全五冊とする。

d　大名家の隠居《いんきよ》衆《しゅう》の扱い方

これまで隠居した大名は「大名付」巻二の巻末にまとめて収録していたが、今後は、各大名家の記事の最後に付すようにする。

e　「役人付」での「門番」「火の番」「寄合」の扱い方

これまで、江戸城本丸付の「役人付」は巻三、西丸付の「役人付」は巻四としてきた。今後は、巻四を本丸付「役人付」とし、記載順番に手を加え、「門番」・「火の番」を巻四の最後に置く。巻五を西丸・姫君・御三卿付の「役人付」とし、巻五末に「寄合」（三千石以上、布衣以上）を置く。

f　大名の装束に関する記事の増補

g　「諸役前録略記」の増補

h　「役人付」全般にわたる順番の組み替え

であった。右の八ヵ条のうち、abdfは「大名付」に関する変更、それ以外は「役人付」に関するものである。

願書を受理した書物奉行は、これまでの経緯から、北町奉行の永田に意見を求めた。これに対して、北町奉行の永田は幕府の「御用」に関わる問題であれば、書物問屋の仲間行事が関わることはない。しかし「御用」に関わらない書籍であれば、新規の増補を禁じるという出版取締令が適用されよう。市販を行わないというのであれば、今後、その点を明確にしておくべきであろうと返答した。

つまり北町奉行の永田は、願書の内容に踏み込んだ返答はせず、「御用」に関わることなのか、関わらないことなのかを、まず前提として明らかにしておく必要があるとしたのである。

文化十三年（一八一六）九月二十七日、書物奉行は、若年寄の堀田《ほった》摂津守正敦《まさあつ》に出雲寺源七郎が作成した願書三通と、右に紹介した北町奉行からの返書、それに書物奉行の添簡を提出し、判断を仰いだ。

十月十三日、若年寄から回答があった。若年寄は、「御用」に関わる仕事と、出雲寺の「自分物」を峻別すること、御三家の付家老五家を記す『御三家方御付』は出雲寺の「自分物」の範疇に入ると考えられると、回答した。

武鑑出版は「御用」にあらず

武鑑の出版は「御用」であるとする、出雲寺の主張は退けられたわけである。となれば、出雲寺は書物問屋の仲間行事に願書を提出するといった、一般の出版手続きに従わなければならない。

かくして、文政《ぶんせい》元年（一八一八）、出雲寺版の『大成武鑑』四冊と『御三家方御付』（一冊）は「自分物」（書物問屋の業務に関わる物）として、出版された〔図42〕。しかし、この株の権利は、出雲寺源七郎に帰属したが、源七郎は書物問屋の株を所持していなかったため、作成と売り捌きは、書物問屋の株を持つ出雲寺勇三郎（源七郎の義兄）が行うことになった。

以上は、出雲寺源七郎が、須原屋茂兵衛との内談の末、須原屋に百八十両を支払って入手した武鑑株をもとに、武鑑出版を再開するまでの経緯である。ここから明らかになった

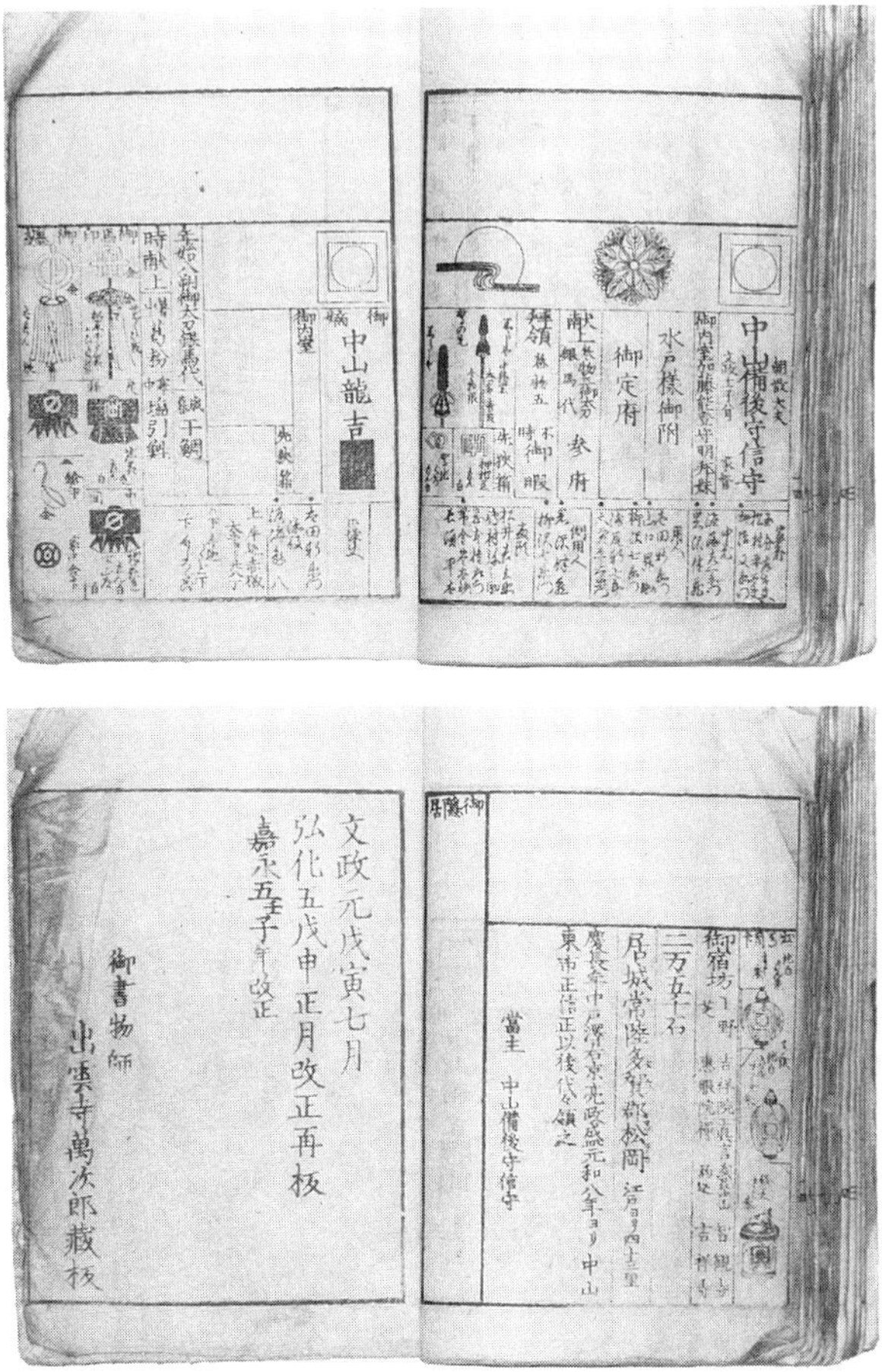

図42　嘉永5年(1852)刊出雲寺万次郎版『御三家方御付』
水戸徳川家の付家老中山家と巻末の刊記.「文政元戊寅七月」に板木が起こされたことがわかる（学習院大学図書館蔵）

事情は次の通りである。

①　出雲寺は幕府の指示を受けて須原屋との交渉にあたり、武鑑株を買い戻した。

②　町奉行は当初、出雲寺の武鑑に、御三家の付家老五家の加筆をすることを容認した。だが、老中は付家老五家を武鑑に加えることを禁じ、別の形で出版するようにと指示した。

③　この指示に対して出雲寺は、すでに細工所を通して奥向き（小納戸）の許可を得ていること、これまで書物奉行の支配限りで行って来たこと（ただし、これは出雲寺の方便と考えられる）を理由に抵抗した。

④　だが、出雲寺が頼みとした書物奉行は、いずれの場合も積極的に事態に介入することはなかった。また介入できる権限を持たなかった。書物奉行は出雲寺の願書を、細工所・町奉行・若年寄に廻し、対応を任せた。

⑤　若年寄は、老中・町奉行の考えに沿うこととし、出雲寺に対して、ほかの書物問屋と同じように、出版の手続きを踏むように指示した。

出雲寺は、御用達町人である書物師の立場を利用して、書物奉行の支配限りで、武鑑の再板、記事の充実を図ろうとしたが、特別な待遇を受けられなかったということができる。とはいえ、出雲寺が、書物方、細工所、小納戸と繫がりを持ち、そこから新しい武鑑の構想（先に記したa〜h）を生み出していたことを、見落としてはならない。

内済の成立（その5）

既述したように、文政元年（一八一八）七月、出雲寺源七郎は武鑑出版を再開した。繰り返せば、出雲寺の動きは、その始まりから複雑さを備えていた。通常の出版手続きをとるならば、武鑑株の買い戻しと御三家の付家老五家の増補は、書物問屋に属する出雲寺勇三郎が行うべき仕事であった。それをあえて出雲寺源七郎は書物奉行に願い出るといった手段をとった。

　出雲寺源七郎は、度々、願書のなかでほかの「御用達職人同様」の支配所限りの処遇を要求した。これを要求する根拠は、町方支配を受けない、書物方支配の書物師の立場であった。この意味で、出雲寺源七郎が宗門改証文《しゅうもんあらためしょうもん》を提出する先を書物方に限定していたことは、熟考の上での策としなければならない。

　町方人別に記載されることと、書物問屋の株（営業権）を所持することと、密接に結び付いていた。書物問屋の株を持たない書物師出雲寺源七郎は、原則として一般への売り捌きの権利を持たず、売り捌きは出雲寺勇三郎など書物問屋仲間の構成員に委託しなければならなかった。

　だがこの問題とは別に、文政六年五月に出雲寺源七郎が出版した『大成武鑑』には、天明元年の申し合わせに違い、須原屋茂兵衛の「持ち株」二十四ヵ条に抵触する増補が施されていた。

文政六年五月十八日、須原屋はこの増補には問題があるとして、町年寄の奈良屋に訴えた。同年十月、源七郎は、出雲寺版の武鑑は幕府の「御奥御用」として上納しているもので、二十四ヵ条の削除は、今さらできないとし、今後は双方、天明元年の申し合わせに縛られることなく、自由に、出版を行うことにしよう。その際、板木の彫刻料がかかるであろうから、彫刻料として、まず金三十両、いや金五十両を渡そうという提案をしている。

だが須原屋は、板株の権利を守ることこそが重要であると判断して、上訴する。出雲寺源七郎は御用達町人の身分を笠に着て、強情のみを言い張り、話し合いに応じない（「源七郎義御用を傘《（ママ）》に着せ、兎角強情のみ申し立て、掛け合い致さず」）。出雲寺源七郎の提案を突っぱねた心の底には、須原屋の一民間商人としての意地があったかもしれない。

文政六年十一月六日、江戸の北町奉行の裁可《さいか》を仰ぐことになった。しかし須原屋も出雲寺に断りなく、出雲寺の「持ち株」七ヵ条を加筆していたため、出雲寺はこの点を突いてきた。形勢は五分五分となる。

文政七年三月に、須原屋版から七ヵ条を削除すること。一方、出雲寺は、今後、須原屋の「持ち株」に抵触する二十四ヵ条を削除すること、「御用」、つまり幕府への上納のみとし、残部を商品として諸家へ売り捌くことはしないという約束を結んで、内済《ないさい》は成立した。

出雲寺源七郎処罰

出雲寺源七郎と須原屋茂兵衛の内済は成立した。しかし文政六年（一八二三）十月の「書物方日記」をみると、出雲寺源七郎は書物奉行を通じて町奉行への審議願いを提出し、裏工作を行っていたことがわかる。これに加えて、この文政六年に出雲寺源七郎が売り捌きを願った武鑑は、絶板処分を受けることになる、俗にいう「八の武鑑」であった可能性があり、内済成立の裏で何が起っていたのか興味をひかれる。

これを念頭に、文政六年四月に須原屋に廻された出雲寺版『大成武鑑』の稿本《こうほん》を確かめると、「出来の分七冊八百四十丁」であり、八冊物での出版予定であったことがうかがわれる。「八の武鑑」は、現存本によれば、七冊目までは「大名付」、八冊目は交代寄合である〔図43〕。

交代寄合と高家を「大名付」に加えて、一冊に独立させて、出版しようとする計画。これは、文化十三年（一八一六）九月に町奉行より、既述の通り、新規の事柄に属するものとして、不許可の裁断を受けている。これを無視しての出雲寺源七郎の動きであった。書物奉行のスタンスは、先にみたように、武鑑の出版に関する判断は、町奉行に任せるというものであったから、事態は出雲寺源七郎の処罰へと展開する。

文政七年（一八二四）十一月五日、町奉行は出雲寺源七郎に対して、他出禁止、謹慎を

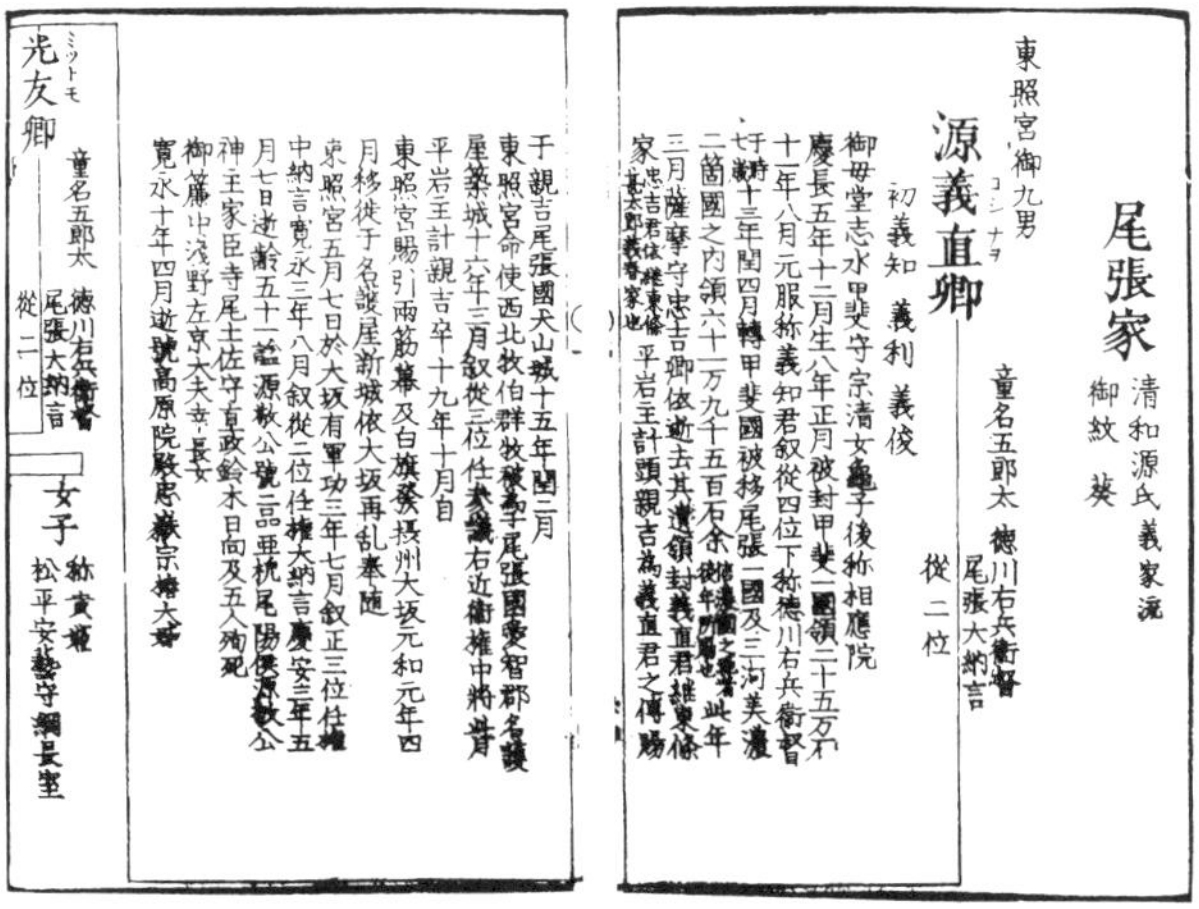

尾張家　清和源氏義家流
御紋　葵

東照宮御九男
源義直《ヨシナヲ》卿
初義知　義利　義俊
童名五郎太　徳川右兵衛督　尾張大納言
從二位
御母堂志水甲斐守宗清女亀子後称相應院
慶長五年十二月生八年正月被封甲斐一國領二十五万石
十一年八月元服称義知君叙従四位下称徳川右兵衛督
十三年閏四月轉甲斐國被移尾張一國及三河美濃
二箇國之内領六十一万九千五百石余
三月薩摩守忠吉卿依逝去其遺領封義直君継東條
家　平岩主計頭親吉為義直君之傅賜
于親吉尾張國犬山城十五年閏二月
東照宮命使西北牧伯群牧築于尾張國愛智郡名護
屋築城十六年三月叙従三位任参議右近衛権中将肯
平岩主計親吉卒十九年十月自
東照宮賜引両筋幕及白旗發摂州大坂元和元年四
月移徙于名護屋新城依大坂再乱奉随
東照宮五月七日於大坂有軍功三年七月叙正三位任権
中納言寛永三年八月叙従二位任権大納言慶安三年五
月七日逝齢五十一謚源敬公號二品亜枕尾陽侯源敬公
神主家臣寺尾土佐守直政鈴木日向及五人殉死
御簾中浅野左京大夫幸長女
寛永十年四月逝號高原院殿

光友《ミツトモ》卿
童名五郎太　徳川右兵衛督　尾張大納言
從二位
女子
松平安藝守綱長室

(1)

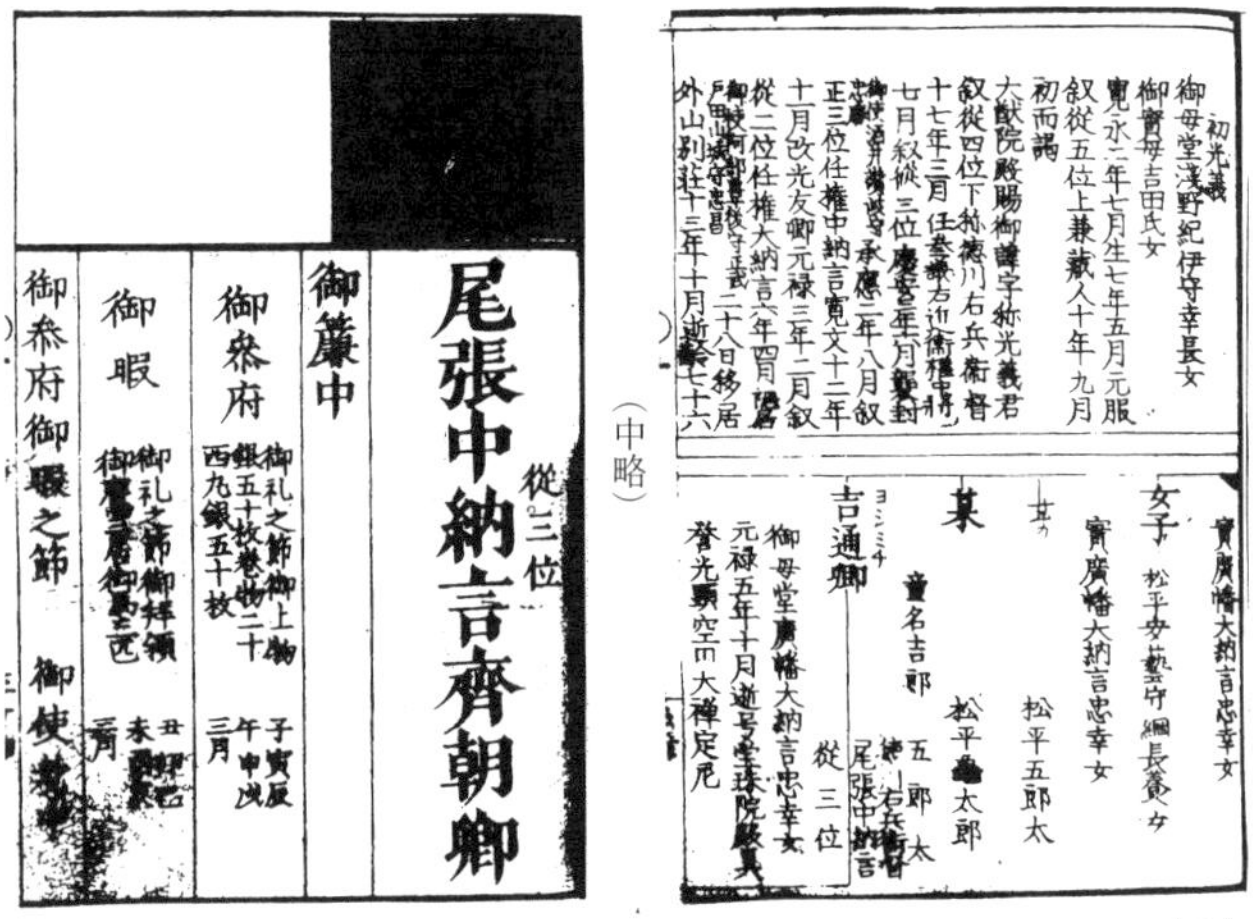

尾張中納言齊朝卿
從三位
御簾中
御參府　御礼之節御上物　銀五十枚巻物二十　西九銀五十枚　子寅辰　午申戌　三月
御暇　御礼之節御拝領　丑卯巳　未酉亥
御參府御暇之節　御使

（中略）

初光義
御母堂浅野紀伊守幸長女
御實母吉田氏女
寛永二年七月生七年五月元服
叙従五位上兼蔵人十年九月
初而謁
大猷院殿賜御諱字称光義君
叙従四位下称徳川右兵衛督
十七年三月任参議右近衛権中将
七月叙従三位
正三位任権中納言寛文十二年
十一月改光友卿元禄三年二月叙
從二位任権大納言六年四月
二十八日移居
外山別荘十三年十月逝齢七十六

女子
實廣幡大納言忠幸女
松平安藝守綱長養女
實廣幡大納言忠幸女
松平五郎太
某
松平　太郎
吉通《ヨシミチ》卿
童名吉郎　五郎太
徳川右兵衛督　尾張中納言
從三位
御母堂廣幡大納言忠幸女
元禄五年十月逝
登光顕空円大禅定尼

(2)

図43　「八の武鑑」

書名は『増補改正　大成武鑑』全８冊．尾張徳川家を記載する箇所.4冊物の「大武鑑」と比べると，系図・行列道具・家臣に関する記事が詳しいが，大名家によって記事内容に精粗がある（国立公文書館所蔵）

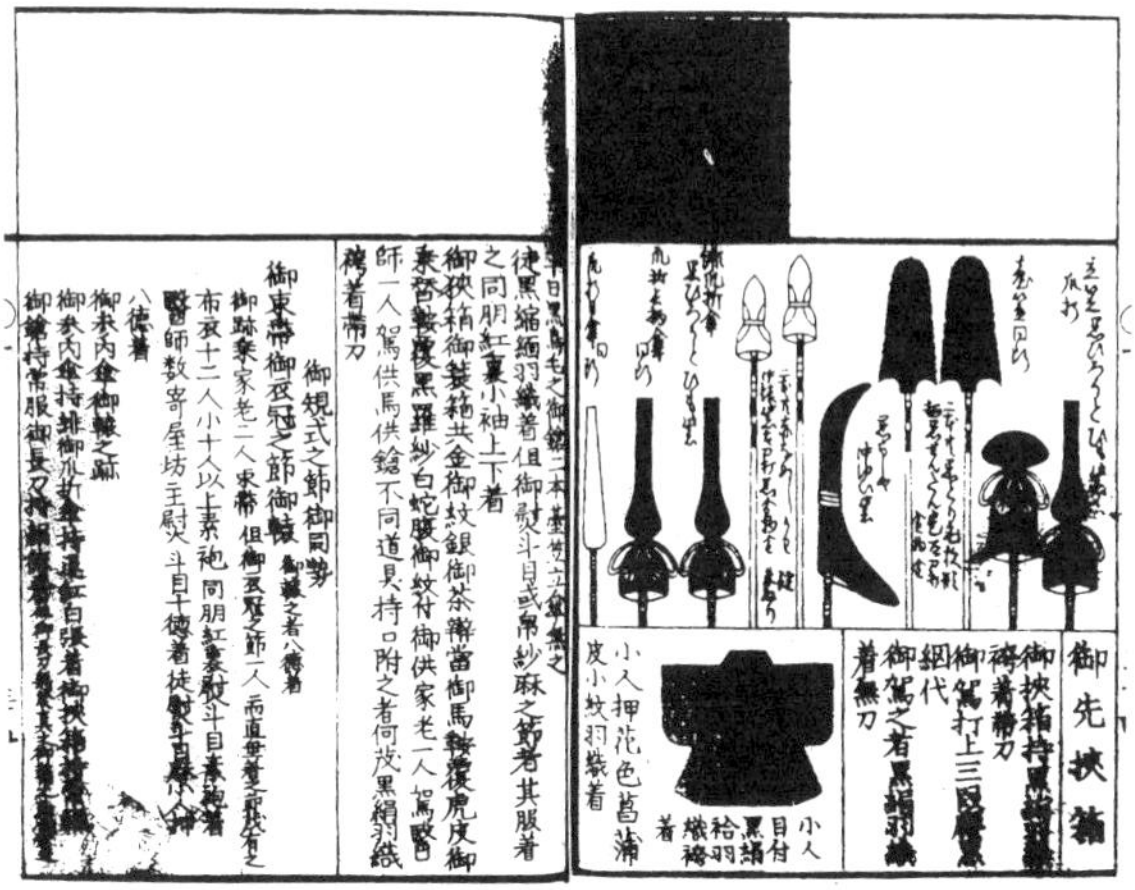
御先挟箱
御規式之節御同勢

(3)

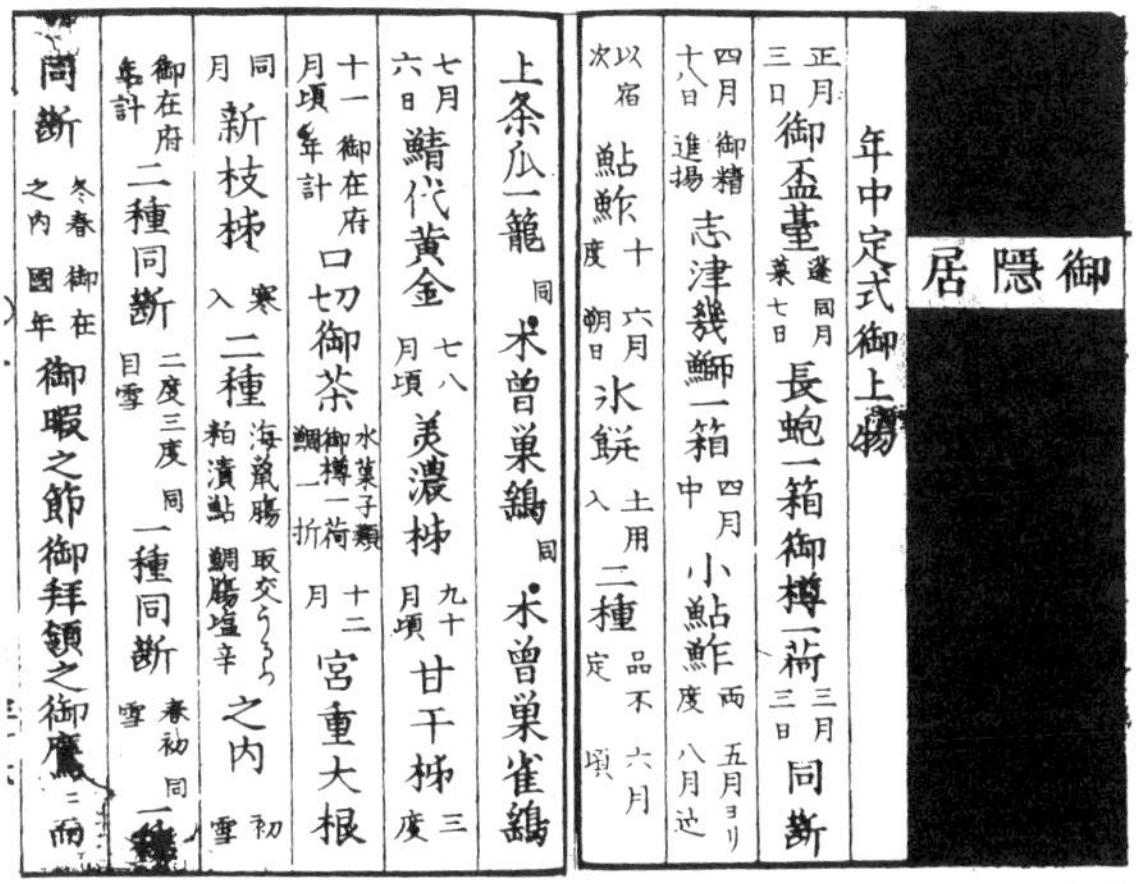
御隠居
年中定式御上物
正月三日 御盃臺 蓬莱 同月七日 長蚫一箱御樽一荷 三月三日 同断
四月十八日 御精進揚 志津幾鰤一箱 四月中 小鮎鮓 両度 五月ヨリ八月迄
以宿次 鮎鮓十 六月朔日 氷餅 土用入 二種 品不定 六月頃
上条瓜一籠 同 木曽巣鶉 同 木曽巣雀鶉
七月六日 鯖代黄金 七八月頃 美濃柿 九十月頃 甘干柿 三度
十一月頃 年計 御在府 口切御茶 水菓子類 御樽一荷 鯛一折 十二月 宮重大根
同月 新枝柿 寒入 二種 海鼠腸 粕漬鮎 取交ら 鯛腸塩辛 之内 初雪
御在府年計 二種同断 二度三度 同 目雪 一種同断 春初 同 雪
同断 冬春之内 御在国年 御暇之節御拝領之御鷹 三羽

(4)

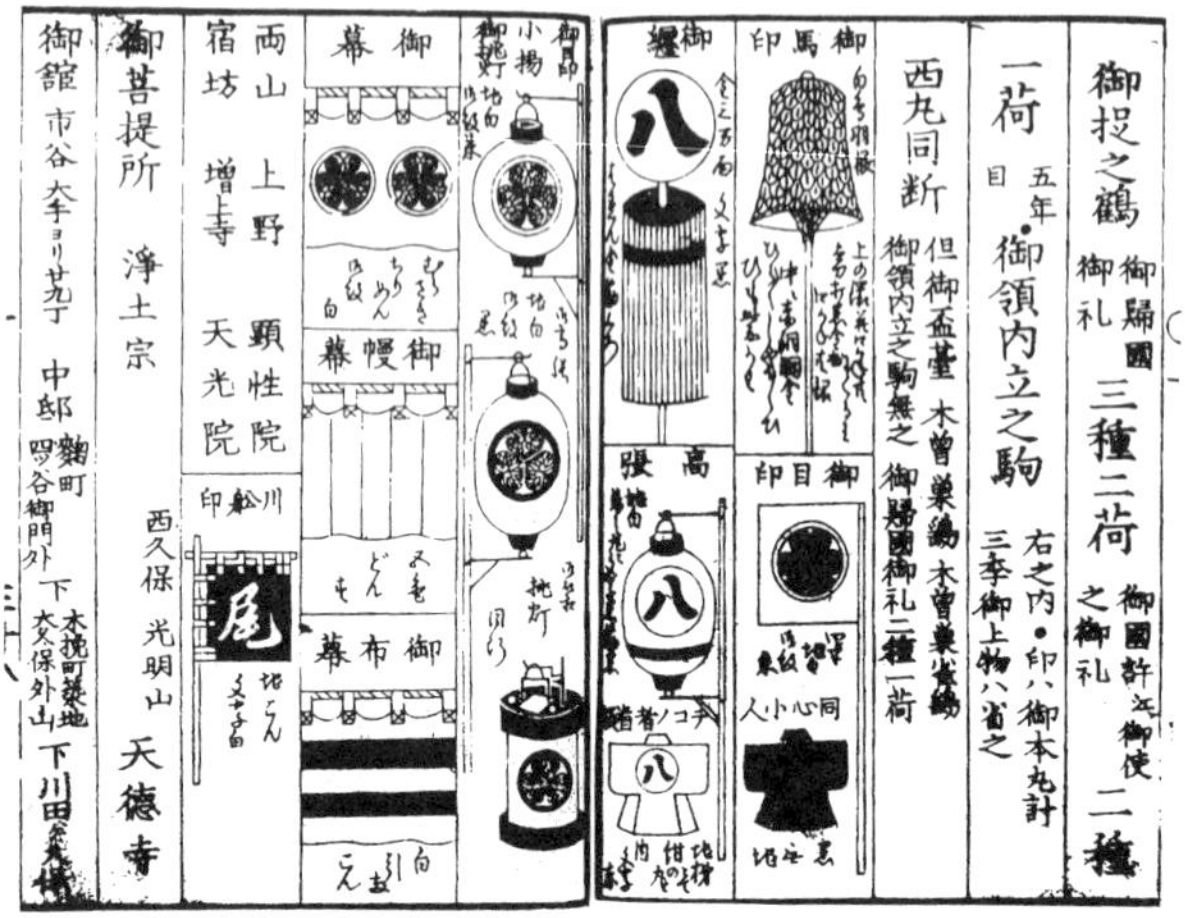
御捉之鶴　御帰國御礼　三種二荷　御國許江御使之御礼　二種
一荷　五年目　御領内立之駒　右之内・印八御本丸計　三季御上物八省之
西丸同断　但御盃臺　木曽巣鷂　木曽巣小鷹鷂　御領内立之駒無之　御帰國御礼二種一荷
御馬印
御目印
同心小人
御纏
高張
ヂコノ者指
御挑灯
小揚
御幕
御幔幕
御布幕
川船印
両山　上野　顕性院
宿坊　増上寺　天光院
御菩提所　浄土宗　西久保　光明山　天徳寺
御館　市谷　大手ヨリ廿九丁　中邸　麹町　四ツ谷御門外　下　木挽町築地　大久保外山　下　川田久保

(5)

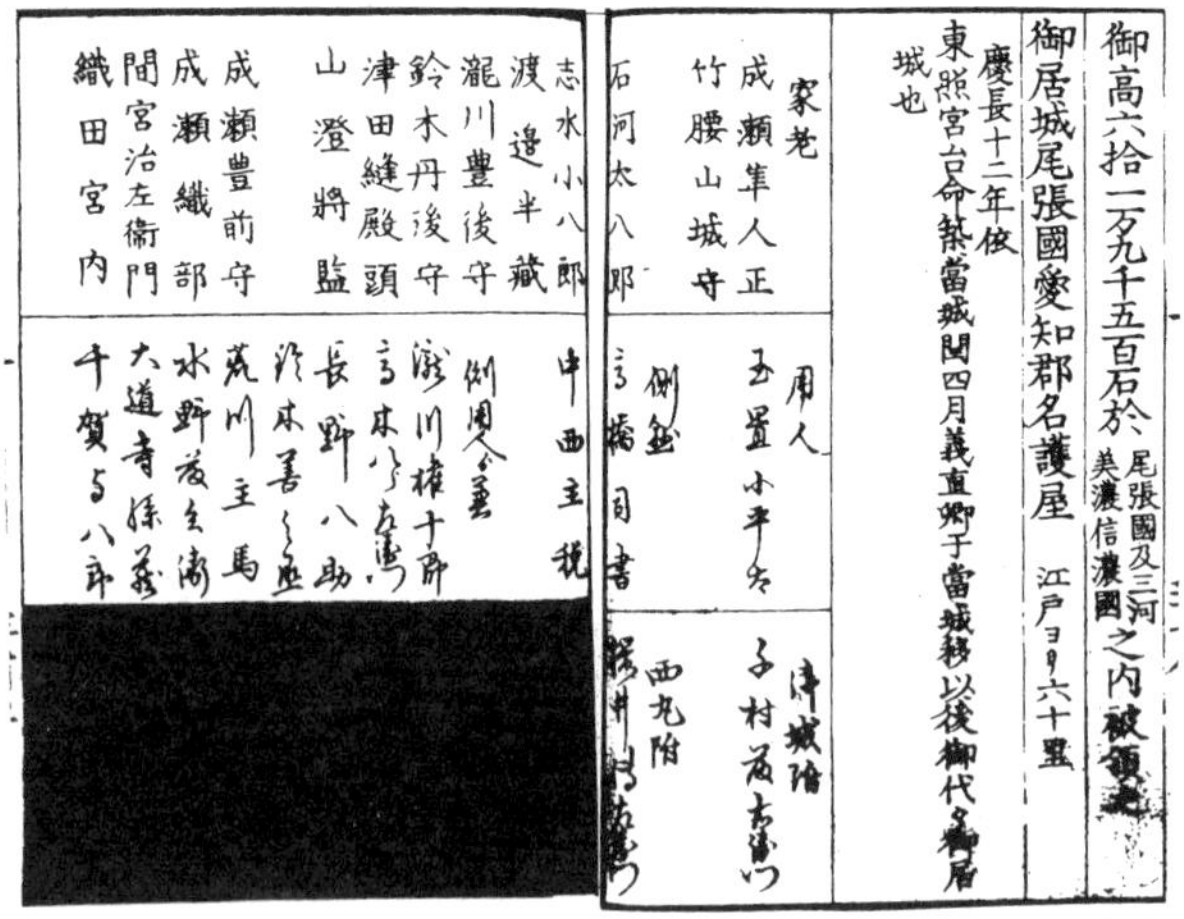
御高六拾一万九千五百石於尾張國及三河美濃信濃國之内被領之
御居城尾張國愛知郡名護屋　江戸ヨリ六十里
慶長十二年依
東照宮台命築當城閏四月義直卿于當城移以後御代々御居城也
家老
成瀬隼人正
竹腰山城守
石河太八郎
志水小八郎
渡邉半藏
瀧川豊後守
鈴木丹後守
津田縫殿頭
山澄將監
成瀬豊前守
成瀬織部
間宮治左衛門
織田宮内
[redacted]

(6)

命じる旨（「出雲寺源七郎儀不束《ふつつか》に付き、他出致さず、慎みあるべし」）を伝えた。さらに同月二十一日、出雲寺源七郎は「御用差留め、押し込め」、跡式《あとしき》を養子の富五郎に相続させるべきことを命じられた。これと合わせて富五郎は、書物師出雲寺家にそれまで代々許されていた、将軍目見《めみ》えの資格を剝奪された。

将軍目見えの資格とは、初代書物師の出雲寺時元の時から許されていた御用達町人としての特権の一つである。将軍目見えは、絶対者を中心とした集会に出席できる唯一の機会である。たとえ将軍が通る道すがらで平伏しているだけであっても栄誉であった。目見えは、拝謁《はいえつ》の日にち、献上する品、家名の披露の有無、着服の違いなどの細かな格式によって、序列化されていた。書物師の出雲寺家は、年始・五節句《ごせつく》・歳暮《せいぼ》・将軍代替わり時・将軍世子の元服時・将軍の年忌法事《ねんきほうじ》の際に、扇子《せんす》を献上していた。将軍目見えの許可は、身元正しき商人が受ける恩恵であったといってよい。この恩恵が剝奪されたのである。

文政八年（一八二五）正月十一日、出雲寺源七郎は「押し込め、御免（赦免）」となった。源七郎はそのまま隠居の身となり、親類の泉屋五兵衛へ預けられた。しかし源七郎は活動を停止したわけではなかったようである。

「八の武鑑」をめぐって

文政九年九月、江戸の北町奉行榊原主計頭《かずえのかみ》忠之に須原屋茂兵衛は呼び出され、『大成武鑑』について聞かれている。その時のやりとりの内容は、以下の通りである。

文政九年九月中旬、出雲寺富五郎版『大成武鑑』について、仲間行事の山城屋佐兵衛より須原屋に問い合わせがあった。これに対して、須原屋は、出雲寺が『大成武鑑』上納後の残部や摺り損じたものを、諸家に売り捌くことを禁止すると、先の文政七年の内済で決まった旨を、返答した。

九月二十五日、須原屋は、出雲寺版『大成武鑑』のうち、でき上がっている七冊を北町奉行の榊原より渡され、「持ち株」に抵触している箇所の確認を命じられる。十月十三日、須原屋は、先年問題となった二十四ヵ条（「大名付」十九ヵ条、「役人付」五ヵ条）の削除がなされていないことを報告した。

須原屋の言葉によれば、「富五郎方、色々手を替え願い奉る」、つまり出雲寺では諸方面に手を伸ばして、「八の武鑑」の出版のために画策したものとみられる。

文政十年五月、須原屋は北町奉行所に再び出頭し、「八の武鑑」に対する意見を述べている。これに先立って「八の武鑑」の出版は一度きりで、後は絶板にする予定であると、出雲寺は須原屋に伝えていたものと推察される。五月七日に提出された須原屋の意見書では、この出雲寺の申し入れが前提となっている。須原屋の意見書の内容は、次の通りであった。

①「八の武鑑」の出版は一度きりというが、配布までのおよその日数を提示してもら

いたい

②「八の武鑑」の摺り部数を提示してもらいたい

③「八の武鑑」絶板の証拠として須原屋に板木の一部を渡してもらいたい

④「持ち株」に抵触する「大名付」十九ヵ条のうち十ヵ条の権利は、何があっても放棄できないので、出雲寺版の武鑑から削除すること

⑤④を証明する武鑑一部を須原屋に提出して欲しい

⑥「八の武鑑」を増刷する場合には③を出雲寺方に返却する

⑦「八の武鑑」の絶板は町奉行より言いつけて欲しい

この須原屋の意見は、北町奉行の榊原の判断に影響を与えたのであろう。文政十年閏六月七日、出雲寺版『大成武鑑』から須原屋の「持ち株」二十四ヵ条、および幕府の書物方の指示による項目（内容は不明）の削除が、町奉行より出雲寺に命じられた。須原屋の「持ち株」の権利が全面的に認められたことになる。

その後、出雲寺源七郎がどのような動きをしたのかは定かではないが（文政九年九月に『御三家方御付人』という御三家付家老五家に、御三家の万石以上の家老六家を加えた「家老付」とも呼ぶべきものを出版している。「家老付」は内容的に処罰の対象となりうるもの）、文政十年十月二十七日、出雲寺源七郎は禁足処分を受ける。また同年十二月二十八日には町

奉行より「八の武鑑」の絶板処分が出雲寺富五郎に対して出される。

内済の成立（その6）

「八の武鑑」が絶板を命じられてのち、四冊物の「大武鑑」の出版を、出雲寺富五郎は企画する。文政十一年（一八二八）三月、『大成武鑑』の再板と売り捌きの手続きを、書物問屋の株を持つ出雲寺勇三郎に、富五郎は依頼している。

同年六月、須原屋茂兵衛は、出雲寺勇三郎による売り捌きと、出雲寺の『大成武鑑』が「古株」の通りの再板であれば異論はないとする旨を、仲間行事に返答した。

同年六月十七日、須原屋の「持ち株」に抵触しない形での『大成武鑑』の再板が、認められた。

出雲寺富五郎は天保《てんぽう》三年（一八三二）に隠居し、翌天保四年に養子の幸次郎が十二代目書物師となった。出雲寺幸次郎は、五年後に甥の金吾に家督を譲るが、幸次郎の経営で特筆すべきは、地本問屋《じほんどんや》との関係を強めたことがあげられる。天保七年と翌八年刊の出雲寺幸次郎版『大成武鑑』『有司武鑑』に売り捌き所として、地本問屋の森屋治兵衛の名前がみえる。

森屋の堂号は錦森堂で、彫師から地本問屋となり、文化初年に開業した。彫師であったためにかえって良い職人がつかめず、悪彫の定評があったという。またその具体例は不明ながら、天保改革時に要路の人物に取り入って活動し、ほかの地本問屋を震撼させたとされる。はじめ草紙類中心の商売をしていたが、教育関係書に主軸を移していった板元である。

なおこれ以前に出雲寺版『泰平略武鑑』株は、一時、江戸の地本問屋岩戸屋喜三郎の所有となっている。柳営《りゅうえい》学の小川恭一氏所蔵の横小本《よここほん》の「略武鑑」〈文政十一年〈一八二八〉刊『〈泰平武鑑〉』〉に付された切紙には、板株の移動を示す文言（「岩戸屋より、たき江引き取り候板木板／森屋治兵衛／御書物師出雲寺幸次郎」）が墨書されている。また天保二年刊の岩戸屋喜三郎版『〈泰平武鑑〉』〔図44〕の広告記事を信じるならば、『大成武鑑』『有司武鑑』株も、一時、岩戸屋の手に帰していた（文政十三年刊の出雲寺富五郎版『大成武鑑』〈東京大学総合図書館所蔵〉が現存するので、転売は同年以降）。

つまり、岩戸屋より武鑑株を買い戻したのちに、出雲寺幸次郎は武鑑出版を再開したことになる。転売を繰り返される出雲寺の武鑑株という様相、振り返ってみれば元文期の武鑑発刊以来変わらない様相を、ここからも読みとることができる。この不安定な出雲寺（江戸店）の経営は、御用達町人（書物師）の身分の転売というものも引き起こしていた（前述）。

以上が、六度に及んだ須原屋茂兵衛と出雲寺の武鑑をめぐる争論であり、両者がたどっ

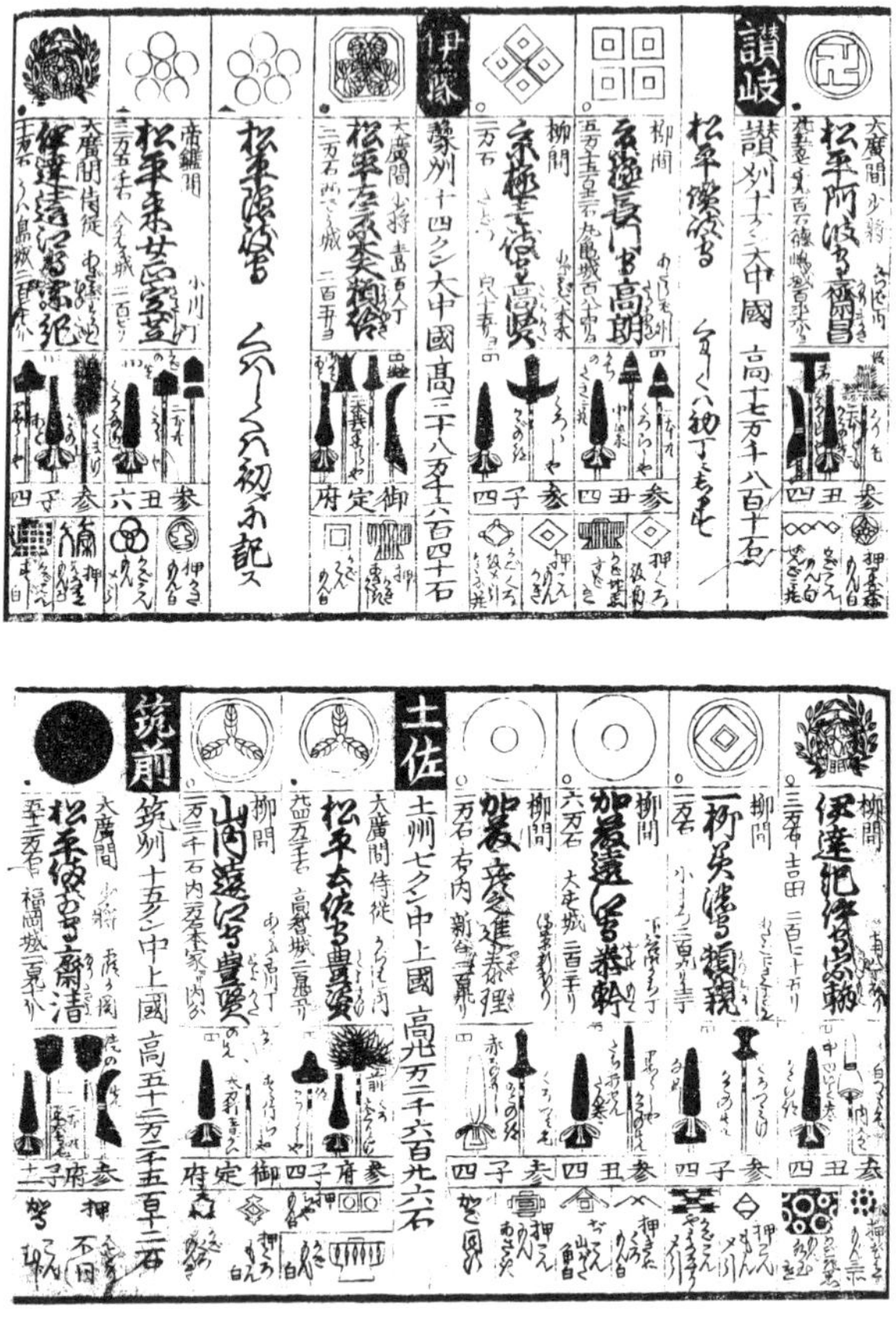

図44　天保2年(1831)刊岩戸屋喜三郎版『泰平武鑑』(個人蔵)

た意見調整までの道のりである。はじめは明らかに劣勢であった須原屋が、次第に主張を通すようになっている。それには中通《なかどおり》組の行事小川彦九郎の助言、証拠主義の徹底など、さまざまな要因があった。いずれにしても争論そして調整には、エネルギーの消耗、精神的な負担を伴った。だが須原屋にとって武鑑は、経営の基幹となる出版物であり、よんどころなく対立にいたったものと考えられる。一方、出雲寺の悲願は、町方の支配を受けない、御用達町人らしい活動であった。それは次の政治状況のなかで、微妙に実現する。

株仲間解散を逆手に

天保の改革と出版界

天保《てんぽう》期（一八三〇〜四四）の出版界を大きく揺るがしたのは、株仲間の解散にともなう出版手続きの変更であった。幕府は、天保の改革のさなかの天保十二年（一八四二）十二月十三日、十組問屋をはじめとする株仲間を否定し、「素人直売買勝手たるべし」とした。

享保《きょうほう》期以来、書物《しょもつ》問屋は仲間を結成していた。仲間行事を立てて、新板（新刊書）の書籍の稿本《こうほん》を検閲し、問題があれば町奉行所《まちぶぎょうしょ》に伺い、許可を得た後に出版するという手続きをとっていた。また、三都の仲間は協定を結び、江戸・大坂・京都の仲間加入者以外のものが出版を行うことを禁じていた。

それが株仲間の解散により、正規の手続きを踏めば、誰でもが自由に書籍の出版ができるようになった。正規の手続きとは、江戸であれば町年寄の館《たち》市右衛門に稿本を提出し、町奉行所（のちに書籍の内容により学問所・天文方・医学館）での審議を受け、出版を許可された書籍については一部を町奉行所へ納本する義務を指す。ただし、納本場所に関しては、天保十三年六月十日からは、儒学・宗教・学問書など硬い内容の書籍は学問所にも、また同年七月から医学書類は医学館にも納めることとされた。

株仲間の解散は、自由競争の促進とそれが生み出す経済的な効果とを期待したものであった。したがって、これにより出版界は活性化し、出版される書籍の数は激増するはずであった。だが、実際のところは出版物の数はやや減少した。これは板権の混乱に乗じるような板元の動きを見越した幕府の出版取締、とくに改革当初の幕府の出版物に対する取締が厳しかったことに原因した。幕府の取締に恐怖した人びとは、新板に限らず古板についても、しばらくの間、出版を差し控えたのである。

このような状況にあって、出雲寺は矢継ぎ早に幕府に出版願いを提出した。このときの当主は、天保九年（一八三八）七月に、養父出雲寺幸次郎の跡を継いだ出雲寺金吾である。天保十三年（一八四二）に書物師出雲寺金吾が書物奉行に提出した願書を列記すれば、以下のようになる。

三月　日光山参詣供奉《ぐぶ》の「役人付《やくにんづけ》」の出版

四月　武鑑の値下げ・暦の開板
八月　孝義録の出版
九月　学問所の官板の出版

以上、五件である。これらの願書は、全て書物奉行に提出されており、書物師出雲寺のみが、出版手続きが混乱し困惑する板元たちを後目《しりめ》に、活動していたことが明らかになる。右の五件のうち四件は、先代の書物師出雲寺幸次郎の時までに、出雲寺が板権を取得していた書籍であった。そのため、程なく許可が下った。

武鑑の値下げと暦

天保十三年（一八四二）四月に提出された武鑑の値下げ願いは、五月に願いの通りにせよとされた。出雲寺金吾が示した値下げ案は、『泰平万代大成武鑑』をそれまでの卸値銀十匁八分、小売値銀十二匁を、以後はそれぞれ九匁五分、十匁とし、「略武鑑」である『大成分要万世武鑑』（「大名付」。安永八年〈一七七九〉の出版不許可後の動きは不明。現存は弘化二年〈一八四五〉版以降）と『珍袖有司武鑑』（「役人付」）を卸値銭百十六文、小売値銭百四十八文から、銭百八文、銭百二十四文に引き下げるというものであった。この引き下げ率は、卸値で一二～一四％強、小売値で一六～一七％である。これは、幕府が改革の目的の一つとした物価引き下げの政策に即応したものといえる。

だが、すでに南和男氏が指摘しているように、これに裏の事情があったことを見落としてはならない。先に示したように、天保十三年四月、出雲寺金吾は同時に二つの願書を書物奉行に提出していた。一つは、右の武鑑値下げ願いである。もう一つは暦の開板の願書である。

それまで出雲寺家は書物師として、幕府に暦を定期的に納めていた。これは出雲寺がつとめる細工所「御用」の一つであったが、以下、願書の内容を要約しておく。

①　暦の上納は毎年、暦問屋が摺り立てた暦を買い取って行ってきた。

②　だが、暦問屋の摺り立てはしばしば遅延するため、出雲寺では暦を余分に取り置くなどして対処してきた。

③　この遅延は、暦問屋が暦の出版を独占してきた弊害の一つと考えられる。

④　今次の改革では暦問屋が解散となり、多くの混乱が予想され、「御用」に支障をきたす恐れがある。

⑤　そのため、これまで暦を上納してきた働きを考慮して、暦の開板を許可してもらいたい。

⑥　これが許されたならば改革の趣旨に従い、値段を今までの半値に下げる予定である。

⑦　また冥加《みようが》として、町奉行所の帳面の綴り替えのための職人を派遣したい。

右の願書は、金吾の願いに賛意を示した書物奉行の添簡が付けられて、若年寄に上げられた。その後願書は、若年寄から奥右筆を経て町奉行に廻された。

この件を担当したのは南町奉行の鳥居《とりい》甲斐守耀蔵《ようぞう》であった。四月中、鳥居は暦の出版について町年寄に聞き合わせをし、審議を重ねた。

その結果、六月十日、出雲寺による暦の開板を不許可とし、願書を差し戻した。町奉行の鳥居は、仮に願いを許せば、出雲寺が御用達町人の身分を利用して、暦の出版を独占することになる。これは改革の趣旨に合わないばかりか、〆売《しめうり》り、すなわち改革前の株仲間による販売形態と同様の弊害を生じせしめると、考えたからである。出雲寺の思惑ははずれ、武鑑の値段引き下げだけが実現した。

出雲寺金吾処罰

こののち出雲寺金吾は、先の願書の通り、『日光御宮御参詣供奉御役人付』や孝義録などの出版を続けた〔図45〕。ところが、出雲寺が出版した『日光御宮御参詣供奉御役人付』から抜き書きした四枚の摺り物が、出雲寺に無断で販売されたり、忠孝奇特者の名前を彫刻した類似の書籍が、やはり出雲寺に無断で出版されるといった事態が生じた。

これに対して出雲寺は、書物奉行を通じて、類板の差し止めを願った。しかしながら、町奉行は類似の書籍の出版を許容せよとした。類板の放任は明らかに改革前と異なる状況

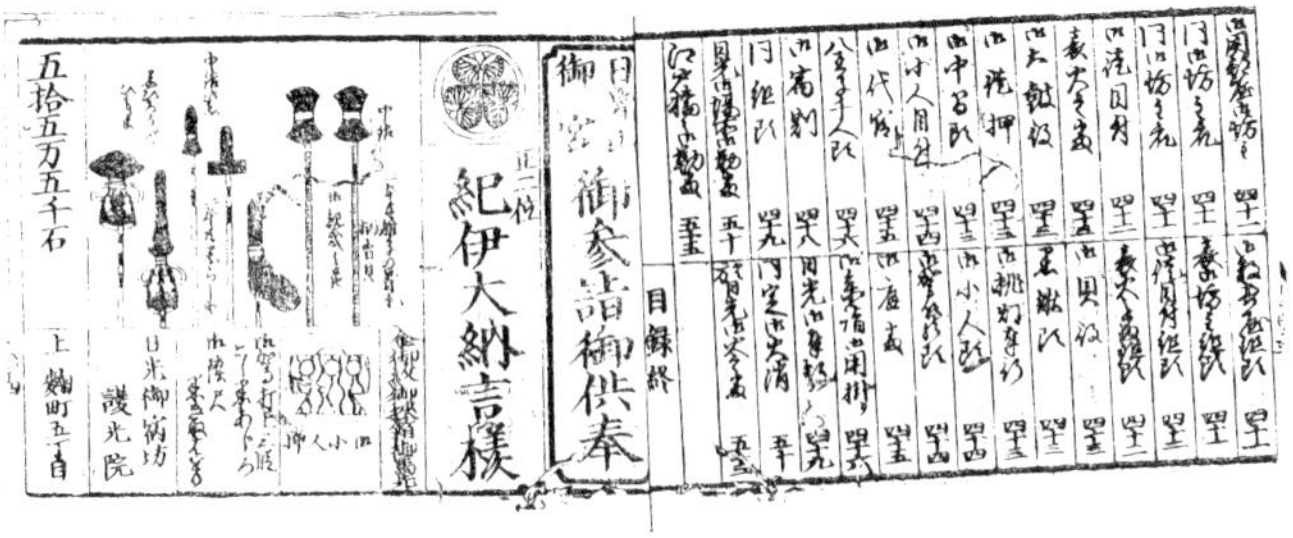

図45　天保13年（1842）刊出雲寺金吾版『日光御宮御参詣供奉御役人付』（東京大学総合図書館所蔵）

であり、出雲寺には予想のつかない事態であった。

天保十四年（一八四三）八月八日、出雲寺は南町奉行の鳥居耀蔵からの出頭命令を受けた。翌日、出雲寺は奉行所へ出頭し、鳥居から『日光御宮御参詣供奉御役人付』と『日光道中記絵図面』の売り捌きについて、詮議を受けた。

出雲寺が提出した返答書によれば、日光社参に供奉する武家の「役人付」は売れ行きが良好で、摺り立てた三万部のうち、わずかに六部を残すばかりであり、『日光道中記絵図面』は五百枚のうち六割以上が売れていたという。

詮議の対象となったのは、『日光御宮御参詣供奉御役人付』と『日光道中記絵図面』の二書であるが、前者は、既述の通り、天保十三年三月に出雲寺が願い出て、四月十日に売り捌きが許可されている。

町奉行の関心は『日光道中記絵図面』にあった。これは本来、町奉行所に願い出て、許可を得てのちに売り捌くべきものであったが、板元の森屋治兵衛が手続きを面倒として、許可済みのように装って、出版・販売したものであった。しかし、この事情を知ってか知らずか、すぐさま販売を中止させるべきところを、伯父出雲寺金吾はそのまま放置していた。これらが露見したために、詮議を受けたのである。天保十四年十月二十一日、出雲寺金吾は押し込めを命じられる。

森屋治兵衛は、先述の通り、出雲寺幸次郎の代から関係が認められる。森屋は、この一件により、所払いに処されたが、ほどなく経営を再開する。

株仲間の再興

天保十五年（一八四四）二月三日、出雲寺金吾は押し込めを解かれ、そのまま隠居の身となった。同月、金吾の跡は養子の万次郎が相続し、十四代目書物師となった。出雲寺万次郎は『会計便覧《かいけいびんらん》』（諸国代官の名鑑）、『県令集覧《けんれいしゅうらん》』（勘定方の「役人付」）〔図46〕、『昇栄《しょうえい》武鑑』（交代寄合を除く、三千石以上の寄合の名鑑）、「江戸《えど》町鑑《ちょうかん》」（江戸の町役人の名鑑）など、先代の出雲寺金吾が発刊した名鑑類の出版を続けた。売り捌きの一部を担ったのは、やはり森屋治兵衛である。

出雲寺万次郎が書物師を相続した頃には、多種にわたる武鑑の摺り物が売り出されていた。出雲寺万次郎は、類板差し止めを幕府に願い出ているが、却下された。却下されたのは、先に述べた通り、幕府が板権の行使を改革の趣旨に反すると判断したためである。

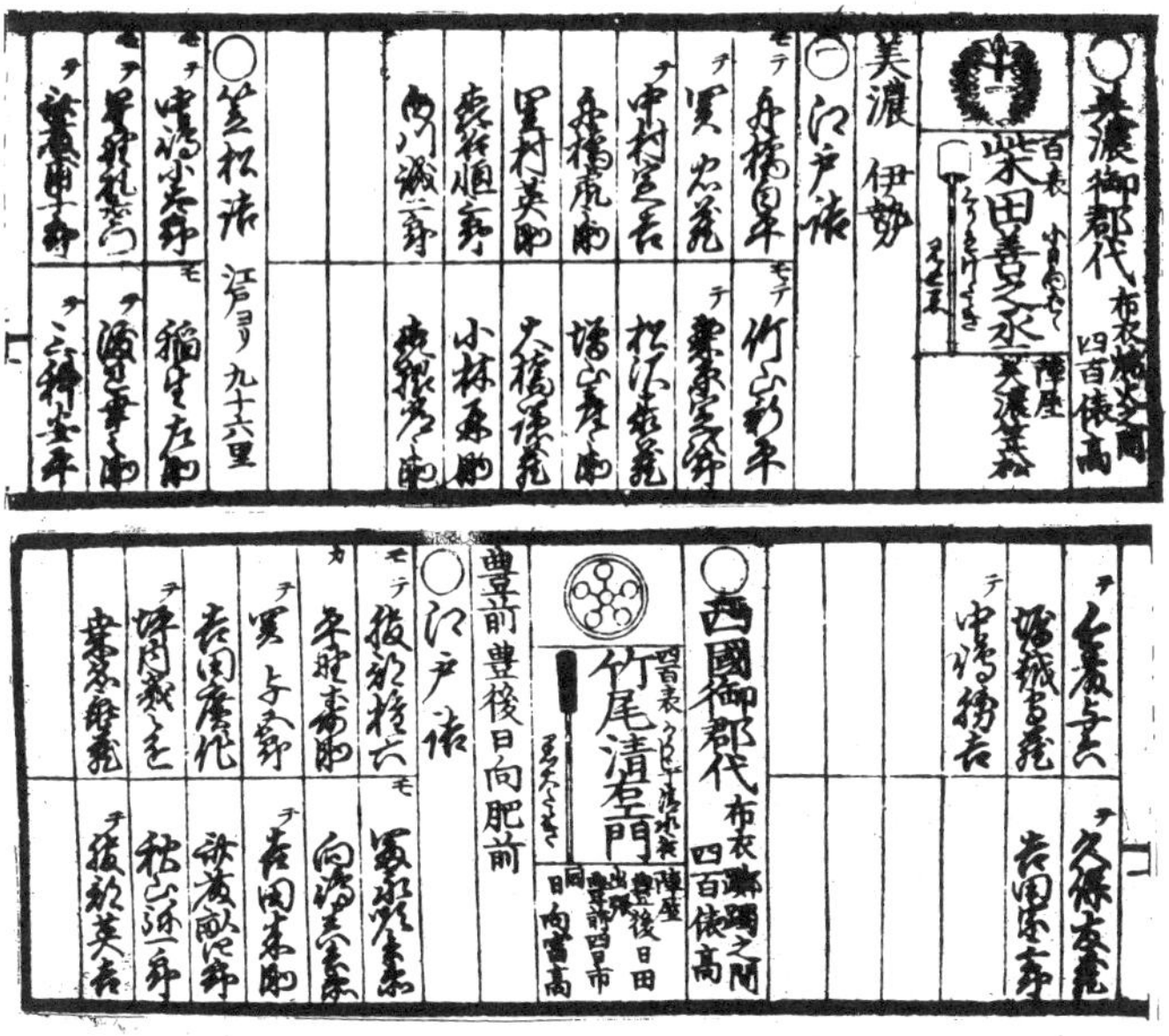

図46　弘化元年(1844)刊出雲寺万次郎版『県令集覧』
（渡辺一郎編『徳川幕府大名旗本役職武鑑』柏書房，1967年）

幕府が株仲間の再興を命じ、出版手続きが旧《もと》に復したのは嘉永《かえい》四年（一八五一）である。同年十一月、町奉行は書物奉行に左の内容の掛け合い書を送った。

改革の当初、出雲寺金吾が当主であったが、現在は出雲寺万次郎が相続し、横山町壱丁目弥助の地借《じがり》として、ほかの書物屋と変わらず商売をし、手広な取り引きをしている。しかし町内人別に加わらずにいる由である。今回、問屋仲間が再興されたので、万次郎の身分は、丑年（天保十二年）以前の姿に立ち戻らせる。問屋仲間に加入させ、身分についてはそれぞれの支配を受けるようにさせる。つまり、書物師として書物方、問屋仲間として町方の人別《にんべつ》に加わるようにさせる。そうであるとすると、今後、新しい書籍を出版する場合は、拙者（町奉行）方に届け出て、指図をうけさせることになる。この旨を申し渡してもらいたい。

町奉行は、出雲寺万次郎が商売をする限りは、町方人別・問屋仲間に加わること、新刊書の出版については、町奉行所への届け出を怠らず、町奉行所からの指示を受けることを、書物奉行に伝えたわけである。これらのことを、書物奉行を通じて命じられた出雲寺万次郎は、町方人別に入ったと考えられる。

したがって、出雲寺が数代にわたって切望した「書物奉行衆手切り支配」にあった時期は、皮肉にも板株の権利が無効となっていた株仲間解散時の、天保十二年から嘉永四年にかけての、わずか十年間であったことになる。

付家老の大名化運動と出雲寺

弘化《こうか》四年（一八四七）三月、十四代目書物師の出雲寺万次郎は、御三家の付《つけ》家老五家に関する記事を『大成武鑑』の巻二の末尾に掲載したいとする願書を、書物奉行に提出した。出雲寺の願書は書物奉行から若年寄へ上げられた。

一方、前年（弘化三年）十月、老中は御三家の付家老五家から次の願書を受けていた。五家の願書には、「私共儀、是迄武鑑へ洩れこれ有り候処、今度《このたび》増補彫刻仕り度き段、出雲寺万次郎より其筋へ出願中候由、右は何卒御聞き済み相成り候様仕り度、一同ひたすら嘆願奉り候事」とあった。出雲寺万次郎の願いを聞き入れてやってほしいとの趣旨である。

老中の阿部正弘《まさひろ》は江戸の南町奉行遠山左衛門尉景元《さえもんのじょうかげもと》に調査を命じた。その結果、弘化四年十一月、出雲寺版『御三家方御付』は、これまでどおり武鑑の別冊として出版されるべきであるとの判断が下された。

ここで注意したいのは御三家の付家老五家の後押しである。御三家の付家老五家がほかの家老家とは異なる待遇、大名と同等またはそれに近い待遇を求めて策動したことは、すでに三好国彦氏や小山譽城《こやまよしき》氏の研究から明らかである。

これらによれば、五家の大名化運動と大名化は、文化十三年（一八一六）正月の中山信《なかやまのぶ》敬《たか》による八朔《はっさく》・五節句《ごせっく》の江戸城単独登城と将軍目見《めみ》えの陳情、文政七年（一八二四）十二月の安藤家と成瀬家に対する八朔・五節句の登城許可、翌八年正月の水野家・竹腰家・中山家に対する八朔・五節句の登城許可、天保四年（一八三三）十二月の五家の月次《つきなみ》登城の許可という経過をたどった。

江戸城への単独登城は、大名並に江戸城内に殿席をもつための運動と連動するなど、格式の上昇は複雑に展開した。これに対して、水戸藩主の徳川斉昭《なりあき》は一貫して、阻止の方向に動き、一方、幕府は付家老が望む待遇を徐々に許していくことで、付家老を通じて尾張・紀伊の徳川両家を操縦し、藩内の不満抑制に利用したとされる。さまざまな思惑のなかで揺れ動いたのである。

文化期は付家老五家の待遇上昇運動が高まる初期に当たる。もちろん、出雲寺源七郎のときに、弘化期の出雲寺万次郎と付家老五家との間にみられた状況があったとは、断言できない。しかしながら、出雲寺源七郎の動きを黙許する奥向き（小納戸《こなんど》）の意向があったことを改めて想起するならば、源七郎の時代にも付家老五家から老中への働きかけがあったとしてもよかろう。

付家老五家の武鑑への綴り足しは、単に出雲寺の発想から生まれたとするよりも、幕府の書物方・細工所から小納戸に通じる情報ルートのなかで、書物師出雲寺に影響した政治的な力によってなされたものと考えられる。御三家付家老のほかにも、武鑑のもつ情報伝達力と社会的な影響を認識した大名・大名家家臣・幕府の役人が多くいたに違いない。武鑑は社会に情報を提供するという力を持っていたために、編集の局面には極めて強い政治力が働くことになった。書物師出雲寺のみならず、須原屋もその意味において、政治力の影響から免れられない存在であったということができる。

板元たちにとっての明治――エピローグ

武鑑の終焉

慶応《けいおう》三年（一八六七）十一月刊の須原屋茂兵衛《すはらやもへえ》版『袖玉《しゅうぎょく》武鑑』の後ろ表紙には、「此後東都にて武鑑出来申さず候事、是にて留め」（国文学研究資料館所蔵）と墨書してある。「是にて留め」とは印象的な言葉である。慶応三年十月十四日に大政奉還《たいせいほうかん》がなされて以後、いずれの名鑑も、徳川将軍家を頂点とする編集ではなくなる。武鑑の終焉である。

維新の動乱期、板元《はんもと》たちはどのように動いたのか。以下に示すのは、江戸の須原屋茂兵衛の京都出店である須原屋平左衛門が、京都書林《しょりん》の仲間行事に提出した証文である。

証

外題年号用

一、大武鑑　全五冊
御役人付

一、袖玉武鑑　全一冊
御大名付

一、袖珍《しゅうちん》武鑑　全一冊

一、万代宝鑑　全一冊

一、諸御役前録　全一冊

一、御国分武鑑　全一冊

〆

右の書、我ら同店江戸表に従来株式所持罷《まか》り在り候処《ところ》、今般、御一新《ごいっしん》御変革に付き、御当地へ写し取り申し度く候に付き、口上書ならびに別紙江戸表同店よりの書状、御目に懸ケ申し候処、それに御聞き取りに相成り候、かたじけなく存じ奉り候、此れ已《い》後《ご》、右新刻・再板共、彫り立て候節は写本を以って御願い申し上げ、御聞き済みの上、御添章申し請け、本流布仕るべく候、然る上は、右株式に付き江戸表はもちろん、ほか方よりもし故障など出来《しゅったい》候共、決して御役中へ御難義相懸け申す間敷《まじ》く候、もっとも私共において、急度《きっと》、らち明け申すべく候、其の上、差し障りの義出来候わば、如何体《いかてい》に仰せ付けられ候共、御行事中より御差図次第少しも違背仕る間敷く候、後日のため仍《よ》って件《くだん》の如し、

慶応四年

須原屋平左衛門　印

辰三月七日

御行事

ここには、当時、須原屋が所持し、出版していた六つの武鑑株とその書名が書き上げられている。これらの武鑑株はそれまで須原屋の江戸店で管理されてきたが、「ご一新」を受けて京都店に移された。だが、板株の移動は本屋仲間内で承認されなければ実効性を持たない。そのため史料には、京都の仲間行事と板元須原屋平左衛門との間で交わされた、武鑑株一式の取り扱いに関しての約束事が記されている。その内容は、今後、新しく板を彫るときも再板するときも、稿本を提出して許可を受け、売り捌きのための添章を得てのちに作成・販売する。また板株をめぐっての同業者間の紛争は当事者間でなるべく解決することとし、行事に迷惑をかけないように心がける。もしも当事者同士での解決がつかないときには判断を仰ぐことになろうが、どのような裁可が下ろうとも行事の指図に背くこ

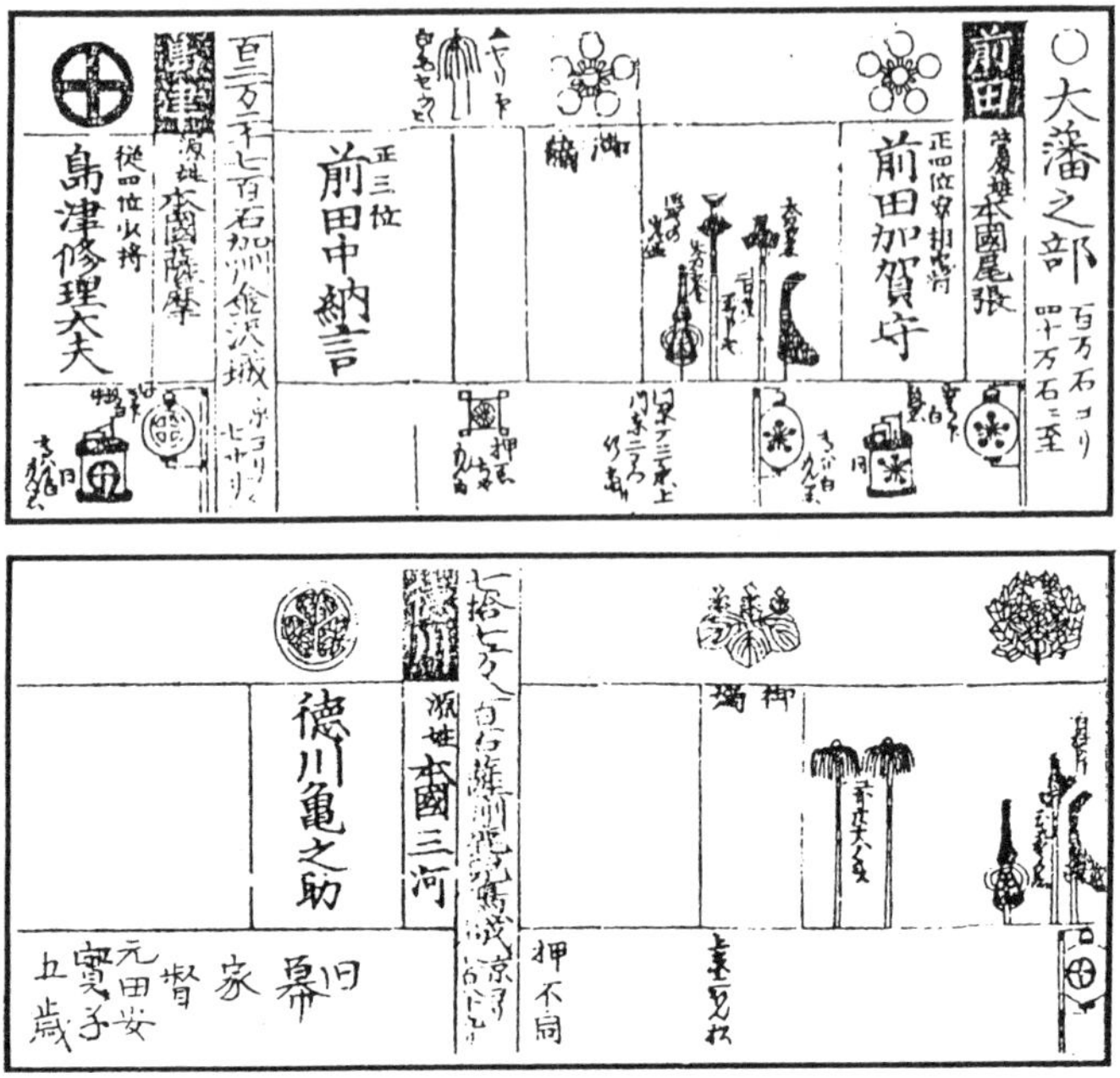

図47　慶応４年(1868)刊村上勘兵衛・井上治兵衛版『列藩一覧』
(朝倉治彦編『明治初期官員録・職員録集成』柏書房，1981年)

とはないとしている。

右の史料と同日付で、書物師出雲寺万次郎（二代目）も所持していた武鑑株（『大成武鑑』『万世武鑑』『有司武鑑』『泰平武鑑』『同略武鑑』）を、京都の出雲寺文次郎へ委譲したいと京都の仲間行事に願い出ている。これらの権利は慶応四年五月、新政府が設置した京都府（旧京都裁判所）によって公的に認められた。

新政府がいまだ江戸を掌握しておらず、まさに混沌とした状況にあったことを考えれば、混乱にあるとはいえ、京都に板株を移した両板元の判断には先見の明があったといえよう。

明治改元の後の十月出雲寺文次郎と須原屋平左衛門は、京都の村上勘兵衛らが出版した『列藩一覧』は武鑑の類板であると訴えた。この訴訟がどのように処理されたのかは定かではないが、翌明治二年版の『列藩一覧』は、京都の村上勘兵衛と東京の須原屋茂兵衛との相合板となっており、訴えは聞き入れられたと考えられる。

なお右の慶応四年刊の村上勘兵衛・井上治兵衛版の『列藩一覧』〔図47〕のレイアウトは、それまでの「大名付」の「略武鑑」を踏襲していた。しかしながら記載の順番は、御三家を先頭に置くものではなく、領知高の多い順に配列したもので、金沢前田家から始まる。

記載順序の変更は、同年に出版された出雲寺文次郎・須原屋平左衛門版『御国分武鑑』にもみられる。慶応四年に出版された武家に関する名鑑は、武鑑の書型・レイアウトをとるとはいえ、武鑑とは違うものとなっていた。

『官員録』『職員録』へ

武鑑と呼べる名鑑が消滅していく一方で、新政府の役人を掲載した名鑑が相次いで出版された。板元たちの対応はいずれも敏速であったが、とくに前出の京都の村上勘兵衛・井上治兵衛は、新しい出版物についていち早く板権の確保に動いた。

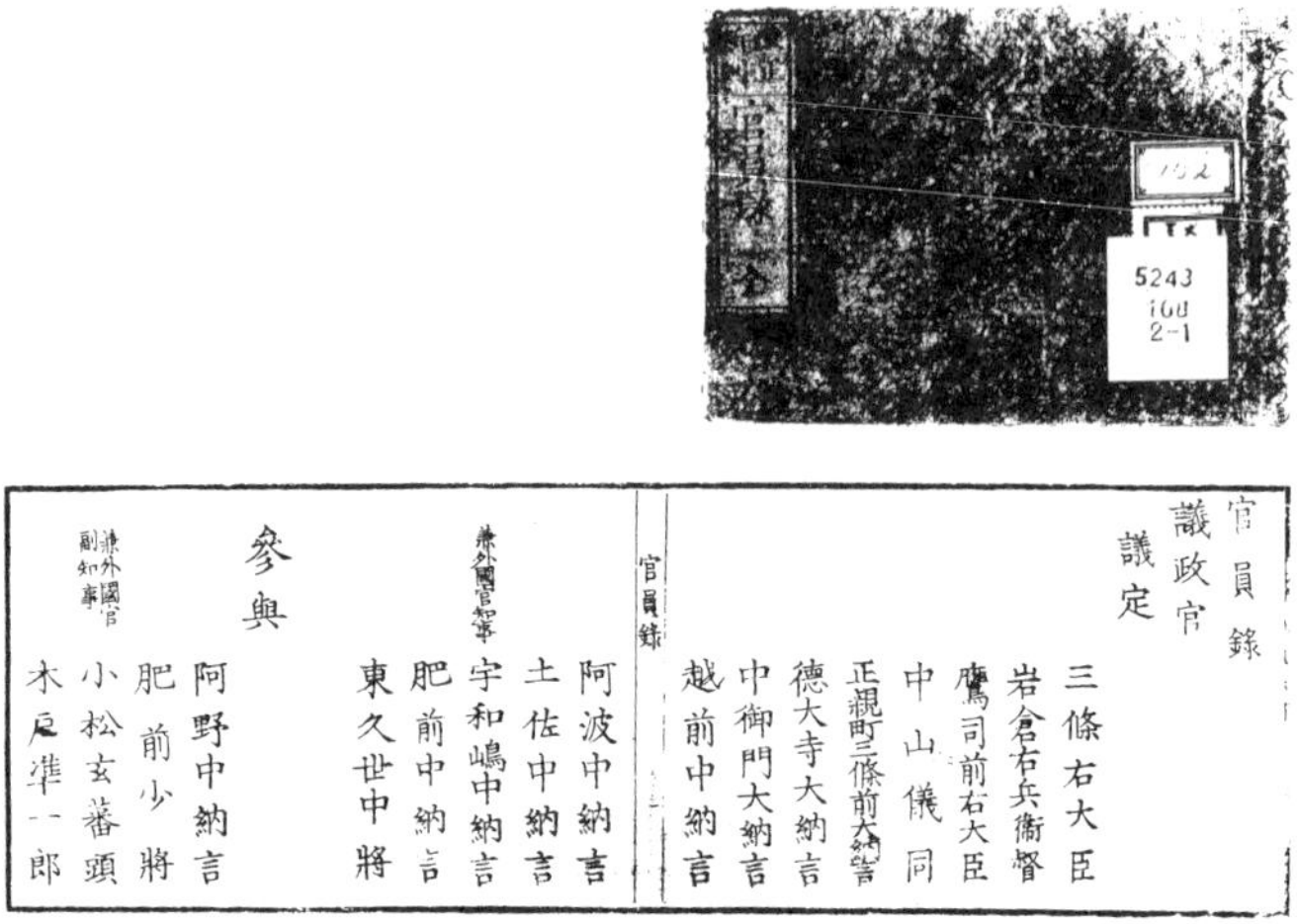
官員録
議政官
議定
三條右大臣
岩倉右兵衛督
鷹司前右大臣
中山儀同
正親町三條前大納言
徳大寺大納言
中御門大納言
越前中納言

官員録

阿波中納言
土佐中納言
兼外國官知事 宇和嶋中納言
肥前中納言
東久世中将
参與
阿野中納言
肥前少将
兼外國官副知事 小松玄蕃頭
木戸準一郎

図48　明治元年(1868)刊須原屋茂兵衛・和泉屋市兵衛版『官員録』
改元前の刊行のため正確には慶応4年刊（東京大学史料編纂所所蔵）

村上は慶応四年（一八六八）五月に『太政官日誌』、同年六月に『太政官御職明鑑』を出版した。このうち『太政官日誌』についていえば、国内情勢が不安定であった明治十一年（一八七八）まで、版を重ねた。東京では須原屋茂兵衛・出雲寺万次郎・和泉屋市兵衛らが『官員録』（図48）『職員録』などを出版した。

明治初期に出版された名鑑は、政府の役人（官吏）を列記したものと、華族に関するものとに大別される。

「官員録」は、明治七年ころまでに一定の体裁を整えていく。「職員録」は明治十九年十二月に内閣官報局印刷局から『官報』の付録として出版され、翌年『職員録』として単独に発売されることになった。その後もしばらくは民間の本屋による「官員録」「職員録」の出版はみられるが、やがて姿を消す。

「華族名鑑」は、明治二年六月の版籍奉還時に華族の身分が設定されて、これを受けてのものである。その出版は、明治五年刊の『華族階級』（美濃《みの》三《み》つ切本《ぎりぼん》、一冊物）が早い。板元は東京の須原屋茂兵衛と和泉屋市兵衛である。だが「華族名鑑」は、のちに華族会館の編集発行に移り、民間の本屋による編集発行は行われなくなった。

明治二十年代後半、民間の本屋によって編集・出版される名鑑は「紳士録」などに限定されることになる。

最後に明治初期の出版機構について簡単に触れておきたい。明治二年五月、明治政府は出版条例を発布した。この条例では事前の出版許可、納本の義務などの出版手続き、板権保護の規定および出版禁止事項などが定められ、昌平《しょうへい》・開成《かいせい》の両学校が出版取締の担当官庁とされた。この時点で、旧来の江戸書物問屋仲間、京都の書林仲間、大坂の本屋仲間はそのまま温存された。

明治八年（一八七五）の出版条例改正において、仲間行事が果たしてきた機能は政府に吸収される。ここに江戸時代以来の出版機構は変容を余儀なくされた。

これに加えて、活版印刷への技術変革が急速に進んだ。明治七年（一八七四）刊の

『掌中官員録』（国文学研究資料館所蔵）はすでに活版印刷による名鑑である。武鑑の出版から「官員録」などの出版へと命脈を保っていた板元たちの多くは、次第に、力を失っていく。それは新しい勢力の台頭でもあった。

あとがき

明治の文豪森鷗外の『雁』の舞台となった急勾配の細い坂道、鷗外が没するまでの三十年間を過ごした観潮楼。それらは、かつて福山藩主阿部家の中屋敷内であった西片町（東京都文京区）に育った私にとって、散歩圏内にあった。このような地の利がどこまで影響したのか、定かではないけれども、鷗外の小説が好きであった。はじめは『舞姫』から入ったように記憶しているが、『阿部一族』『護持院原の敵討』に進み、高校二年生のときに読んだのが弘前藩の儒医渋江《しぶえ》抽斎《ちゅうさい》の伝記『渋江抽斎』だった。

それから三年が経った大学二年生の夏、鷗外が収集した武鑑を、かつ蔵書印「弘前医官渋江氏蔵書記」が押してある武鑑を、実際に手にする機会に恵まれた。本書のプロローグに書いたように、それはまさに不思議なめぐり合わせの賜物であった。しかし、あたかも必然であったかのように、以来、私は武鑑の魅力にとりつかれ、江戸時代の出版メディアの世界に吸い込まれてしまった。それから二十余年間続けてきた武鑑めぐりの成果が本書である。

武鑑めぐりとは、一点一点の武鑑を観察し、データを重ねていくことをいう。その後は空《くう》をみつめ、天井をにらみ、考える作業に入る。武鑑相互の関係を考え、他の史料を参照しながら仮説をたて、仮説は仮説として執着することなく崩し、より整合的なストーリーを組み立てていく。この作業を自分の納得のいくまで根気よく続ける。まさに推理の連続である。

考えをまとめていくなかで難しいなと思ったことが二点ある。一つは、武鑑が発刊されてから百年間に関わるもので、短期間でその出版から撤退してしまう本屋たちが世に送り出した武鑑のこと。二つめは、十八世紀中頃以降の百年間の問題で、幕府の御用達町人である出雲寺と出雲寺の周囲から離れない地本問屋燕屋弥七の複雑な動きである。これらについて道筋が明らかになっていれば、本書の目的は果たされていることになる。

本書は基本的に、一九九九年に出版した『武鑑出版と近世社会』を分かり易く、まとめ直したものである。しかし前著から八年余、調査を重ねたことで新たに明らかになった点があり、本書にはそれらすべてが反映されている。

たとえば、「武鑑が沢山ある」と教えてくれる方がおり、九州大学中央図書館の調査に行ったのは、二〇〇〇年二月下旬のことである。そこでは、それまで不明とせざるをえなかった宝永四年（一七〇七）刊の山口屋（須藤）権兵衛版の武鑑は『増続武鑑』という書名であることがわかった。「八の武鑑」をめぐる出雲寺と須原屋とのやりとりが明らかになる新史料「増補大成武鑑一件留」（のちに東北大学附属図書館狩野文庫所蔵の「武鑑一件留」を調査する機会を得て、九大本と東北大本は同一の原本より転写されたものと判明した）と出会うこともできた。紙面を借りて親切な友人の福田千鶴氏に深くお礼を申し上げたい。

また柳営学の小川恭一氏のお宅に数度うかがって武鑑を拝見した。このご配慮についても感謝の言葉を尽くしても尽くしきれない。「時献上」の品目を欄外に配したレイアウトに特徴がある延享四年（一七四七）刊の武鑑が、『泰聖文明武鑑』と呼ぶべきものと判明したのはその折である。享保六年（一七二一）刊の山口屋権兵衛版『（略武鑑）』、延享二年刊の升屋次郎左衛門版『（御参勤御暇御交替録）』、文政九年（一八二六）刊の出雲寺源七郎版『御三家方御付人』、文政十一年刊の岩戸屋喜三郎版『（泰平武鑑）』にも初めて対面した。これらの武鑑の位置づけは、考えれば考えるほど迷路に入り込んでしまうものであったが、どうにか本書ではしかるべき場所に配置することができた。

このほか自力による発見もあった。古書店から送られてくるカタログを見ていて、これまで知らなかった武鑑に目が留まる。そのようなことが、近年、二度あった。元文三年（一七三八）刊の出雲寺和泉掾版『御懐中有司武鑑』と天保二年（一八三一）刊の岩戸屋喜三郎版『（泰平武鑑）』である。『御懐中有司武鑑』は、出雲寺が同年に武鑑を出版していたことを立証する、唯一の現存本である。『（泰平武鑑）』は天保二年に出雲寺版の武鑑株がいまだ岩戸屋に所有されていたことを示す、やはり重要な史料である。普段は史料の購入はしないのだけれども、この機会を逃してはならじと、値段の確認もそこそこに注文し、幸いに入手した。両書は本書によって初めて陽の目を見たことになる。

本書では、武鑑の製作の場に視点を据え、板元たちの活動や思いに寄り添うことで、江戸時代の出版界の活気がおのずから描かれることになった。だが私には、板元の手を離れてのちに社会で武鑑がどのように受け止められ、機能したのかという問いが残されている。武鑑に留められた書き入れや蔵書印を丹念に見ていく作業がまだ楽しみとしてある。武鑑めぐりは道半ばである。

二〇〇八年一月九日

藤實久美子

著者紹介

一九六四年、東京都に生まれる
一九九四年、学習院大学大学院人文科学研究科史学専攻博士後期課程単位取得退学
日本学術振興会特別研究員、国文学研究資料館COE非常勤研究員（講師）、学習院大学史料館助手等を経て、
現在、ノートルダム清心女子大学准教授、博士（史学）

主要著書
江戸幕府役職武鑑編年集成（共編）　江戸幕府大名武鑑編年集成（共編）　武鑑出版と近世社会　近世書籍文化論

歴史文化ライブラリー
257

江戸の武家名鑑
武鑑と出版競争

二〇〇八年（平成二十）六月一日　第一刷発行
二〇一六年（平成二十八）四月一日　第四刷発行

著　者　藤《ふじ》實《ざね》久《く》美《み》子《こ》
発行者　吉川道郎
発行所　株式会社 吉川弘文館
東京都文京区本郷七丁目二番八号
郵便番号一一三―〇〇三三
電話〇三―三八一三―九一五一〈代表〉
振替口座〇〇一〇〇―五―二四四
http://www.yoshikawa-k.co.jp/
印刷＝株式会社 平文社
製本＝ナショナル製本協同組合
装幀＝清水良洋・河村誠

ISBN978-4-642-05657-1

歴史文化ライブラリー

1996.10

刊行のことば

現今の日本および国際社会は、さまざまな面で大変動の時代を迎えておりますが、近づきつつある二十一世紀は人類史の到達点として、物質的な繁栄のみならず文化や自然・社会環境を謳歌できる平和な社会でなければなりません。しかしながら高度成長・技術革新にともなう急激な変貌は「自己本位な刹那主義」の風潮を生みだし、先人が築いてきた歴史や文化に学ぶ余裕もなく、いまだ明るい人類の将来が展望できていないようにも見えます。このような状況を踏まえ、よりよい二十一世紀社会を築くために、人類誕生から現在に至る「人類の遺産・教訓」としてのあらゆる分野の歴史と文化を「歴史文化ライブラリー」として刊行することといたしました。

小社は、安政四年(一八五七)の創業以来、一貫して歴史学を中心とした専門出版社として書籍を刊行しつづけてまいりました。その経験を生かし、学問成果にもとづいた本叢書を刊行し社会的要請に応えて行きたいと考えております。

現代は、マスメディアが発達した高度情報化社会といわれますが、私どもはあくまでも活字を主体とした出版こそ、ものの本質を考える基礎と信じ、本叢書をとおして社会に訴えてまいりたいと思います。これから生まれでる一冊一冊が、それぞれの読者を知的冒険の旅へと誘い、希望に満ちた人類の未来を構築する糧となれば幸いです。

吉川弘文館